재고 회계
(INVENTORY ACCOUNTING)

Steven M. Bragg

NLIC 동북아물류혁신클러스터총서 06

INVENTORY ACCOUNTING
재고회계

Steven M.Bragg 저
동북아물류혁신클러스터 역

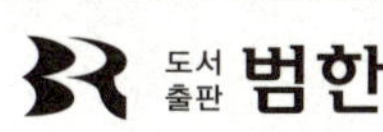
도서출판 범한

재고회계

초판 1쇄 발행 2007년 8월 30일

지은이 Steven M. Bragg | **역저** 동북아물류혁신클러스터

펴낸이 송순희 | **펴낸곳** 도서출판 범한

디자인 한은희 · 김미옥 | **마케팅** 이호철 | **교열** 이낙용

표지디자인 시선

출판등록 1995년 10월 12일(제 2-2056)

주소 100-230 서울시 중구 수표동 56-10 백상빌딩 305호

전화 02-2278-6195 | **팩스** 02-2268-9167

이메일 bumhanp@bumhanp.com | **홈페이지** http://www.bumhanp.com

값 17,000원　　ISBN　978-89-87098-81-4

목차

　회계사라면 재고와 관련된 거의 모든 질문에 대한 답을 이 책에서 찾을 수 있을 것이다. 재고 회계 시스템의 일반적인 범위 내에서, 이 책에서는 재고거래 데이터 입력, 다양한 제조환경에서의 재고 추적, 핵심관리 요점과 관련 부정행위, 다양한 재고관련 실사법, 다양한 재고보고서 양식, 그리고 재고예산편성 등을 다루고 있다. 이 책의 많은 부분은 여러 가지 가격계층시스템, 저가법, 간접비계산, 연산품과 부산물의 가격책정, 그리고 쓸모없는 재고관리를 포함하는 재고평가에 대해 다루고 있다. 또한 몇 개의 단원들은 국세청 재고법, 계산절차, 재고에 관련된 선도사에, 이전 가격책정 및 재고용어와 같은 특별한 주제들을 다룬다. 따라서 재고회계는 기본적인 재고평가의 질문에 대한 답을 포함하고 있을 뿐 아니라, 회계사에게 관리, 예산편성, 자료수집, 부정행위, 그리고 재고관리에 관한 추가적인 정보를 제공해준다.

　처음 여섯 개의 장(章)에서는 재고회계 시스템의 일반적인 주제들을 다룬다. 1장은 바코딩, 무선데이터전송, 전파식별, 문서이미징, 그리고 재고 데이터 수집에서의 전자데이터교환의 적용에 대해 설명한다. 2장은 기본적인 제조 시스템, 제조자원계획 시스템, 그리고 간판방식(just-in-time) 시스템을 통한 재고의 흐름에 대해 언급한다. 3장은 수송 중인 재고, 재고보관, 쓸모없는 재고, 그리고 재고거래와 같은 부분에서의 68가지의 재고관리에 대해 설명한다. 4장은 3장의 후속으로, 재고에 있어서의 18가지 부정행위에 대해 논한다. 5장은 재고수준과 관련 시스템의 상태를 확인할 수 있는 32개의 실사법, 3개의 포맷, 그리고 7개의 보고서 작성법에 대해 알려준다. 6장은 원자재, 재공품, 그리고 완제품 재고에 사용될 예산 편성법에 대해 논한다.

다음의 여섯 장은 재고평가의 일반적인 주제들을 다룬다. 7장은 선입선출법, 후입선출법, 달러가치 후입선출법, 링크 체인(link chain), 그리고 가중치 적용 평균가격과 같은 몇몇 재고 가격 계층 시스템의 사용법에 대해 설명한다. 8장은 저가 계산법과 그 적용법에 대해 알려주고, 9장은 간접비용묶음과 그 가격을 재고에 적용하는 방법에 대해 설명한다(활동기준원가계산법 포함). 10장은 연산품 또는 부산물로 지정된 재고의 다양한 원가배분과 가격결정방법에 대해 다룬다. 11장은 쓸모없는 재고의 보관, 처리, 보고 방법에 대해 알려준다. 12장은 회계 담당자들이 가장 많이 사용하는 분개기입에 대해 요약해준다.

마지막 네 개의 장과 부록은 특별한 재고 관련 주제를 다룬다. 13장은 재고와 관련된 미국세법(IRC)을 저자의 해설과 함께 발췌하여 실어 놓았고, 14장은 재고추적 시스템을 만드는 방법과 정기적인 물리적 실사와 주기적 재고실사를 실행하는 방법에 대해 이야기한다. 15장은 재고의 구매, 인수, 운송, 보관, 수거, 생산, 거래 및 물량관리 등의 부분에서의 가장 올바른 실무에 대해 나열한다. 16장은 이전가격결정에 대한 필요성에 대해 논하고, 6개의 이전가격결정법(Transfer pricing methods)의 적용가능성을 비교해본다.

재고회계는 회계사들을 위해 재고 관련 정보의 방대한 요약본이 되는 것을 목적으로 만들어졌다. 본 책은 기본적인 재고 관련 거래뿐만 아니라 재고관리시스템, 재고업무실사, 그리고 재고에 대한 기업의 투자비용 절감 등의 자원을 다루는 데에도 많은 도움을 줄 것이다. 즐거운 공부가 되기를 바라며!

Steven M. Bragg

Centennial, Colorade

2004년 8월

[저자 소개]

공인회계사, 공인관리회계사, 공인재고회계사, 그리고 생산재고관리사인 Steven M.Bragg는 4개 기업의 자금관리이사를 지냈으며 Ernst & Young에서는 컨설팅 매니저로, Deloitte & Touche에서는 감사원으로 일했다. 그는 University of Maine에서 경제학을 전공하고, Babson College에서 경영학 석사학위를 받았으며, Bentley College에서 재무학 석사를 취득했다. 또한 10,000명의 회원을 가진 Colorado Mountain Club의 회장에 두 번 취임했으며, 스키와 산악자전거의 열정적인 팬이고 전문 레이서 자격도 보유하고 있다. Steven M.Bragg는 현재 콜로라도의 센테니얼에서 살고 있다.

01

재고 데이터 수집

1. 개요

재고 데이터 수집의 고전적인 관점은 창고와 생산장소를 통해 직원들이 다양한 종류의 물건들을 양식에 기재하여 중앙 데이터 입력소로 전달하면, 많은 사무직원들이 이것을 타이핑하여 중앙컴퓨터 데이터베이스에 입력하는 것이었다. 이것이 과거의 상황을 꽤 정확하게 나타내고 있기는 하지만, 정보 수집을 위해 사용할 수 있는 시스템의 형태는 이제 훨씬 더 효율적이고 효과적이다. 이러한 시스템은 전통적인 데이터 수집방법이 보다 가치 있는 업무에 투입할 수 있는 직원들의 시간을 너무 많이 뺏는다는 인식이 커지면서 발전되었다. 또한 이차적인 데이터 입력 단계는 타자 입력의 오류를 증가시켰고, 이러한 오류는 이 단원에서 논하게 될 데이터 수집에 의해 완벽하게 방지할 수 있을 것이다.

재고 정보 수집에 사용되는 데이터 시스템들이 [도표 1-1]에 나타나 있다. 이러한 데이터 시스템들에는 팩스문서와 같이 비정형화된 포맷을 가진 데이터로부터 어떠한 변경도 없이 컴퓨터 시스템에 바로 입력되는 전자 데이터 교환(EDI) 또는 전자문서 폼이 있다. 문서 이미징이라는 특별한 시스템은 기업의 컴퓨터 시스템에 직접 포함되어 있을수도 있지만, 독립된 시스템으로 유지될 수도 있다. 이를 표시하기 위해 도표에서는 범위를 표시해주는 큰 상자로 둘러싸여 있다. 도표에 있는 정보를 근거로 회계 담당자는 상단 오른쪽 구석에 있는 시스템의 설치를 권장할 것이 분명하다. 왜냐하면 그것이 기업의 원가계산 정보 중앙 데이터베이스로 곧바로 입력되는 최상의 원가계산 정보를 수집할 수 있는 최고의 수단을 제공하기 때문이다.

본 단원은 [도표 1-1]에 제시된 보다 발전된 데이터 수집, 그리고 음성유도식 피킹(voice picking) 및 발광유도식 피킹(pick-to-light) 기능에만 적용되는 보다 구체적인 두 가지 방법에 대해 논할 것이다. 또한 대부분의 재고관련 거래를 막기 위한 백플러싱의 사용법에 대해서도 언급한다.

[도표 1-1] 데이터 수집 시스템의 특성

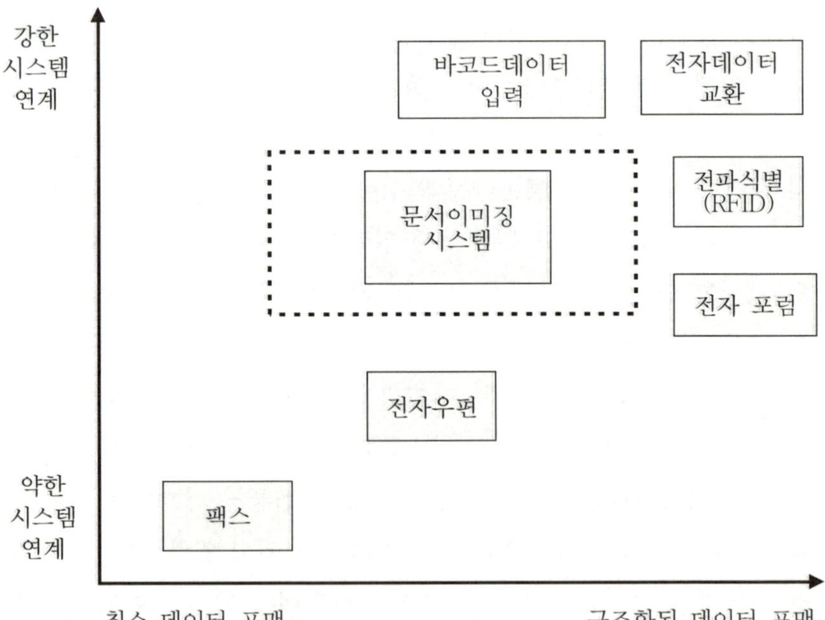

2. 바코딩

Company Alpha라고 하는 기업이 모든 생산 단계에 걸쳐 제품의 진행 과정을 추적하고자 하는 것에 대해 얘기해보려고 한다. Company Alpha는 기술적으로 매우 우수한 기업으로서, 각각의 워크 스테이션에 데이터 입력 키패드를 설치했다. 이 중 하나는 AD-546-798이라는 부품번호를 배정받았다. 각 워크 스테이션의 운영자는 키패드를 사용하여 부품번호를 입력하고, 이어 완성품의 수량을 입력하게 되어있다. 회계 담당자는 재공품 배치들이 공장을 거치는 동안의 진척도를 알기 위해 이 정보를 이용한다. 그러나 10개 중 3개의 워크 스테이션 운영자가 번호의 위치를 바꿔놓아 정보를 부정확하게 입력한다면 이 부품 번호는 너무나 무의미한 것이 되어버린다. 부품번호의 546 부분은 798 부분과 키패드의 같은 열에 있게 되므로 번호 위치가 바뀌는 것은 불가피하다고 할 수 있다. 이 오류는 회계 담당자가 판독하기 어려운 보고서를 작성하게 되어 결국 작업 현장에 가서 모든 단계의 업무를 추적하여 직접 수작업으로 수정을 해야 한다.

확실히, 데이터 입력 오류는 이 경우 매우 큰 문제이다. 실무에서도 직원들은 데이터 입력에 대한 적절한 교육을 받지 않은 상태에서 컴퓨터에 데이터를 입력하도록 요구받기 때문에 이것은 큰 문제가 된다. 저자는 최근 직원들의 모국어가 영어가 아니며 연간 200% 이상의 이직률을 경험한 기업의 직원들이 창고 데이터베이스에 생산 데이터를 입력하도록 요구받는 것을 본 적이 있다. 결국 이 기업은 매주에 걸쳐 주기적 재고 실사를 실시했음에도 불구하고 50% 이상의 재고 기록 오류가 계속해서 발생했다. 한마디로, 데이터 입력에 있어서 인적 요소는 컴퓨터 데이터베이스에 정확한 데이터가 입력되었음을 보증하는 데 있어 상당한 어려움을 야기한다. 이 문제는 바코드의 사용으로 해결될 수 있다.

바코드는 문자, 번호, 그 밖의 다른 기호들을 표시하는 서로 다른 넓이의 간격을 가진 교대로 나란한 줄무늬 집합이다. 해독알고리즘을 가진 컴퓨터에 부착된 레이저 빔(beam)으로 스캔이 되면, 이 줄무늬와 간격의 집합은 문자와 숫자가 조합된 기호로 바뀌게 된다. 여러 알고리즘들로 서로 다른 타입의 바코드를 만들어 낼 수 있다. 가장 대중적인 것이 문자와 번호를 모두 포함하며 제조업에서 매우 많이 사용되고 있는 Code 39이다. 또 번호만으로 이루어진 Interleaved 2 of 5가 있다. 이 바코드는 자동차, 창고업 및 수하물 처리 산업에서 많이 사용되고 있다. 또 다른 변형으로 주로 슈퍼마켓과 소매 산업에서 많이 쓰이는 국제제품코드(UPC)가 있다. 어떤 방법이 사용되든지 모든 바코드는 필요한 문자들을 컴퓨터에 입력하여 바코드 포맷으로 변형하고 프린터에 전송함으로써 기업 내에서 만들어질 수 있다. 잉크젯 프린터가 비교적 좋은 해상도를 가지고는 있지만 훨씬 높은 해상도를 만들어주는 레이저 프린터가 권장된다. 도트 매트릭스(dot matrix) 프린터는 낮은 해상도 때문에 바코드 인쇄에는 권장되지 않는다.

어떤 바코드가 사용되든지 그 이후의 처리 단계는 모두 같다. 하나의 바코드는 사용시점에서 일반적으로 바코드만을 제작하는 특수한 응용 프린터에 의해 제조된다. 바코드는 일반적으로 추적되는 물건에 부착된 스티커와 같은 것이다. 수량이 많다면 이 과정은 자동화될 수도 있다. 추적되는 물건은 프로세스가 일어나는 모든 것을 거쳐 프로세스의 한 고정점에서 스캔된다. 이 스캐닝은 휴대용 스캐너를 사용하여 사람이 할 수도 있고 자동 스캐너에 의해 할 수도 있다. 스캐너는 바코드의 정보를 뽑아내고 그것을 컴퓨터 데이터베이스에 곧바로 채워 넣는다.

스캐너의 종류에는 여러 가지가 있고, 응용에 따라 모델의 선택이 달라진다. 스캐너의 주요 카테고리는 다음과 같다.

- 라이트 펜(light pen). 이것은 가장 저렴한 종류로, 바코드를 가로질러 사용자가 직접 스캐너 장치를 드래그하도록 한다. 이것은 성공 확률이 낮고, 정확한 스캔이 완성될 때까지 몇 번의 스캔을 거쳐야 할 수도 있다. 빠른 스캔이 그다지 중요하지 않고 싼 가격이 중요한 요소가 되는 곳에서의 소량의 스캔에 가장 많이 사용된다.

- 소형 스캐너. 이 장치는 바코드를 가로질러 일련의 레이저 스캔을 빠르게 보내는 모터를 가지고 있어 훨씬 더 빠른 스캔을 할 수 있다. 또한 상대적으로 낮은 해상도로 인쇄된 바코드와 함께 사용될 수도 있다. 이 스캐너는 컴퓨터에 직접 선을 연결하여 사용하거나 그 지역의 무선 수신기로 무선 전송을 통해 사용할 수도 있다. 소형 스캐너는 라이트 펜보다 가격이 몇 배 더 비싸고 무선 주파수 스캐너는 주로 수천 달러를 넘나들기도 한다.

- 정지 고정빔 스캐너(stationary fixed-beam scanner). 이 장치는 수동으로 사용하지 않고, 컨베이어 벨트와 같이 물건이 지나가는 지점에 고정되어 사용되는 것을 목적으로 한다. 이 스캐너는 지나가는 모든 바코드를 한번에 읽어낼 수 있어야 한다. 이러한 상황 처리를 위해 컨베이어 벨트는 분로구(shunting gate)로 장착되어 스캔되지 않은 물건을 한 쪽으로 몰아 기계 운영자가 다시 물건들을 스캐너로 순식간에 돌려놓을 수 있도록 해야 한다.

- 정지 이동빔 스캐너(Stationary moving-beam scanner). 이 장치는 각각의 바코드에 대한 일련의 스캔을 보낼 때, 높은 스캔 성공률을 보장하는 모터가 장착되어 있는 것을 제외하고는 정지 고정빔 스캐너와 같다. 이 스캐너는 고정빔 종류보다 조금 더 비싸지만 분로구가 필요하지 않다는 점과 손으로 작동하는 수고를 덜어 줄 수 있어 추가비용을 상쇄시킬 수 있다.

바코딩은 재고관련 거래에 맞추어 만들어진 것이다. 예를 들어, 재고인식번호가 제품에 무작위로 배정된다면 거래를 위해 컴퓨터에 입력을 하는 사람에게 이것은 아무런 의미가 없게 되고, 이런 상황은 부정확한 데이터의 입력을 가져온다. 이런 문제를 피하기 위해 바코드가 모든 재고 아이템에 부착되어 모든 재고관련 거래의 이동에서 스캔될 수 있다.

또 다른 바코드의 재고관련 사용은 작업 현장 관리이다. 한 업무가 생산과정을 거칠 때, 몇몇 기업들은 생산 담당자에게 물건에 부착된 표준공정도 정보를 요구하고 그것을 그 지역의 데이터 입력 터미널에 입력하도록 한다. 이 정보는 생산관리 담당자에게 생산과정에서 그 작업이 어디에 위치했는지에 대해 알려주기도 하고 회계 담당자가 지금까지 수집된 각 작업의 가격을 결정할 수 있게 해준다. 데이터 입력 직원이 이 정보를 부정확하게 입력할 가능성이 있기 때문에 표준공정도에 문서로 된 등록정보 대신에 바코드를 추가할 수 있다. 데이터 입력 직원은 그 지역의 데이터 입력 터미널에 타이핑하여 입력하는 대신에 바코드를 스캔하여 입력하면 된다.

확실히, 바코드의 사용은 다양하다. 데이터 입력 오류의 위험이 높은 곳에서 바코드를 사용하는 것이 이상적이고 데이터 수작업 입력을 피하기 위해 자동화 시스템을 원하는 기업에게도 매우 유용하다. 하지만 바코드 인쇄와 스캐닝 장치의 구매와 이행에 관련된 비용이 있기 때문에 회계 담당자는 실질적인 설치 이전에 이 장비들과 사용과 관련된 비용과 이익을 잘 계산해봐야 할 것이다.

3. 무선 데이터 전송

거래가 컴퓨터 터미널에 입력될 때, 그 거래는 보관을 위해 무선 또는 광케이블을 타고 데이터베이스로 흘러 들어간다. 안타깝게도 이 데이터 입력방법은 데이터를 입력하기 위해 고정된 터미널이 있는 곳으로 가게 하는 수고를 요하고 때때로 사무실을 돌아다니며 데이터를 입력하는 직원에게 이것은 불가능할 때도 있다.

이 문제에 대한 해결책은 데이터베이스에 직접 차례차례 연결되는 수신기로 무선전송을 보내는 터미널을 가지는 것이다. 이것은 사실상 어디에서건 데이터 입력을 가능하게 한다. 이 데이터 입력 모드는 빠르게 개선되었고, 몇몇 휴대용 터미널이 현재 개발 중에 있다. 그중 하나가 무선 주파수 바코드 스캐너인데, 이것은 액정 크리스탈 디스플레이, 키보드 그리고 스캐너가 통합된 것이라고 할 수 있다. 이것은 주기적 재고실사 담당자가 무수한 변경사항을 일일이 적은 후 터미널로 가서 데이터를 입력하고, 그리고 계산을 하던 장소로 돌아오지 않고 바로 현장에서 입력할 수 있는 창고와 같은 곳에서 자주 사용된다. 또 하나의 터미널은 무선 팜(Palm) 컴퓨터인데(몇몇 모조품들도 있음), 자동기록계로 정보를 입력하여 웹사이트에 보내면 그 정보가 전자메시지의 형태로 기업의 데이터베이스도 다시 보내진다. 그리고 또 다른 변형으로 휴대폰에 연결되는 휴대용 컴퓨터를 들 수 있다. 전화를 통해 만들어진 모뎀연결이 전화선을 통해 데이터를 기업에 전송하면 이 데이터는 다시 디지털 신호로 변경되어 기업의 데이터베이스에 전송된다.

무선 애플리케이션은 곧바로 재고관련 거래에 적용이 가능하다. 예를 들어, 모든 재고 시스템의 주요 문제점은 직접 거래를 수행하는 창고 직원이 정보를 입력할 컴퓨터 터미널로 가야 한다는 것이다. 이 과정에서 컴퓨터까지의 거리가 멀 수도 있고, 직원이 입력해야 할 정보를 잊어버린다거나 혹은 입력 자체를 잊어버릴 수도 있는 위험이 있을 수 있다. 무선 주파수 바코드 스캐너는 직원이 시설내의 어느 곳에 있더라도 항시 사용이 가능하기 때문에 이러한 문제를 막아준다. 휴대용 기계로 스캔되거나 입력된 정보의 거래는 즉시 중앙 컴퓨터 데이터베이스에 전송되어 업데이트된다.

또한 재고의 정확성을 높이고 싶은 매니저라면 반드시 직원을 창고로 보내 컴퓨터 목록에 있는 재고의 수량이 선반에 놓여있는 수량과 같은지 확인해야 한다. 문제는 주기적 재고실사 담당자가 두꺼운 뭉치의 재고 보고서를 가지고 창고를 열심히 돌아다닌 후, 보고서에 올라갈 물건들을 정하고, 그것들을 선반에서 찾아낸 다음, 그에 대한 수정사항을 기입하고 다시 터미널로 돌아가서 변경사항을 다시 입력해야 한다는 것이다. 확실히 이것은 시간이 많은 소비되는 과정이다. 더 나은 방법은 선반의 물건들의 부품번호를 스캔하고, 그 물건의 창고 위치를 위한 바코드를 스캔해주는 무선 주파수 바코드 스캐너를 이용하여 중앙 데이터베이스에 접속하고, 현장에서 수정을 하여 계산의 투명성을 밝히는 것이다.

높은 수준의 직원교육을 고려했을 때, 바코드 거래와 결합된 무선 시스템의 채택은 기업의 재고오류의 비율을 1%미만으로 줄여줄 수 있다. 또한 거래 입력에 필요한 시간의 절약을 감안하면, 창고 직원의 실질적인 업무 능력은 확실히 늘어날 것이다.

4. 전파식별(RFID : Radio Frequency Identification)

수동으로 작동되는 재고 시스템의 주요 문제점은 막대한 거래에서 야기되는 인수, 상자들의 이동, 현장에서의 배급, 거래처의 반품, 쓰레기 등을 추적해야 한다는 것이다. 거래가 하나 생길 때마다 부정확한 데이터가 입력될 소지가 있고, 이것은 재고품이 거래되는 모든 과정에서 누적되어 매우 큰 변형을 가져올 수도 있다. 부정확한 재고 정보는 재고부족, 구매수량의 오류, 물건의 판매가의 오류와 같은 또 다른 문제들을 야기시킨다. 바코딩의 적용이 이러한 문제들을 해결한다고는 하지만, 바코드를 판독하기 너무 어렵거나 스캐닝에 있어서 직원들에게 너무 많은 시간을 요구하는 환경에서는 바코드가 훼손될 수도 있다.

이러한 거래 오류를 막는 방법 중 하나가 RFID 기술이다. 이것은 최근에 공식화되었지만, 이미 소매 산업에서 빠른 시판을 확보해야 하는 월마트에 의해 채택된 적이 있다. 기본적인 RFID의 개념은 각 제품에 작은 전송장치를 부착하고 특수 코드를 가진 제품번호를 판독장치에 보내는 것으로 사실 오래 전부터 사용해오던 방식이다. 현재 이 전송장치 태그의 가격이 10센트 정도까지 내려(장치의 복잡성과 전력수준에 따라 다르지만), 몇몇 애플리케이션의 비용 절감적인 대체기술로 사용되기 시작하고 있다. 사용이 늘어날수록 향후 가격은 더 내려갈 것이다.

이러한 태그가 부착된 재고품이 판독장치 근처를 지날 때, 판독장치는 태그의 에너지를 높이는 신호를 내보내 특수한 제품 인식 번호를 전송할 수 있도록 한다. 많은 수량의 태그를 읽어내기 위해서 판독기는 각각의 태그를 켠 다음, 읽고, 그리고 다시 *끄기* 때문에 반복적인 판독에서 오는 혼란을 피할 수 있다. 그 후 태그 정보는 판독기가 위치한 지점을 지나가는 재고품을 표시하면서 재고 추적 시스템에 입력된다.

RFID의 가장 많은 실행 시나리오는 기업의 창고와 제조시설 내에서 처음 적용하여, 모든 파렛트 로드(pallet loads: 지게차의 화물 운반 받침대의 로드)(인수와 재고관리 거래에 적합)를 추적하는 데 사용하고, 그 다음 상자(수거, 주기실사, 배송거래에 적합) 또는 개별제품(재공품이나 소매 이용에 가장 적합)과 같은 더 작은 추적 품목에 실행하는 것이다. 기업들이 RFID의 적용에 대해 점점 더 많이 알게 되면서 이 실행 방법은 기술에 대한 투자를 점차 증가시키고 있다.

RFID의 가장 큰 장점은 수동으로 거래를 타이핑하지 않고 재고 계산 정보를 제공하는 능력이다. 이것은 수동 인수, 재고이동, 그리고 배급거래에 대한 수고를 없애준다. 또한 모든 재고의 정확한 위치에 대한 실시간 정보를 제공함으로써 분실된 재고를 찾아내고, 주기적 재고실사를 처리하고 재고를 감사하는 업무에 도움을 준다. 공급업체에 배급 시, 이 정보는 현재 얼만큼의 재고를 가지고 있는지를 정확히 알려주어, 언제 업체에 어느 정도의 재고를 배송할지에 대한 보다 정확한 결정을 할 수 있게 한다.

RFID의 추가적인 능력은 태그가 부착된 제품이 기업을 이탈하였을 경우, 이에 대한 경보가 활성화된다는 것이다. 또한 천장에 고정된 장치에 연결되어 활발하게 자기의 정확한 위치를 중계하는 고가의 자가동력 태그(최근 15달러 정도)를 사용하는 방법도 있다. 가장 최신의 태그 기술은 하나의 태그에 여러 번 저장되었던 정보를 여러 번 고쳐 쓸 수 있도록 해주기도 하는데, 이것은 생산장소 안에 있는 다양한 워크스테이션을 거치는 장치의 진행과정에 대한 정보의 추가를 가능하게 해준다. 또 다른 옵션은 보관소에 있는 각 트레일러에 자가동력 장치를 부착하여 추적하는 방법으로 이것은 구체적인 재고가 어디에 위치하고 있는가에 대한 문제를 해결해준다. 마지막으로 RFID는 구체적인 고객을 대상으로 하는 제품이 잘못된 트럭에 실리지 않도록 하는 오류방지 장치로 사용될 수 있다.

RFID의 한 가지 문제점은 과중한 제조 환경에서 큰 문제가 될 수 있는 전파장애의 가능성이다. 일반적으로 창고와 판매점에서의 전선이 적절한 데이터 전송을 위해 이미 보호되어 있으면, RFID는 작동하지 않을 수도 있다. 만약 이런 잠재성이 존재한다면 전파장애가 발생하지 않게 하기 위해 재고가 추적될 수 있는 모든 곳에 광범위한 전송 테스팅을 해야만 한다. 또 다른 문제점은 스틸이나 액체와 같은 임의의 제품들은 태그 부착이 완전히 불가능 하다는 것이다. 또한 아직 완전한 턴키(turnkey) RFID 솔루션을 개발한 공급업체가 없어서 기업들은 다른 종류의 요소들을 작동 시스템에 끼워 맞추기 위해 컨설턴트를 고용해야 하는 것도 문제이다. 이 시스템의 설치에 있어서의 어려움과 많은 기술의 도입 수준을 고려했을때, 100,000달러 미만으로는 단순한 시스템조차 설치하는 것이 불가능함은 물론이고, 여러 곳에 걸친 광범위한 설치 비용은 수백만 달러에 이를 것이다.

5. 문서 이미징

종이 문서는 반드시 수동으로 컴퓨터 데이터베이스에 복사되어야 한다는 것이 대부분 기업의 생각이다. 하지만, 이렇게 엄청난 노동을 요하는 방법에 대한 대안은 단순히 문서를 스캐너에 주입하고 연결된 컴퓨터 터미널에 인덱스 번호를 입력하면, 문서가 곧바로 디지털화된 형태로 변형되고 기업내의 모든 연결 컴퓨터 터미널로 쉽게 이용할 수 있게 만들어진다.

이 문서 이미징 시스템의 기본적 구조를 보여주는 [도표 1-2]는 컴퓨터에 문서를 입력하는 몇 가지 방법들, 가장 대중적인 스캐너의 사용에 대해 설명하고 있다. 이같은 수단을 통해 하나의 문서가 디지털의 형태로 변형되어도 이 문서를 다시 검색할 수 있는 방법이 없기 때문에 바로 컴퓨터 데이터베이스에 저장될 수 없다. 따라서 하나 이상의 인덱스 번호가 반드시 입력되어야 한다. 예를 들어, 이것은 스캔된 문서에 부여되는 유일한 번호로, 고객의 이름, 날짜 등 그 밖에 사용자가 문서를 바로 다시 이용할 수 있도록 해주는 정보이다. 중요한 것은 문서가 데이터베이스에서 분실되지 않는 것이다.

디지털화된 문서는 주로 컴퓨터 디스크(CD) 주크박스와 같은 대용

량 장치에 저장된다. 이것은 많은 CD를 포함하고 있는 장치로, 테이
프 저장 시스템과는 반대로 각각의 데이터로 빠른 접근을 가능하게
해준다. 이 주크박스 형태는 몇 테라바이트(terabyte)의 데이터를 저
장할 수 있고, 또 그래야만 하는 것이, 높은 품질 수준으로 저장된 단
일 문서는 최대 1/2 메가바이트의 저장 용량을 필요로 하기 때문이
다. 그러나 데이터베이스로 문서를 스캔할 때에는 주로 1/10 메가바
이트의 훨씬 적은 용량을 필요로 하는 좀 더 낮은 문서 해상도를 선
택하는 것이 보통이다. 색인 파일 시스템은 정확한 문서를 찾기 위해
방대한 색인 파일을 빠르게 분류하는 초스피드 장치에 분리되어 저장
된다. 후에 이 색인은 CD 주크박스에서 파일을 찾아내는 데 사용되어
수요자에게 보내진다.

[도표 1-2] 문서 이미징 프로세스 흐름도

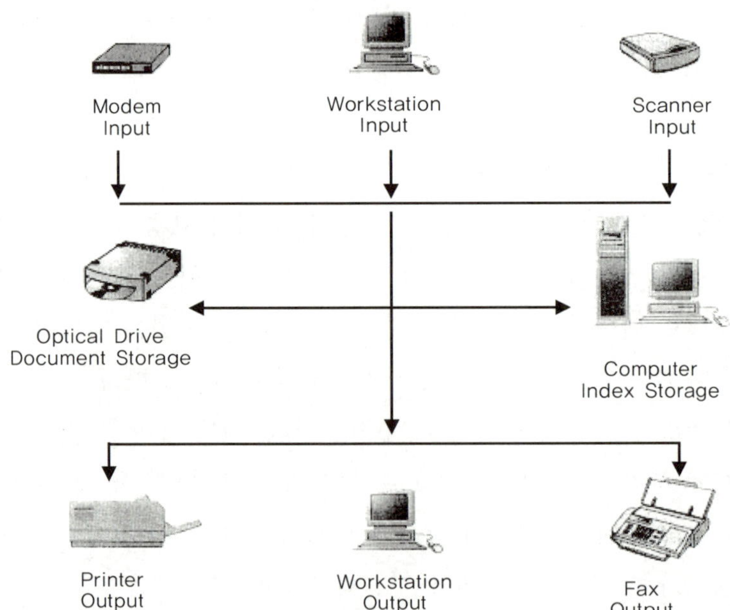

문서 이미징 시스템으로부터 데이터를 출력하는 방법에는 몇 가지가 있다. 가장 대중적인 방법은 사용자 터미널에서 바로 출력하는 것으로, 종이를 절약할 수 있고 사용자가 스크린을 통해 다른 관련 정보와 이 문서를 나란히 볼 수 있다는 이중의 장점을 갖고 있다. 출력의 다른 형태로는 인쇄, 팩스 및 모뎀전송 등이 있다. 가장 일반적인 것이 터미널을 통한 직접 출력이다.

회계 담당자에 의한 문서 이미징의 사용은 주로 드릴다운(drill-down : 단계분석) 분석이다. 이것은 회계 담당자가 터미널을 떠나지 않고 정보검색에 관련된 모든 자료를 찾을 수 있게 함으로써 검색과정을 훨씬 쉽게 해준다. 예를 들어, 회계 담당자가 구체적인 구매 이유를 찾고 있다면, 구매 주문번호뿐 아니라 데이터와 구매량을 보여주는 계정 원장에서부터 구매일지에 이르는 회계시스템을 단계적으로 분석할 수 있을 것이다. 만일 이 시스템이 자료 관리 시스템에 연결되어 있다면, 구매주문서의 사본까지는 분석할 수 있겠지만, 구매주문서를 얻기 위해 사용된 구매요청서를 조회할 수는 없을 것이다. 하지만 이제 문서 이미징을 통하여 스캔된 요청서를 표시하기 위해 주문서에 입력된 요청서 번호를 사용할 수 있고 이것은 정확하게 무엇이 주문되었고, 누가 그것을 주문했는지를 보여준다. 종이 파일을 검색할 필요도 없고, 재고 회계 검색 또한 훨씬 더 빠르게 해준다.

문서 이미징의 추가 장점은 두 명 이상이 똑같은 문서를 동시에 이용할 수 있다는 것이다. 종이문서 시스템의 경우, 누군가가 어떤 문서를 사용하고 있으면, 그 문서 파일이 분실되고 파일이 돌아올 때까지 검색이 지연된다(그리고 그것을 제자리에 갖다 놓지 않을 경우, 추가적인 문제가 발생한다). 문서 이미징을 사용하면 아무리 많은 이들이 동시에 사용해도 파일은 CD 주크박스 내의 동일 저장 위치에 남아있게 된다. 따라서 문서 분실로 인해 검색이 지연되는 일은 결코 일어나지 않는다.

　문서 이미징 솔루션은 좋은 방법이긴 하지만, 비용에 대한 고려가 필요하다. 소규모 기업은 컴퓨터 하드웨어와 소프트웨어의 비용이 소량의 문서를 디지털화된 형태로 바꾸는 데 예상 비용보다 너무 높을 수도 있다. 그러나 엄청난 수량의 문서를 취급하는 대기업의 경우, 이 시스템에 사용되는 비용은 얻어낼 수 있는 수익과 비교해 볼 때 그리 대수롭지 않다. 이 분야에서 가격은 꾸준히 내려가고 있기 때문에 향후 얼마간 유효한 이미징 시스템의 가격을 항목화하는 것은 어렵다고 할 수 있다. 일반적으로 저렴한 이미징 시스템은 5만 달러 초반의 범위 내에서 구입할 수 있지만 대량의 거래 솔루션은 거뜬히 100만 달러를 넘는다. 문서 이미징 시스템의 비용편익 거래 솔루션을 준비할 때는 검색 시간의 감소뿐 아니라 문서 저장 장소의 임대, 문서를 정리하는 직원들의 직위, 그리고 잘못 정리된 문서들의 배치 등에서의 혜택에 대해서도 고려해야 한다.

6. 전자 데이터 교환(EDI)

　데이터 수집은 기업의 거래처로부터 받은 데이터를 다시 기업의 데이터베이스에 입력시킬 때 가장 힘이 든다. 문제는 기업에 보내진 정보가 내부 시스템에 의해 요구되는 정보와 일치하지 않을 수도 있기 때문에, 누군가는 반드시 분실된 정보에 관해 거래처와 접촉을 해야 한다는 것이다. 그뿐만 아니라 단순한 오타 실수와 인수한 문서를 잘못 읽어(흐릿한 팩스 등) 발생하는 데이터 입력 오류의 위험은 항시 존재한다. 여기에 드는 모든 비용은 기업이 제공하는 제품과 서비스의 내재가치에 아무런 기여를 하지 않기 때문에 비부가가치 비용이다. 이런 문제들은 전자 데이터 교환을 통해 해결될 수 있다.

　몇 백 달러면 컴퓨터 스크린에서 전자 형태를 띠는 기본 EDI 소프트웨어 패키지를 구입할 수 있다. 어떤 기준 거래가 요구되든지 간에, 필요 분야의 원하는 모든 데이터를 입력하면 국제 표준화 기구에 의해 100개 이상의 정보가 차근차근 정의된다. 모든 거래가 입력되고 나면 컴퓨터는 모뎀이나 광역연결을 통해 정보를 사업 파트너에게 보낸다. 수신자는 모뎀을 통해 이 데이터에 접속하여 그것을 인쇄하고, 수동으로 그 정보를 컴퓨터 시스템에 전달하다. 이 방법은 매우 단순하지만 거래를 하는 양쪽 모두가 여전히 수동으로 데이터를 입력해야 하기 때문에 같은 정보를 팩스로 보내는 것보다 나은 방법이라고 할 수는 없다. 팩스보다 좋은 유일한 점은 수신되는 이미지의 품질이 더 우수하고, 전자전송을 할 때 흐릿해지지 않는다는 것이다.

훨씬 더 좋은 방법은 발신자가 거래의 형태를 자동으로 EDI로 바꿔주고 또 자동으로 보내주는 컴퓨터를 갖는 것이다. 여기에는 중간 운영자가 전혀 필요가 없다! 이와 같은 과정은 수신자 측에서도 가능하다. 들어오는 거래가 자동으로 수신되고, 형태가 바뀌고, 그리고 내부 컴퓨터 시스템에 입력되면 된다. 이 방법을 통해 데이터 입력 오류의 모든 위험은 완전히 제거된다. 이것은 내부와 거래처 사이의 대량의 데이터 흐름을 가진 기업들에 특별히 더 가치 있는 능력이 된다.

EDI 적용의 마지막 문제는 기업들이 어떻게 거래를 보내느냐 하는 것이다. 영구적으로 거래를 수신하는 업무에 전념하는 컴퓨터를 갖고 있는 각 사업 파트너에게 직접 전송을 하는 것은 가능하다. 하지만 이러한 컴퓨터는 다른 기업으로부터 수신되는 거래에 묶여서 전송이 불가능할지도 모른다. 또한 광역연결의 경우에는 상관없지만, 호환성이 없는 모뎀 전송과 리셉션 속도의 문제도 발생할 수 있다. 이러한 문제를 피하기 위해, 거래처로부터 EDI 전송을 수신받아 전자우편함에 저장하는 중앙 컴퓨팅 설비인 부가가치 통신망(VAN)에 등록을 고려해 보도록 하라. 수신자는 자동으로 몇 시간 마다 한번씩 그들의 우편함을 송수신하여 도착한 메시지를 찾아간다. VAN 운영자는 컴퓨터 시스템을 통해 지나가는 각 거래에 대해 요금을 청구하는데, 이 제도는 거래 사업에 있어서 훨씬 더 적은 오류의 환경을 제공해준다. 완전한 EDI 과정은 [도표 1-3]에 나와있다.

이러한 장점에도 불구하고, EDI는 많은 기업에서 사용되지는 않는다. 그 이유 중 하나는 시스템 설치시간과 거래처의 컴퓨터 시스템과의 모든 연결을 자동화하는 프로그래밍 시간, 그리고 거래처의 참여를 권유하기 위해 거래처를 오고 가는 시간의 낭비가 너무 많다는 것이다. 이러한 어려움을 고려하여 많은 기업은 가장 많은 거래량을 가진 거래처와만 EDI를 사용하고 있다.

7. 재고 데이터 수집의 전문화된 형태

직원들이 대량의 재고품을 출고해야 하는 창고의 상황에서는 단순히 방대한 숫자의 개별 세부항목 거래가 포함된다는 이유만으로 엄청난 거래 오류의 위험이 있을 수 있다. 직원은 거래사항 입력을 위해 계속해서 출고를 정지해야 하고, 이런 과정이 잘못된 거래를 초래하게 된다. 이것이 다루기 어려운 물건이 포함된 출고의 문제점이다.

어떤 상황에서는 거래의 오류 비율을 낮추는 좋은 방법으로 음성유도식 피킹(voice picking) 방식이 사용된다. 직원은 벨트에 내장 컴퓨터를 착용한다. 컴퓨터는 무선 주파수를 통해 실시간 기업의 컴퓨터와 통신한다. 메인 컴퓨터로부터 정보를 받아들이고 이 정보를 다시 영어로 번역하여 직원이 출고관련 문서를 손에 들고 있지 않고도 영어로 통신을 할 수가 있다. 직원은 또한 제품이 언제 출고되었는지를 헤드셋(headset)을 이용하여 컴퓨터와 대화한다. 컴퓨터는 이러한 대화들을 전자 메시지로 바꾸어 메인 컴퓨터에 즉각 전달한다. 이 방법

[도표 1-3] 전자 데이터 교환 과정의 흐름

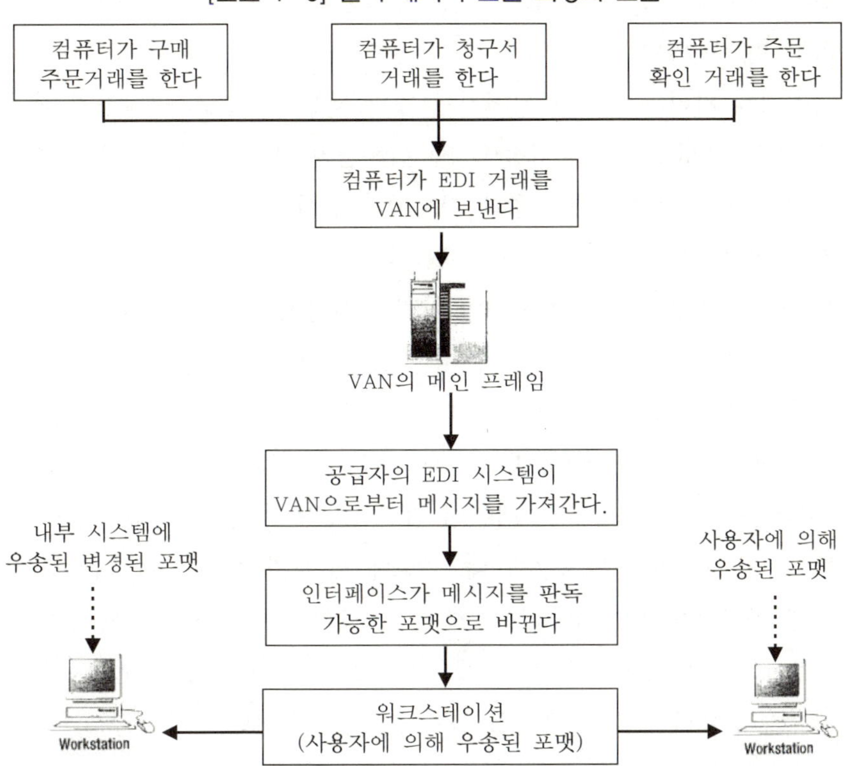

은 직원들이 출고를 하는 동안 실시간 거래를 기록할 수 있게 해주고 정보를 입력하기 위해 컴퓨터까지 가는 수고를 덜어준다. 특히 제한된 문서 작성 능력을 갖춘 사람들에게 효과적인 솔루션이다.

하지만 음성유도식 피킹에도 몇 가지 문제점이 있다. 첫째, 소음이 심한 창고 환경이 의사소통을 방해할 수 있다. 둘째, 이 장치는 배터리가 소진될 수 있으므로, 수명 연장성의 배터리가 장착된 장치를 구입하거나 적어도 소진된 배터리를 바로 대신할 수 있는 여분의 배터리를 구비해 놓아야 한다. 또한 단시간 동안 통신이 방해되었을 경우라도 메인 컴퓨터로부터 독립적으로 작동될 수 있는 장치를 구입해야 한다. 마지막으로 이 방법은 소량의 출고환경에 가장 적합한 방법이라고 할 수 있다.

거래의 처리는 상자가 찢어지는 등의 상황처럼 출고 담당자가 작은 재고단위(SKU)에 많은 수량의 재고를 출고해야 하는 상황에서 특히 어렵다. 출고에 일치하는 거래 기록의 필요성을 생각했을 때, 이런 환경은 많은 거래 오류의 원인이 될 가능성이 있다. 또한 인쇄된 출고 목록으로 출고를 하는 전통적인 방법을 사용하게 되면 직원들은 정확한 수량을 확실히 출고하고, 컴퓨터 시스템에 변경사항을 입력하면서 SKU를 찾는 데 많은 시간을 소비해야 하기 때문에 창고 직원들의 시간을 빼앗는 비효율적인 방법이라고 할 수 있다.

이런 출고 방법의 좋은 대안이 발광유도식 피킹(pick-to-light) 솔루션이다. 이 방법을 사용할 때, 창고에 있는 각 상자가 위치한 곳 전면에 라이트센서가 설치된다. 각 센서 장치는 컴퓨터 시스템의 출고 모듈에 연결되어 주문을 위한 출고가 필요함을 알릴 때 깜박거리는 라이트와 필요한 SKU의 숫자를 열거하는 liquid 대변ystal display(LCD : 액정표시장치) 판독기, 그리고 출고의 완료를 알릴 때 누르는 버튼을 내장하고 있다. 재고 출고 담당자가 바코드 주문 번호를 이 시스템에 입력하고 스캔할 때, 출고가 요구되는 상자들의 센서의 불이 켜지고, 상자들의 LCD 화면은 출고 상자의 숫자를 보여준다. 재고 출고 담당자가 상자의 출고를 완료하여 버튼을 누르면 불이 꺼지게 된다.

이 시스템은 출고 담당자가 출고 목록 없이도 정확한 출고를 할 수 있게 해줄 뿐 아니라 실시간 기록 업데이트를 위해 재고 데이터베이스에 성공적인 출고를 전송할 수 있도록 해준다. 또한 이 시스템은 출고될 정확한 수량과 상자들을 항목화해주기 때문에 부정확한 수량이나 상자가 출고될 가능성이 작으므로 거래 정확성의 비율이 높아지게 된다. 더 발전된 시스템은 증가/감소 버튼을 가지고 있어서 주기적 재고실사 담당자는 재고 수량의 수정사항을 현장에서 바로 재고 데이터 베이스에 입력할 수 있다. 또한 원래의 주문에 몇몇 주문을 요약하여 삽입하여 늘어난 주문을 한번에 출고할 수 있어서 출고 시간을 줄일 수 있다.

이러한 출고 방법은 훌륭하지만 비용이 많이 든다. 게다가 각 선반의 표시 패널의 비용과 모든 관련 소프트웨어를 기존의 창고 관리 시스템에 통합하는 비용에 대한 투자가 필요하다. 이러한 비용 문제 때문에, 이 방법은 대량의 SKU를 위해 사용되는 것이 보통이다. 가격이 내려가게 되면, 많은 재고의 출고 시 이 방법을 사용하게 될 것이다. 또 다른 문제는 이 시스템에 맞추기 위해 출고 담당자 교육 및 관련 절차를 바꿔야 한다는 것이며 이러한 변화는 이 시스템이 실행되기 훨씬 이전에 미리 고려되어야 한다. 모든 새로운 교육과 절차는 전체 출고 직원들에게 개방되기 전에 반드시 소규모의 출고 담당자의 검증을 받아야 한다.

8. 백플러싱(Back flushing)

이전의 논의들은 데이터 입력을 쉽게 해주는 기술의 사용에 초점을 맞추었다. 그렇다면 데이터 수집의 필요성을 제거하는 여러 가지 생산 추적 시스템의 사용은 어떠할까? 본 단원에서는 백플러싱이 어떻게 작용하고 데이터 수집량을 줄이기 위해 그것을 어떻게 활용해야 하는지를 논할 것이다.

전통적인 재고 추적 시스템은 재고가 창고에서부터 생산과정을 거쳐 반입 부두에 도달할 때까지의 이동을 추적하였다. 이 방법은 매번 물리적인 재고 이동이 있을 때마다 거래 기록을 해야 한다. 매번 기록을 할 때마다, 생산관리 직원에게 현재 재고의 위치를 말해주고, 회계

직원에게는 물건이 완제품으로 변형되면서 어떤 새로운 업무가 부가
되는지에 대한 정보를 전달하기 위해 또 하나의 컴퓨터의 입력이 필
요하다. 이것은 많은 노동을 필요로 하고, 또 데이터 입력 오류를 증
가시키는 방법임이 확실하다.

백플러싱(back flushing) 시스템에 의해 사용되는 방법은 제품의
생산이 완료될 때까지 거래의 입력이 필요로 하지 않고, 창고에 남아
있거나 생산의 여러 단계를 거치고 있는 어떤 데이터도 입력하지 않
는다. 대신에 컴퓨터 시스템이 입력된 최종 생산 수치를 가지고, 그
구성 성분 별로 나눈 다음, 창고 기록에서 이 항목들을 제거한다.

이 과정은 데이터 입력에 걸리는 시간을 현저하게 줄여주기는 하지만,
다음과 같은 일정 상황에서만 유용한 방법이기도 하다. 첫째, 이 방법에서
잘못된 계산은 창고 기록의 잘못된 변경사항을 만들기 때문에, 생산 직원
은 정확한 최종 생산 수량을 확보할 수 있어야만 한다. 이것은 높은 이직률
혹은 저학력의 직원을 가진 기업에 특히 문제가 된다. 이러한 기업 환경의
직원들은 이 절차에 대해 낮은 수준의 지식을 가지고 있기 때문에 이는
결국 잘못된 데이터의 입력을 초래하게 된다. 두 번째, 생산과정의 폐기물
이나 재가공품목들에 대한 정확한 추적을 가능하게 하는 시스템이 있어야
한다. 이러한 품목들은 기본 백플러싱(back flushing) 시스템을 통해
재고 데이터베이스에서 제거되지 않기 때문에, 반드시 별도로 처리해주어
야만 한다. 이 과정이 행해지지 않으면, 보고된 재고의 수준이 너무 높아지
게 된다. 마지막으로, 생산 과정은 짧아야만 한다. 하루 안에 제품을
완성하는 것이 가장 바람직하다. 그렇지 않으면 재고의 구성요소의 백플
러싱(back flushing)이 한동안 일어나지 않게 되어 잘못된 재고 데이터베
이스가 나오게 될 수도 있다. 이것은 또한 재고의 가치 평가 측면에서
매우 중요하다. 왜냐하면 빠른 생산과정에 대한 백플러싱을 보고시기
말에 수행할 수 있게 해주기 때문에 회계부 직원의 재공품 재고 가치

평가를 없앨 수 있기 때문이다. 요구되는 데이터 입력량은 줄어들겠지만, 경영진이 이러한 과정을 고려하지 않을 경우, 백플러싱(back flushing) 시스템은 기업의 자재 관리 데이터베이스에 데이터 오류를 발생시킬 가능성이 있다. 결과적으로, 백플러싱(back flushing) 시스템은 매우 조심스럽게 사용되어야 한다.

9. 데이터 입력 기술 요약

많은 데이터 수집 방법들이 이 부분에서 설명되었다. 앞에서 제시되었듯, (무선 기술에 많이 사용되는) 바코딩은 가장 광범위하게 적용되는 방법이다. 이것이 무선 전파 식별에 의해 많이 공급되고 부분적으로 대체되기는 하지만, RFID 기술이 좀 더 저렴해지고 현실적이 될 때까지 이 변환 방식이 사용되지는 않을 것이다. 반면 바코딩은 가장 현실적으로 가장 적은 오류를 발생시키는 재고 데이터 입력 방법이라고 할 수 있다.

전자 데이터 교환은 거래처 사이에서 정보를 교환할 때 사용하는 방법으로, 기업의 데이터 수집 시스템의 추가적인 적용이라고 할 수 있다. 마찬가지로, 문서 이미징은 재고 데이터베이스에 삽입될 수 없는 문서의 텍스트에 관한 부수적인 정보를 제공하는 유용한 추가적 적용이다. 이것은 엄밀히 기본 재고관련 거래 기록의 이차적인 중요성을 가진 주변적 적용이라고 할 수 있다.

음성유도식 피킹와 발광유도식 피킹은 훌륭한 데이터 수집 방법이지만 가격이 비싸고 모든 재고관련 거래의 (중요성은 크지만) 아주 작은 부분에만 적용된다.

마지막으로, 백플러싱(back flushing) 시스템의 사용은 재고관련 거래 처리량에 있어서는 현저한 절감을 가져오지만 제대로 설치되지 않으면 상당한 재고의 오류를 가져온다.

따라서, 가장 좋은 재고 데이터 수집의 방법은 우선 바코드를 설치하여 전체적인 재고관련 거래의 정확성을 개선하는 것이다. 그리고 나서, 사업 파트너와의 장기간의 통신이 필요하다면 EDI의 적용을 선택하면 된다. 출고 거래가 많다면, 발광유도식 피킹 또는 음성유도식 피킹 방식의 사용을 고려해보도록 한다. 현재 거의 모든 재고관련 거래가 어느 정도의 자동화를 포함하고 있고 재고 기록의 정확성은 상대적으로 높다고 할 수 있다. 지금이 백플러싱(back flushing) 시스템의 실행에 대해 논하기에 좋은 시기이지만, 이것은 어떤 기업의 구체적인 환경에는 부적합하다고 알려져 있다. 마지막 단계는 재고 데이터베이스에 더 많은 정보를 쌓기 위해 문서 이미징 시스템의 필요성을 검토하는 것이라 할 수 있다.

재고와 제조 시스템

1. 개요

이전 단원에서 우리는 재고에 대한 다양한 데이터 수집 방법에 대해 논하였다. 다음으로 우리가 할 수 있는 질문은 "어떤 정보를 수집해야 하고 사용되는 제조 시스템에 따라 이것은 어떻게 변화하는가?"일 것이다. 이 단원은 MRP(Manufacturing Resources Planning: 제조자원계획) 시스템과 저스트인타임(just-in-time) 시스템하에서 만들어진 가장 작은 거래들을 이용하는 베어 본(bare-bone) 제조 시스템을 통한 정보의 흐름에 대해 다룰 것이다. 다양한 시스템들이 요구하는 거래들 사이에는 보다시피 엄청난 차이가 있다.

2. 단순화된 제조 시스템

한 사업가는 새로운 제품을 제조하기로 결정하고 자신의 차고에서 제품을 만들기 시작했다. 매출이 늘어나면서 그는 작은 생산 시설로 이전하고, 제조 과정을 돕는 직원을 채용하게 되었다. 이렇게 자택에서 시작되는 환경에서는, 미숙한 회사가 공급자로부터 주문한 물품에 대한 청구를 받은 후 그것을 외상으로 기록할 것과, 판매된 물건을 재고자산을 차감하여 기록할 것을 요구하는 첫 번째 필수 재고관련 거래가 발생한다. 회사가 제품을 판매할 때는 차감 계산된 판매 제품 계정의 원가의 증가분과 함께, 반드시 판매한 만큼 내보내야 하는 재고의 거래를 기록해야 한다. 기본적인 거래는 [도표 2-1]의 거래가 발생하는 판매 제품의 원가 순환 지점에 나타난다.

이 방법은 그 절약적 방식에 있어서는 매우 우수하지만 관리와 원가계산의 관점에서는 턱없이 부족한 방법이다. 첫째, 이 시스템은 폐기물을 반영하지 않기 때문에 사업자는 제조과정에서 폐기물이 발생했는지를 알 수가 없다.

[도표 2-1] 단순화된 제조 시스템에서의 재고관련 거래

① 재고의 인수	차변	대변
재고	xx	
외상 매입금		xx

② 재고의 판매	차변	대변
매출의 원가	xx	
재고		xx

둘째, 이 시스템은 얼마만큼의 재고가 실제로 존재하는지 확인할 수 없어서, 구매부서 직원은 이것이 올바른 행위인지 아닌지도 모른 체, 원하면 언제든지 원하는 만큼의 재고를 주문할 수 있다. 셋째, 생산을 통한 재고의 상태를 추적하는 장치가 없으므로 회계 담당자는 재고에 생산비를 할당할 수가 없다. 대신에, 회사가 고의로 재고를 쌓

아두어서 최근 손해를 입거나, 향후 재고가 판매될 때 불균형적으로 높은 고수익을 내게 되더라도 모든 생산비는 최근의 사용된 비용으로 청구되어야 한다. 결과적으로 베어본(bare-bone) 방식은 적은 회계를 요하지만, 회사를 경영하는 사업가의 능력에 막대한 영향을 미칠 수도 있다.

방금 언급한 문제는 회사가 성장하는 데 있어 상당히 부정적인 영향을 가지게 되어, 사업자는 어쩔 수 없이 더 많은 재고관련 거래를 추가해야 한다. 이러한 추가적인 거래는 [도표 2-2]에 나와있다.

이 표는 원자재 재고(R/M 재고로 표시), 재공품 재고(WIP 재고로 표시), 완제품 재고(F/G재고로 표시)를 포함하여 재고가 회사의 다른 곳으로 물리적으로 이동될 때마다 시작되는 분개 기입을 보여주고 있다. 또한 물리적 실사의 과정에서 일어나는 수량 조정을 기록하는 분개 기입도 나와있다. 현재의 잔액은 늘리거나 줄여져 조정되기 때문에 관련된 분개 기입은 차변이나 대변 중 하나가 사용될 수 있음을 나타낸다. 표를 보면 두 개의 분개 기입이 여덟 개의 분개 기입이 되었음을 알 수 있고, 이는 필요 거래량의 4배에 달하는 것이다. 이 시점에서 거래의 오류가 빠르게 증가할 가능성이 많기 때문에 사업자는 이전 단원에서 설명한 바코딩 재고 데이터 입력 방법의 사용을 고려해야 한다.

사업자는 보다 발전된 시스템과 함께 재고량과 위치에 대한 더 나은 처리법을 가지고 있다 해도, 그의 제품 비용의 수준은 그다지 발전하지 않았다. 그는 이제 폐기물이 발생하면 바로 기록을 하지만 직접

[도표 2-2] 물리적 관리 개선을 위한 추가적인 재고관련 거래

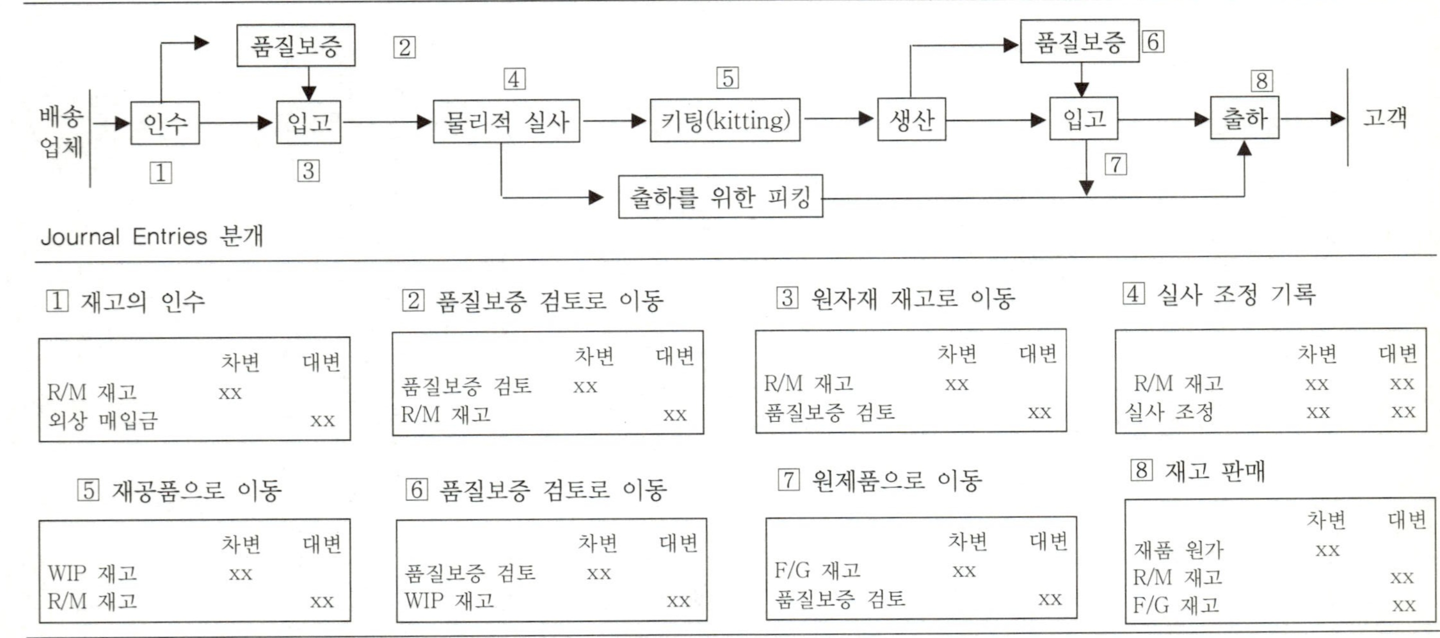

Journal Entries 분개

① 재고의 인수

	차변	대변
R/M 재고	xx	
외상 매입금		xx

② 품질보증 검토로 이동

	차변	대변
품질보증 검토	xx	
R/M 재고		xx

③ 원자재 재고로 이동

	차변	대변
R/M 재고	xx	
품질보증 검토		xx

④ 실사 조정 기록

	차변	대변
R/M 재고	xx	xx
실사 조정	xx	xx

⑤ 재공품으로 이동

	차변	대변
WIP 재고	xx	
R/M 재고		xx

⑥ 품질보증 검토로 이동

	차변	대변
품질보증 검토	xx	
WIP 재고		xx

⑦ 원제품으로 이동

	차변	대변
F/G 재고	xx	
품질보증 검토		xx

⑧ 재고 판매

	차변	대변
재품 원가	xx	
R/M 재고		xx
F/G 재고		xx

[도표 2-3] 원가 개선을 위한 추가적인 재고관련 거래

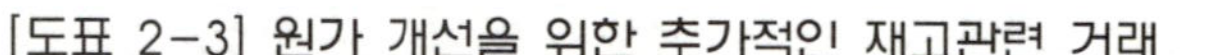

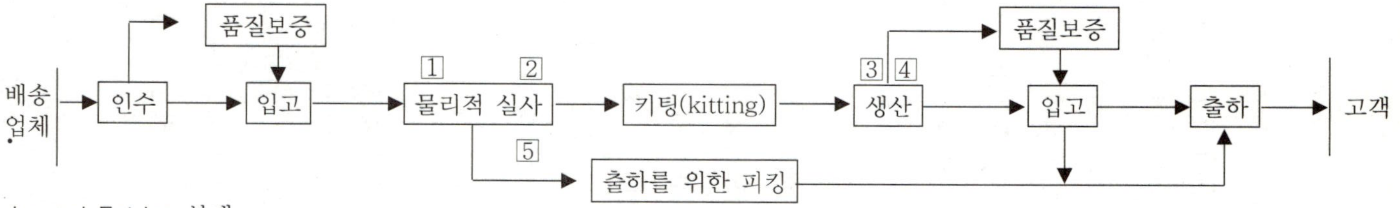

Journal Entries 분개

① 재고의 인수

	차변	대변
매출 원가	xx	
구식화 리저브		xx

② 진부화 재고

	차변	대변
진부화 재고	xx	
R/M 재고		xx

③ 폐기물/손상물 제거

	차변	대변
매출 원가	xx	
WIP 제고		xx

④ 간접비 계상

	차변	대변
간접비	xx	
WIP 재고		xx
F/G 재고		xx

⑤ 저가법

	차변	대변
평가손실	xx	
R/M 재고		xx
F/G 재고		xx

노동과 간접비를 초래하는 비용은 재고에 추가하지 않고 있다. 게다가 그는 원가 계층 시스템에 의해 시간에 걸쳐 변경된 원자재의 비용 또한 추적하지 않고 있다. 마지막으로, 구식화 또는 저가법으로 재고의 가격을 줄이려는 생각이 없다. 이렇게 추가적인 계산 없는 재고는 일반적으로 받아들여지는 재고원가의 회계원칙을 따르지 않고 있으며, 감사에도 통과하지 못할 것이다. 추가된 거래의 세부사항은 [도표 2-3]에 나타나 있고, 이 책의 두 번째 파트(재고관련 거래)에서 더 자세히 설명할 것이다. 이것은 [도표 2-2]와 똑같은 재고의 흐름을 보여주지만, 여기서는 원가 입력만을 나타낸다.

[도표 2-3]에 제시된 원가입력은 가장 단순화된 형태이고 이 표에 나와 있는 단순화된 분개 기입 포맷에 넣기에는 너무 복잡하기 때문에 원가 계층 계산을 전혀 포함하고 있지 않다. [도표 2-2]와 [2-3]의 목적은 비교적 기초적인 재료 흐름에 필요한 상당한 양의 재고의 추적과 원가계산을 보여주는 것이다. 다음 단원에서는 자재소요계획(MRP II : manu-facturing resources planning)이라는 좀 더 발전된 시스템이 어떻게 작동하고, 재고의 흐름과 관련 거래가 어떤 영향을 받는지를 살펴본다.

3. MRP-II 시스템의 정의

MRP-II 시스템은 1960년대 이전 기존의 수동 제조 시스템에 컴퓨터화의 이점을 가져오기 위해 고안된 컴퓨터 시스템의 점진적인 개발이었다. 이것은 재고를 추적하는 데이터베이스의 개발과 함께 시작되었다. 이 정보는 수동으로 업데이트된 인덱스카드 또는 이와 비슷한 몇몇 장치로 순차적으로 추적되고, 높은 오류발생 가능성을 가지고 있었다. 이를 컴퓨터 시스템으로 전환함으로써 기업들은 얼마나 많은 부품을 구매해야 하는지를 결정할 때 바로 조언을 받을 수 있도록 구매 부서에서 이 정보를 이용할 수 있게 하였다. 뿐만 아니라 데이터는 이제 쉽게 분류되고 선별되어 어떤 품목이 가장 많이(또는 가장 적게) 사용되는지를 알 수 있는데, 이것은 어떤 재고가 유지되고 어떤 재고가 버려져야 하는지에 대한 귀중한 정보를 준다.

이제 구매부 직원들은 현존하는 재고 수량에 대한 더 나은 정보를 갖고는 있지만, 도대체 얼마만큼의 재료가 느린 수동의 계산 과정을 거치지 않고 사용되는지는 알지 못했다. 이 문제를 해결하기 위해, MRP II 시스템은 생산 스케줄과 이에 포함된 모든 품목들에 대한 자재명세서를 통합하는 또 하나의 단계를 개발하였다. 이 컴퓨터 시스템은 자재명세서의 목록에 있는 각 구성 부품들에 따라 생산 스케줄 목록에 있는 단위를 증가시켜 생산 조건을 충족하기 위해 구매해야 하는 수량에 이르게 해주기 때문에, 이것은 실로 엄청난 발전이라고 할 수 있다. 이렇게 구매된 총 금액은 더 많은 재료를 주문하기 전에 현재 있는 재고가 사용될 수 있는지를 알기 위해 이용 가능한 재고에 대한 순익으로 계산된다. 각 부품의 구매를 위한 리드타임(lead time : 발주에서 배송까지의 시간)은 컴퓨터 시스템에 삽입되어 구매 직원이 부품의 주문이 들어가야 하는 정확한 날짜를 결정할 수 있도록 한다. 이러한 새로운 수준의 자동화를 자재소요계획(MRP)라고 부르고 이름이 나타내듯이 생산 운영에 필요한 자재의 정확한 수량과 종류를 알려준다.

하지만 컴퓨터 프로그래머들의 문제가 아직 해결되지 않았다. 다음 세대를 위한 길이 열렸던 1960년대에 MRP 시스템은 MRP II(manu- facturing resources planning) 시스템으로 변화되었다. 더 새로운 이 버전은 이전 MRP 시스템의 모든 요소를 가지고 있으며 몇몇 새로운 기능이 추가되었다. 그중 하나가 제품을 완성하는 데 필요한 노동의 정확한 양을 항목화 해주는 노동 루팅(routing)의 사용과 이 작업이 행해지는 기계의 규정이라고 할 수 있다. 생산 스케줄에 나와있는 생산량에 따라 노동 루팅을 증가시킴으로써, 이 컴퓨터 시스템은 매일의 생산을 위해 생산 시설에서 필요로 하는

노동인력의 숫자를 보고할 수 있고, 또 여기에 필요한 기술의 등급까지도
항목화 할 수 있다. 이것은 생산시설의 인원조건을 계획하는 데 엄청난
도움을 주는 것이었다. 더 중요한 것은 그 시설 안에서 각 기계의 사용
능력을 결정하는데 같은 정보를 사용할 수 있다는 것이다. 만약 MRP
Ⅱ 시스템에서 스케줄된 생산이 공장의 어느 한 부분에서 기계의 과부하를
초래한다고 하면, 생산 스케줄 담당자는 스케줄을 재편성하여 이 작업을
다른 기계로 전환해 기업의 생산목표 달성을 방해하는 병목현상을 막을
수 있다. MRP Ⅱ 시스템의 주요 특징은 [도표 2-4]에 나와 있다.

[도표 2-4] MRP Ⅱ 시스템에서의 정보의 흐름

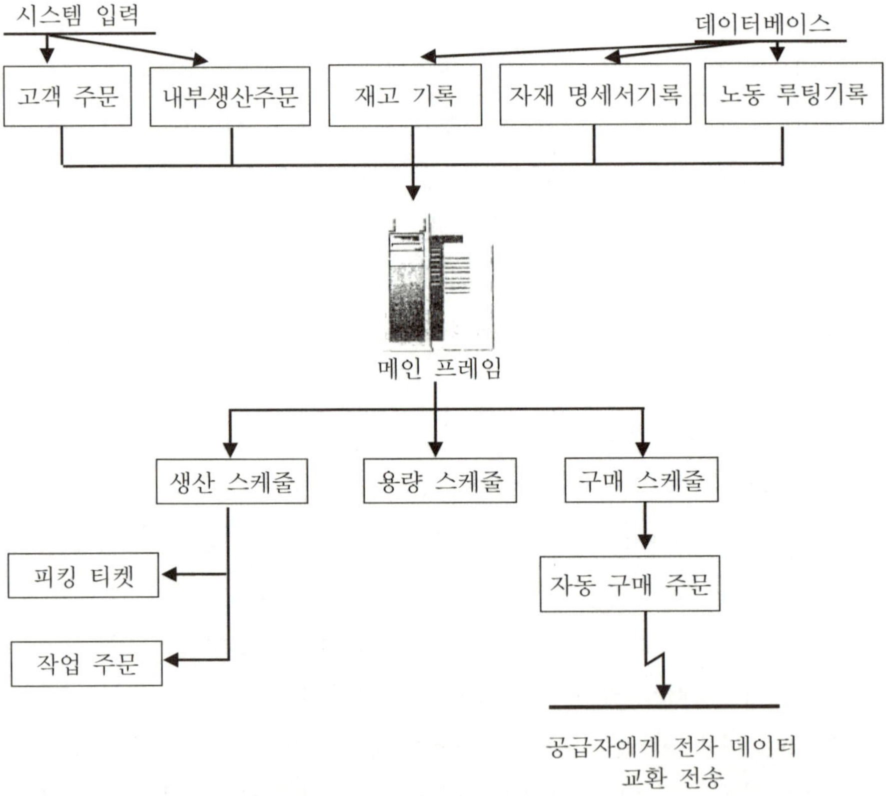

MRP II의 특징은 기업들의 관심을 단순자재계획에서 고객에게 약속한 날짜에 주문이 납품되었는지로 이동시켰다는 데 있다. 고객의 주문이 제때 완료될 거라고 미리 확인함으로써 기계 이용이 불가능한 상황에서 물건을 출하하려는 막판 전쟁은 더 이상 없다. 또 하나의 장점은 고객이 주문을 접수하는 가까운 시일에 언제 그들의 주문이 출하될 것인지를 알 수 있다는 것이다. 또한 어떤 문제가 발생하면 컴퓨터 시스템은 그것을 생산계획자에게 통보하여, 고객의 주문을 변경하고 고객에게 가능한 빨리 출하 날짜의 변경에 대해 알려줄 수 있게 한다. 이런 모든 변화는 기업이 제공할 수 있는 고객 서비스의 수준에 있어서 큰 발전을 가져다주었다.

이것은 MRP II의 매우 축소된 개념이긴 하지만, 시스템이 어떻게 기능을 수행하는지 그리고 그것을 사용했을 때 어떤 결과를 얻을 수 있는지에 관한 핵심은 다루었다고 할 수 있겠다. 이것의 기초가 되는 소프트웨어는 매우 복잡하며 완전히 이해하기 위해서는 장기간의 교육과 훈련과정이 필요하다. 하지만 어떤 소프트웨어가 사용된다 할지라도 이것의 기본적인 운영방침은 같으므로 전문적인 MRP II 실무자가 새로운 MRP II 소프트웨어 패키지를 배우는 데 큰 어려움은 없다.

MRP II 시스템은 매우 필수적인 스케줄링 툴이다. 이것은 원래 제조현장에서의 혼란에 대한 구조를 체계화하기 위해 고안되었고, 확실히 많은 경우에서 그 역할을 잘 수행하였다. 그렇지만, 이 시스템은 기업에게 새로운 생산의 방법론을 부과하기보다는 기존의 제조 실무를 추적하고 계획하기 위해 만들어진 것이었다. 결과적으로, 예전과 같은 생산방법이 이 시스템의 기초가 되고 있고, 이제서야 모두들 그 비효율적인 방법이 정확히 어떻게 작동하는지 알게 되었으며, 그것을 중심으로 계획을 세우는 것이 가능해졌다. MRP II 시스템에서는 아직도 공급자가 낮은 품질의 제품 출하, 주기적인 품질 검사점수의 요구, 재공품의 증가, 폐기물의 발생, 그리고 지나치게 긴 설치 시간 등이 허용된다. 이런 모든 요소들은 저스트인타임(JIT) 제조 방법을 통해 바로 해결되거나 삭감될 수 있다. 결론적으로 MRP II 시스템은 기업에 있어서 전략적이기보다는 전술적인 무기라고 할 수 있다. 이것은 기업이 비용 절감과 투자 자본에 있어서 엄청난 도약을 하도록 해주지는 못하지만, 재고의 거래를 현저한 수준으로 개선시켜 주고, 훨씬 더 순탄한 생산과정을 만들어 준다.

4. MRP II 시스템에서 데이터베이스의 중요성

MRP II 시스템의 근본은 정보를 배급하는 세 개의 데이터베이스다. 여기서 가장 중요한 것은 자재명세서 데이터베이스이다. 이것은 제조된 각 제품에 대해 개별적인 레코드로 구성되어 있고, 각각의 레코드는 구성부품의 정확한 양을 항목화해주고, 그 기준치로 폐기물의 비율을 예측한다. 대량의 하위 부품은 보통 개별적인 레코더에 기록되고, 메인 레코더에서만 조회된다. 이러한 과정은 자재명세서들을 어느 정도의 짧은 시간 동안 유지될 수 있도록 한다. 자재명세서 데이터베이스는 MRP II 시스템의 자개 소요량 계획 부분 저변에 깔린 원동력이기 때문에, 그 정확성은 엄청나게 중요한 것이다. 일반적으로 98%의 정확성의 비율이 최소로 여겨지고 있으며 이것은 MRP II 시스템이 정확한 정보를 생산하도록 한다. 이렇게 높은 비율을 달성하기 위해 데이터베이스로의 접근은 엄격하게 방어되어 있고, 기술, 구매, 그리고 생산 직원은 여기에서 비롯되는 문제에 대해 주의하도록 권유되고 있다. 데이터베이스에 충분한 수준의 정확성이 없다면, 직원들은 부정확한 또는 분실된 구매 수량과 같은 시스템에 의해 발생하는 정보의 문제를 경험하게 될 것이고, 이것은 분실된 재료에 의한 생산중지로까지 이어질 것이다.

자재명세서 데이터베이스는 제품의 구성요소에 관한 정확한 정보를 포함하기 때문에 회계 담당자에게도 훌륭한 도구가 된다. 이 정보를 가지고 각 품목에 대한 가장 최근의 비용을 조회하고, 다양한 분산과 마진 분석을 위해 사용되는 임의의 제품 원가를 데이터베이스에서 얻어내는 것은 보통 매우 단순한 작업이다.

또 다른 핵심 데이터베이스는 노동 루팅을 위한 것이다. 데이터베이스의 각 레코드는 각각의 노동자가 제품 하나를 완료하는 데 필요한 정확한 시간의 자세한 목록을 갖고 있고, 주로 이에 필요한 기계의 시간까지도 포함한다. 이 데이터베이스의 정확성의 수준은 95%를 넘는 것으로 예상된다. 여기에서 나오는 작은 오류는 생산 시설을 큰 피해를 주지는 않지만, 병목현상을 일으키는 부정확한 노동이나 능력의 실사로 인해 가끔씩 업무 중지가 있을 수 있다.

회계 담당자는 각 제품의 평균 노동비를 결정하기 위해 이 레코드에 있는 노동의 정보를 사용할 수 있고 이것은 분산과 마진을 보고하는 데 적용할 수 있다. 이 데이터베이스의 정보는 자재명세서 데이터베이스는 동시에 가장 많이 사용되는데, 이유는 이 두 가지가 제품에 적용되는 모든 직접 비용을 포함하고 있기 때문이다.

마지막, 데이터베이스는 재고를 위한 것이다. 이것은 모든 재고 품목의 정확한 수량을 기록한다. 보다 발전된 재고 데이터베이스는 몇 년 동안 재고 사용 패턴의 정확한 흔적을 유지할 수 있다. 다시 한번 말하지만, 정확도는 95% 정도로 매우 높아야 한다. 그렇지 않으면, 그 시스템은 생산중지에 이르게 하는 부정확한 보고의 원인이 될 것이다. 예를 들어, 재고 데이터베이스에서는 개스킷의 재고가 열 개라고 하였는데, 실제로는 재고가 다섯 개 밖에 없을 경우, 10개의 개스킷을 요청하는 생산이 스케줄 되고, MRP II 시스템은 추가의 개스킷을 주문하지 않을 것이다. 결과적으로 생산라인은 남아있는 다섯 개의 개스킷을 모두 사용하고, 생산을 멈출 것이다. 나머지 다섯 개의 재고가 부족하기 때문에, 구매 담당자는 추가적인 개스킷을 위해 성급하게 주문을 하고, 또 이것을 비싼 속달우편으로 배송하게 되는 일이 발생할 것이다.

회계 담당자는 재고 품목이 사용되었던 최근 일자를 이 데이터베이스에서 뽑아낼 수 있고, 그것에 따라 구성 요소와 제품의 구식화를 결정할 수 있기 때문에 이 데이터베이스가 정보의 보고라는 것을 알게 될 것이다. 이것은 또한 총 비용(감사원들의 주된 관심사인)으로 재고를 분류하는 것과, 현재 있는 재고량(구매부의 의한 지나친 주문을 강조하는)을 계산하는 것에 있어서 매우 유용하다.

여기서 고려해야 하는 핵심요소는 MRP II 시스템을 만들기 위해 요구되는 이 데이터베이스의 매우 높은 정확도가 정확한 보고를 만든다는 것이다. 하나의 데이터베이스라도 이러한 높은 정확성 기준에 미치지 못하게 되면, 생산부서는 선적의 마감일을 놓치게 되면서 즉시 혼란에 빠지게 된다. 또한 적시에 정확한 양의 올바른 부품을 들여오지 못하게 된 바이어들에게 이러한 책임은 부정행위로 비춰지기 때문에 생산부서와 구매직원들 사이에는 서로에 대한 엄청난 비난이 이어질 것이다. 하지만 이 사건의 진짜 원인은 시스템의 생산을 왜곡한 이 데이터베이스의 정확성이다. 결과적으로, 매우 높은 데이터베이스의 정확성을 만들어내고 유지하기 위해 가능한 한 최대의 주의를 기울여야 한다.

MRP 또는 MRP II 시스템은 전통적인 제조 시스템을 본질적으로 컴퓨터화한 복사본으로, 사용되는 재고관련 거래형태에 있어서 실질적인 변화가 없기 때문에 [도표 2-2]와 [2-3]에 나타난 분개 기입은 유효하다. 하지만 재고 기록의 정확도가 높아야 하고, 전체 재고의 형식적 계산에서 야기되는 물리적 계산 조정은 없다. 대신 기업들은 더 높은 기록의 정확도 달성을 위해 진행중인 주기적 재고실사를 채택하고 그것을 기초로 더 작고 더 빈번한 수정 입력을 한다.

5. 저스트인타임(just-in-time) 시스템의 정의

JIT 시스템은 기업의 생산 시스템의 낭비를 엄청나게 줄여주는 것을 목적으로 하는 몇 개의 변경 사항을 포함하는 전통적인 제조 시스템으로부터의 중요한 새로운 시도이다. 이것은 또한 사용되는 재고관련 거래의 형태에 있어서도 큰 변화를 가져왔다. JIT 시스템은 공급자 시설의 생산에서 시작하여 기업의 생산 시설로의 배송을 포함하며, 제조 공장을 거쳐 계속 진행된다.

우선 기업은 원하는 정확한 날짜와 시간에 공급자로부터 제품을 받아야 한다. 이것을 위해 구매 직원은 앞으로 사용될 정확한 배송 기준에 미치지 못하는 업체들을 제거하면서 모든 공급자를 평가해야 한다. 뿐만 아니라 배송은 제조된 제품에 즉각적으로 사용하기 위해 생산 장소로 곧장 보내져야 하므로 들어오는 부품들의 불량을 점검할 시간이 없다. 대신, 기술직원들은 공급업자가 믿음직하게 고품질의 부품을 출하하는지 뿐만 아니라, 제품의 품질 기준을 더 높이기 위해 기술적인 지원을 제공하는지를 확인하기 위해 공급자의 현장을 방문하고 그들의 처리 과정을 지켜봐야 한다.

공급업자가 그들의 배송과 제품의 질에 있어서 인정을 받으면, 기업은 팩스기와 같은 매우 단순하거나 전자 데이터 교환처럼 발전된 통보 시스템, 또는 정확히 얼만큼의 부품을 기업에 보낼지를 공급자에게 알려주는 컴퓨터 연결 시스템을 설치해야만 한다. 그러면 기사들은 소량의 배송품들을 기업에 배송할 때, 처음 그 제품을 사용하게 될 기계에 매우 급하게 놓고 갈 것이다. 지금까지 우리는 원자재의 재고 수량을 막대하게 줄여주고 인수된 부품의 품질을 개선하는 과정에 대해 알게 되었다.

다음으로, 우리는 기업의 기계 준비 시간을 줄여보도록 한다. 변환에는 시간과 돈이 많이 들기 때문에 공장 대부분에서 장비가 새로운 시스템으로 바뀌는 일은 흔치 않다. 준비가 오래 걸리면 기업의 경영진은 매우 긴 생산운영을 하게 되고, 이것은 준비 비용을 다른 단위에까지 퍼지게 하여 단위당 준비 비용을 줄이게 된다. 하지만 이 방법은 한번에 너무 많은 제품이 만들어지는 결과를 가져오고, 제품 구식화, 재고 처리 비용, 많은 불량품(다른 많은 제품이 완료될 때까지 문제점은 발견되지 않기 때문에)과 같은 문제를 발생시킨다. JIT 시스템은 준비 문제에 있어서 다른 방법을 취한다. 장비의 준비 시간을 줄이는 것에 초점을 맞춤으로써, 단위당 비용을 줄이기 위해 필요한 긴 생산운영의 필요성을 없앤다. 이것을 위해, 전형적인 준비의 비디오테이프가 만들어지면 생산 기술자와 기계 사용자들이 그 테이프를 꼼꼼히 보고 나서 준비 시간을 연장시키는 단계들을 발견하고 제거한다. 처음에는 준비 시간이 몇 시간을 넘어가지만, 몇 번 반복하고 나면 분단위, 또는 초 단위의 준비 시간을 달성할 수 있다. 이런 단계를 밟으면서, 기업은 재공품의 양을 줄이고, 결함이 발견되고 고정되기 전에 생산 제품의 숫자를 줄여 결국 폐기물의 비용을 줄일 수 있다.

아직 적절하게 통합되지 않은 기계들의 문제점 때문에, 기계 간의 부품의 흐름이 원활하고 평탄해지도록 기계의 준비 시간을 줄이는 방법은 아직 충분하지 않다. 대부분의 기업에서, 각 기계마다 가동속도는 차이가 크기 때문에, 재공품 재고는 가장 느린 기계 앞에 쌓이게 될 것이다. 이것은 많은 양의 재공품을 만들 뿐만 아니라, 상위기계에 의해 만들어진 하위 과정의 기계 운영자가 재공품 더미를 뒤져내기까지 불량 부품이 발견되지 않을 수도 있는 결과를 가져온다. 이런 일이 발생하는 시기에, 상위 기계는 더 많은 불량 부품을 만들고 있을 것이고, 결국 모든 과정이 훼손되거나 결국 다시 작업을 해야 한다. 이 문제를 해결하는 데에는 두 가지 방법이 있다. 첫 번째 방법은 "간판 카드"라고 불리는 방법으로, 다음 기계에 의해 지정되는 생산조건을 충족할 수 있는 알맞은 부품의 생산을 승인하면서 하위 기계가 부품을 채워 주는 각 기계에 보내는 통지 카드이다. 이것은 "풀(pull)"시스템으로 알려져 있는데, 그 이유는 간판이 생산시스템을 통한 작업의 위임을 풀링(pulling)하면서 생산과정의 가장 끝에서 시작되기 때문이다. 재공품은 간판 지시를 통해서만 만들어지기 때문에, 이 방법을 사용하면 생산 시스템에서 재공품이 쌓일 수가 없다. 공급자로부터 배송을 받기 위해 간판을 사용해야 할 때에는, 공급자가 그것을 받았는지의 여부를 알 수는 없더라도 단순한 팩스 전송을 이용하면 된다. 더 좋은 방법은 간판카드에 생산 터미널에 스캔될 수 있는 바코드를 부착하여, 공급자에게 이메일로 주문을 하면 공급자는 확인 이메일을 기업에 다시 보낸다. 반입 부두로 보내진 카드가 도착하면 공급자의 배송에 부착되고 이것은 향후 인수 제품이 고갈되었을 경우 간판 거래에 다시 이용할 수 있다.

지나친 재공품의 재고를 줄이고, 불량 부품을 줄이는 두 번째 방법은 기계를 작업 셀(work cell)안에 설정하는 것이다. 작업 셀은 기계의 작은 집합으로 한 명의 기계 운영자에 의해 운영될 수 있다. 운영자는 셀의 범위 안에서 기계와 기계사이의 각 파트를 가져가기 때문에, 재공품이 기계 사이에 쌓일 수가 없다. 또한 운영자는 즉시 부품의 불량여부를 확인할 수 있기 때문에 그러한 기계의 배치에 의해 완벽한 제품이 만들어지기는 어렵다. 기계의 셀에서 사용되는 더 작은 기계들은 크고 자동화된 기계보다 일반적으로 훨씬 더 단순하기 때문에 이러한 설정은 저렴한 유지보수비와 같은 부수적인 혜택을 준다.

또한 기계들이 매우 작기 때문에 다른 제품을 생산하는 시기에 생산 시설을 재설정하는 데 있어서 조심스럽게 장비를 재배치하고 정렬하는 데 많은 비용의 부담을 지는 것보다 훨씬 용이하다.

간판과 기계의 셀은 함께 사용되어야 한다. 이들은 상호 배타적이지 않다. 이렇게 함으로써, 기업은 매우 낮은 불량품의 비율을 달성하고 점차 재공품 재고의 투자를 줄일 수 있다.

이전의 단계들이 완전히 설치되기 전에는 인력에 있어서도 많은 변화가 행해져야 한다. 전통적인 방법에서는 한 명의 직원이 하나의 기계를 다루도록 하는데, 이것은 너무 단조로워서 직원들이 무감각 상태에 빠져 작업의 품질을 무시하게 된다. 지금은 여러 기계, 제품의 품질에 대한 완전한 책임감과 함께, 직원들은 그들이 하는 일에 흥미를 가지게 되었다. 이렇게 좋은 성과를 강화하기 위해, 인사부 직원들은 여러 개의 다른 기계들을 작동하는 방법과 유지보수 직원을 부르지 않고서 기계를 유지하는 방법, 제품의 오류를 발견하고, 전체 시스템의 흐름을 이해하고, 그리고 문제를 해결하기 위해 언제 생산을 멈추어야 하는지 등에 대해 가르치는 교육 과정을 준비하고 이행해야 한다. 짧게 말해, 인력은 완전히 유지되고 다양한 활동에 초점을 맞추어야 한다. 이것은 또한 월급제도의 변화를 가져오기도 한다. 왜냐하면 관심의 초점이 높은 생산량을 기본으로 하는 성과제도에서 높은 제품의 질을 기본으로 하는 성과의 방향으로 바뀌었기 때문이다.

강화된 인력을 갖게 되면, 직원이 어떤 문제를 발견했을 때 작업을 멈추고 현장에서 그 문제를 스스로 해결하거나, 아니면 즉시 수리 팀을 부르는 것이 가능해진다. 어느 경우에서건, 결과는 방대한 업무 문제의 즉각적인 해결이다.

마지막으로, JIT 시스템으로 바꾸었을 때 나타나는 많은 변화는 회계 시스템을 지원하는 몇몇의 개조를 요구한다는 것이다. 매일 많은 양의 공급자의 선적 때문에 회계직원들은 엄청난 지불계정의 문서 더미를 처리해야 하는 가능성에 직면한다. 설상가상으로 공급자는 부품을 바로 생산 장소로 배송하기 때문에 배송이 이루어졌는지 확인할 수 없고 받을 수 있는 문서도 없다. 첫 번째 문제를 피하기 위해 회계담당자는 각 공급자에게 하나로 통합된 월간 배급으로 바꿀 수 있다. 두 번째 문제는 더 고도의 해결책을 요구한다. 공급자가 출하된 부품을 배송했다는 것을 증명하기 위해, 회계 시스템은 그 기간에 만들어진 완제품의 양을 확인하고 각 자재명세서 열거된 부품들에 따라 이 수량을 증대시켜 사용된 각 부품의 총 양을 알게 해준다. 회계담당자는 이 이론적인 생산량을 기본으로 하여 공급자에게 지불하고, 이것은 생산 과정에서 폐기물을 위해 조정될 수도 있다. (그렇지 않으면 공급자는 기업의 생산과정에서 폐기된 부품에 대한 지불을 받지 못할 것이다.) 이 방법에서 기업은 지불을 완료하는 데 있어서 완전히 그 내부 생산기록에 의존하기 때문에 공급자는 청구서를 보낼 필요가 없다. 발전된 JIT 시스템에서 요구하는 이러한 형태의 분개 기입은 [도표 2-5]에 나와있다.

이 도표는 공급자가 생산 시설에 물건을 바로 배송하는 것에 있어서 인수의 기능은 가정하지 않고 있다. 이것은 최초 인수 또는 품질보증 검토 거래, 그리고 원자재가 있는 곳으로 오고 가는 이동의 필요를 제거한다. 또한 폐기물은 생산 직원에 의해 발견되기 때문에 생산이 완료된 후에 따로 품질 보증 기능이 필요 없다. 또한 재공품이 있는 곳은 빈약하고 또 재고량이 적어서 굳이 거래를 해야 할 필요가 없기 때문에 이곳으로 물건을 이동하기 위한 거래도 없다. 그러나 JIT 과정의 첫 번째 분개 기입에 보여지는 것처럼 폐기물의 추적은 여전히 필요하다. 주된 JIT 거래는 생산이 완료된 후 완제품의 양이 계산되고 또 공급자에게 구매의 책임을 주기 위해 사용되는 곳에서 즉시 일어난다. 간접비가 완제품에 적용되고, 이는 최종 보관소로 옮겨지게 된다. 유일하게 요구되는 거래는 고객에게 가는 제품의 출하이다. 굳이 계산해야 하는 원자재가 없고 재고를 거의 남겨두지 않아도 될 정도로 완제품의 회전도 충분하기 때문에 계산 조정은 필요하지 않다. [도표 2-5]에 나와있는 과정의 흐름과 거래가 매우 발전되고 능률적인 시스템을 나타내고 있음을 주목해보라. 실제로 JIT시스템은 몇 몇 JIT의 구성요소와 전통적인 시스템을 혼합하여 나타낼 수도 있으므로 추가적인 거래가 요구될 수도 있다.

[도표 2-5] JIT 환경에서의 재고관련 거래

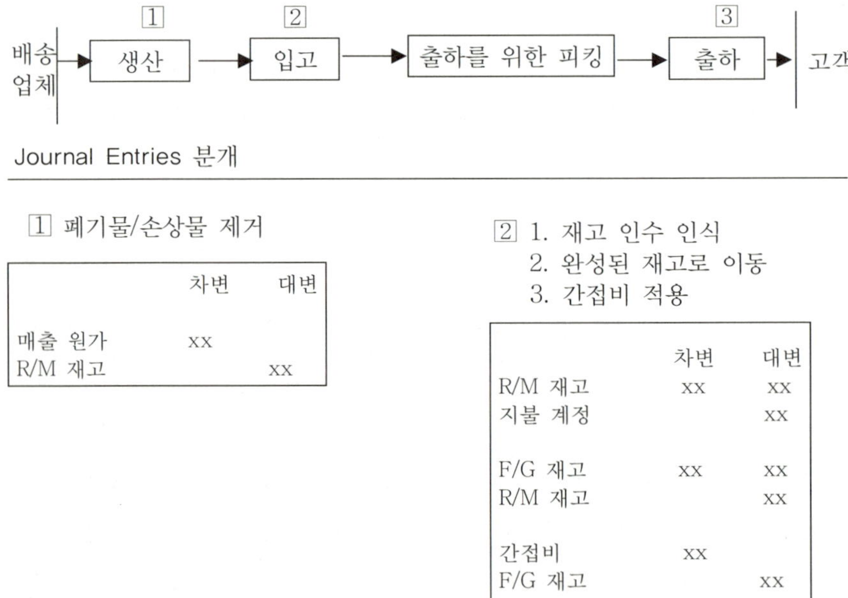

6. 낭비 비용의 영향

JIT 시스템의 핵심은 시스템으로부터 모든 낭비를 가차없이 제거한다는 것이다. 이것은 쓸모없는 재고의 경우에는 자산의 낭비가 될 수 있다. 또한 장기간 사용되지 않은 자산의 경우에는 시간 낭비가 될 수도 있다(생산라인에 묶여있는 재공품 재고). 쓸모없는 재고의 쓸모없는 수준, 불량품, 재가공과 같은 것은 자재의 낭비가 될 것이다. JIT 시스템은 완벽하게 설치될 경우, 이러한 모든 형태의 낭비를 방대하게 줄여준다. 그렇게 되면 제품의 비용 부분에서도 현저한 감소가 발생한다.

제품에 청구되는 간접비는 다른 낭비가 줄어들면서 함께 내려갈 것이다. 예를 들어, 기계를 셀로 모음으로써, 넓게 흩어져 있던 기계들 안에서 자재를 전환하기 위해 발생한 자재 처리 비용이 삭제될 수 있다. 이렇게 줄어든 자재 처리 비용이 간접비에 청구된다. 또한 자재 처리자가 지게차를 운전하며 돌아다닐 넓은 통로들이 필요 없기 때문에 기계 셀은 필요한 공간을 줄여주게 된다. 시설의 공간을 줄임으로써 간접 비용 풀(pool)의 시설 비용 또한 줄일 수 있다. 또 다른 낭비의 형태는 많은 기계에 행해졌던 품질 검사의 낭비이다. JIT 시스템 하에서는, 기계 운영자가 스스로 품질 검사를 하기 때문에 검사팀을 따로 둘 필요가 없다. 따라서 그들의 월급 또한 간접비에서 없어진다. 이러한 모든 비용은 제품에 직접적으로 가치를 부여하지 않기 때문에, 제거의 대상이 되는 낭비 비용이 된다. JIT 시스템으로 그것을 제거하고 나면, 제품에 청구되는 비용은 얼마 되지 않을 것이다.

7. 간접비에 미치는 영향

JIT의 핵심은 다양한 종류의 시간 낭비를 줄여주어 전체 생산 과정은 실제로 제품을 생산하는 데 걸린 시간에 초점을 맞추게 된다. 예를 들어, 모든 검사 시간은 하나하나의 품질을 확인하는 운영자들을 두는 시스템으로부터 시작된다. 이와 비슷하게, 이동하는 재고와 공장의 여러 곳을 거치는 재공품을 포함하는 모든 이동 시간은 논리적인 분류법으로 기계들을 집단화함으로써 없앨 수 있다. 셋째, 재고가 기계 앞에 쌓이지 않도록 하여, 대기시간을 없앨 수가 있다. 마지막으로, 지나치게 많은 재고를 처리하고 공급자가 필요한 만큼의 부품을 배송하게 함으로써 보관시간을 줄일 수 있다. 제조과정에서 낭비되는 시간을 줄임으로써, 기업은 효과적으로 제품의 가치에 기여하지 않는 활동을 없애고, 관련된 비용 또한 줄일 수 있다.

방금 언급했듯이, 자재 처리, 설비, 그리고 품질 검사의 비용은 JIT 시스템을 설치하여 감소될 수 있다. 뿐만 아니라, 모든 종류의 재고의 감소는 창고에서 필요로 하는 공간을 현저하게 줄여준다. 창고와 관련된 모든 비용은 간접비 풀에 할당되고, 창고의 직원, 장비, 고정자산, 설비, 그리고 임대 비용이 삭감되면 간접비도 함께 줄어들 것이다.

또한 기계셀이 도입되면 비용은 간접비 풀에서 직접비로 전환될 것이다. 이러한 전환은 기계셀이 일반적으로 작은 범위의 제품만을 생산하여 각 기계셀의 총 비용의 할당을 쉽게 해주기 때문에 일어나게 된다. 이것은 각 기계의 감가상각, 유지보수, 노동, 그리고, 공공설비의 비용은 제품으로 직접 청구되는 것을 의미한다. 검증이 훨씬 덜 된 방식으로 비용이 제품에 할당되는 전통적인 방법보다 간접비 풀로 보내는 방법이 더 선호된다. 이 변화가 비용의 증가나 감소를 반영하지는 않지만, 더 많은 비용을 할당하는 데에서의 신뢰를 높여 주었다.

많은 간접비가 직접비로 전환되고는 있지만, 제품에 할당되어야 하는 간접비 풀은 계속 남아있을 것이다. 그러나 JIT 시스템에서 실행한 많은 변화들을 고려했을 때, 회계 담당자는 이제 전통적인 직접 노동 할당보다 좋은 할당 기준들을 사용하게 될 것이다. 예를 들어, 각각의 작업셀이 차지하는 공간에 비해, 각각의 작업셀에 소비하는 제품의 시간이 비용을 할당하기 위한 더 좋은 실사치가 될 것이다. 어떤 할당 시스템이 사용되든지 그것은 이전의 시스템과는 다소 차이가 있기 때문에 다른 제품들 사이의 비용을 할당하는 데 있어서 변화가 존재할 것이다.

결국, 몇 개의 비용이 없어지면서 간접비는 줄어들 것이다. 반면에 더 많은 비용이 직접 제품에 청구되고, 남아있는 간접비는 다른 할당 방법을 이용하여 청구됨에 따라 제품의 다른 비용들도 전환될 것이다.

많은 기업들이 고려하지 않는 잠재적으로 매우 뛰어난 원타임(one-time) 비용은 원가회계 시스템에 있는 원가 계층상의 JIT의 효과이다. JIT 시스템이 설치되면 모든 형태의 재고를 줄이는 데 즉각적인 초점이 맞춰진다. 기업이 후입선출법(LIFO)나 선입선출법(FIFO)과 같은 재고의 비용을 추적하는 계층법을 사용하게 되면, 수년 동안 방해 받지 않는 안정적인 원가계산 계층법이 깊숙이 자리를 잡게 될 것이다. 그러면 불균형적으로 높거나 낮은 비용은 재고 품목이 다 없어질 때 판매제품원가에서 상계될 것이다. 예를 들어, 피스톤의 현재 시가가 50달러이고, 기업은 20년 전 20달러였던 매우 오래 된 피스톤의 재고를 갖고 있다면, 이 재고를 처리를 위해 마침내 사용되는 시기에는 20달러 단위의 비용만이 판매제품원가에 청구될 것이다. 불균형적인 판매제품 원가 때문에 이 초기 원가 계층이 없어질 때까지 총 마진은 평소보다 높을 것이다. 청구된 비용이 재고의 새로운 계층과 다소 차이가 날지라도, 저가법 때문에 이것은 초기 원가 계층이 너무 높을 때에는 그다지 큰 문제가 되지 않는다. 모든 원가 계층이 다 사용되면, 경영진이 보게 될 판매제품원가에 청구되는 유일한 비용은 최근 공급자에 의해 청구되는 비용들이다.

8. JIT 시스템과 전통적 시스템 사이의 원가계산할당의 차이

JIT와 전통적인 시스템 환경에서의 비용 할당 형태의 가장 큰 차이점은 대부분의 간접비가 직접비로 전환된다는 것이다. 이 전환의 주된 이유는 기계셀이다. 기계셀은 비슷한 생산라인으로 가는 단일 제품이나 단일 구성품목을 생산하기 위해 만들어졌기 때문에 이 기계셀에서 나오는 모든 비용은 그것이 생산하는 제품으로만 직접적으로 청구된다. 기업이 모든 곳의 기계 셀을 완전히 바꾸게 되면, 그 모든 셀에 관련된 비용은 직접적으로 제품에 청구되고, 남아있는 비용은 전통적인 간접비 풀로 할당된다. 이 전환으로 인해 제품원가는 훨씬 더 정확해지고, 거론할 만큼의 비용이 남아 있지도 않기 때문에 할당된 비용이 어디로 갔는지에 대한 논쟁도 줄어든다.

현재 어떤 비용이 제품에 직접적으로 청구되는가에 대한 세부사항은 다음과 같다.

- **감가상각**. 각 기계 셀에 있는 각 기계의 감가상각비는 제품에 직접적으로 청구될 수 있다. 이 할당 변형이 비용을 제품으로 더 정확하게 전환해주기 때문에, 매달 정해진 비용을 상각하지 않고, 실제 사용에 따라 기계를 감가상각하는 것이 가능하다.
- **전기**. 셀에서 기계가 사용하는 전력은 따로 계량되어, 그 셀을 지나는 제품에 직접적으로 청구된다. 전체적으로 지나치게 청구되는 전기 비용은 할당을 위해 간접비 풀에 청구되어야 할 것이다.
- **자재 처리**. JIT 시스템에서 기계 운영자들은 각자의 기계셀 이내에서 부품을 이동하기 때문에, 대부분의 자재 처리 비용은 제거된다. 셀 사이에서의 자재 처리 비용만이 할당을 위해 간접비 풀에 청구된다.

- **운영 비품.** 비품은 주로 기계셀에서 사용되므로, 이 비용 범위에 있는 대부분의 품목은 개별 셀에 의해 따로 추적되어 제품에 청구된다.
- **수리와 유지보수.** 기업에서 일어나는 거의 모든 유지보수는 기계에 관련된 것이고, 그것은 기계셀에 따라 집단화될 수 있다. 유지보수 직원들이 그들의 시간과 자재를 이 셀에 청구하도록 하면, 그 비용은 직접 제품으로 청구된다. 시설의 유지보수 작업만이 간접비 풀에 청구된다.
- **감독.** 감독이 기계셀에 의해 행해지면 감독자의 비용은 감독하는 셀로 배분된다. 그러나 일반적인 시설 관리와 직원 비용은 간접비 풀에 청구되어야 한다.

위의 목록에서 언급했듯이, 몇몇 남아있는 비용들은 할당을 위해 간접비 풀에 청구된다. 그러나 이 비율은 매우 낮으며, 현재는 거의 모든 비용이 셀로 할당 가능하다. 빌딩 임대료, 보험, 그리고 세금만이 간접비 풀로 전액 청구된다. 전통적인 시스템이 제품에 할당하던 금액에 있어서 이것은 엄청난 발전이다. 전통적인 시스템하에서의 전형적인 간접비 할당 풀은 발생하는 모든 비용의 75%를 포함하고, 이 수치는 JIT 시스템으로 전환 할 경우 총 비용의 25% 내로 줄여질 수 있다. 각 제품에 관련된 높은 직접비의 비율을 지니고, 매니저는 각 제조제품의 더 실제적인 비용에 대한 훨씬 더 많은 관련 정보를 얻을 수 있을 것이다.

9. JIT 시스템에서의 백플러싱(back flushing)

JIT 시스템이 설치되면, 경영진은 전통적인 피킹 시스템의 사용으로부터 뻗어 나오는 여러 가지의 문서작업이 쇄도하게 되는 것을 보게 될 것이다. 이것은 생산 과정의 모든 핵심 단계에서의 개별적인 재고 입력을 수반하는 제조 설비를 지나가는 부품을 추적하는 방법이다. 여기서 생산과정의 모든 핵심단계란 한 제품이 인수될 때, 창고에 보관될 때, 출고될 때, 제조 현장으로 보내질 때, 기계에서 기계로 이동할 때, 보관을 위해 창고로 돌아올 때, 그리고 판매 될 때를 말한다. 피킹 시스템 상에는 매우 적은 양(그리고 기록을 위한 많은 관련거래)의 이동이 너무 많기 때문에 JIT 환경에서 이를 유지하는 것은 어렵다.

이전 단원에서 설명했듯이, 백플러싱은 제품이 완성될 때까지 그 어떤 데이터 입력도 필요로 하지 않는다. 백플러싱되는 시점에, 완제품 생산수량을 컴퓨터 시스템에 입력되고 있는 모든 구성 품목들의 소요수량이 계산되어 품목별로 현재 남아있는 재고량을 산출하기 위해 초기 재고 수량에서 차감된다. 전체 생산 과정에서 단 한번의 데이터 입력만이 일어나기 때문에 백플러싱은 기술적으로 매우 우수한 솔루션이다. JIT가 수반하는 많은 거래량을 감안했을 때, 백플러싱은 이상적인 문제 해결방법이다. 하지만 백플러싱의 몇몇 심각한 문제는 작동 전에 적절히 수정되어야 한다. 그 문제점은 다음과 같다.

- **생산 보고**. 이 시스템에 입력되는 총 생산 수치는 철저히 정확해야 하고, 틀린 구성품 유형과 수량은 재고에서 차감되어야 한다. 이것을 기록하는 생산직원의 이직률이 높고 교육수준이 낮을수록 특히 더 문제가 된다.

- **폐기물 보고**. 모든 비정상적인 폐기물은 부지런히 추적되고 기록되어야 한다. 왜냐하면 이 자재들은 백플러싱 시스템에서 분리되어 재고에 청구되지 않기 때문이다. 폐기물은 생산과정의 어디에서건 발생하기 때문에 생산직원의 부족한 주의는 틀린 재고의 결

과를 초래하게 된다. 마찬가지로, 생산직원의 이직률이 높고 교육수준이 낮을수록 이 문제는 더 심각해진다.

- **로트(lot) 추적.** 로트 추적은 백플러싱 시스템 하에서는 불가능하다. 로트 추적은 제조업자가 로트에 있는 모든 품목이 회수되어야 할 경우, 제품을 만들기 위해 어떤 생산 로트가 사용되었는지에 관한 기록을 유지하기 위해 필요한 것이다. 피킹 시스템만이 적절하게 이 정보를 기록할 수 있다. 어떤 컴퓨터 시스템은 피킹 시스템과 백플러싱시스템이 공존할 수 있도록 해주어 로트 추적을 목적으로 하는 출고 거래가 컴퓨터에 입력되어 적당한 소프트웨어 사용시, 로트 추적이 가능하다. 이것은 현재 최고급 시스템에서만 사용되고 있다.

- **재고 정확성.** 재고를 내보내는 거래는 주로 하루에 한번만 이루어져서, 그동안 다른 재고가 생산 과정에 보내지기 때문에 재고의 잔고는 항상 높게 나타난다. 이것은 창고에서 정확한 재고 기록을 유지하는 데 많은 어려움을 가져온다.

여기에 언급된 모든 문제들은 생산 직원이 백플러싱 시스템을 위한 매우 정확한 폐기물 또는 생산 보고를 제대로 하지 않을 경우 최악의 상황으로 가게 된다. 만약 그것이 특정 교대근무조에서 직원의 낮은 자질과 같이 쉽게 추적할 수 있는 원인이라면 믿을만한 몇몇 직원들을 그 위치에 이동시킴으로써 문제를 해결 할 수 있다. 이러한 정보를 경험 있는 교대근무 감독관이 수집하도록 하는 방법도 있다. 그러나 어떤 이유로든 이것이 불가능한 곳에서 컴퓨터 시스템 사용자는 백플러싱 GIGO(garbage in, garbage out)를 겪게 될 것이다. 부정확한 정보를 입력하는 것은 재고 기록의 정확성의 수준을 급격히 떨어뜨리고 문제 해결을 위해 많은 물리적인 재고 계산의 수고를 발생시킨다. 결과적으로 백플러싱 시스템의 성공은 기업이 높은 급여의, 경험이 많고, 좋은 학력을 가진 이직률이 낮은 생산 직원에 대한 투자를 기꺼이 하는 것에 달려있다고 할 수 있다.

03

재고관리 시스템

1. 개요

재고는 관리하기 힘든 자산이다. 재고는 매일 기업의 시설을 오고 가며, 창고와 생산 장소 전역(혹은 타 보관 장소들)에 분산되고, 폐기물이나 쓸모없는 물품들을 포함하며, 엄청나게 많은 부품 번호를 수반하고, 공급자와 고객이 소유하는 품목을 포함하고, 직접비, 간접비와 같은 다양한 기술을 이용하여 그 가치가 평가된다. 우리는 재고와 관련된 단위와 비용의 부정확성을 줄이기 위한 관리 시스템을 사용한다. 이 단원은 관리 시스템에 대한 논의로 시작하여 운송 중인 재고, 재고 보관, 쓸모없는 재고, 그리고 재고관련 거래와 같은 부분에서의 68개의 재고관리에 대해 설명한다. 여기에 나오는 모든 관리를 실행할 필요는 없겠지만, 이들은 재고의 정확성에 긍정적인 영향을 미치는 대표적인 관리 목록이라고 할 수 있다.

2. 재고관리 시스템은 무엇인가?

재고를 다룰 때에는, (1) 재고상 물품의 물리적 양 (2) 평가되는 재고의 원가 (3) 출하된 물건의 적절한 청구와 같은 세 가지가 사항이

고려되어야 한다. 재고관리 시스템은 다음의 문제들을 기본으로 해야
한다. 첫째, 그 설계는 그 어떤 수단(도둑질, 폐기물 손실, 자연재해)
을 통해서 분실되는 위험을 최소화하는 것이어야 한다. 이것은 수많
은 비부가가치의 활동과 함께 자재 관리 과정에 부담을 지우면서까지
재고의 분실을 막기 위해 다수의 관리 시스템을 설치해야 한다는 것
이 아니다. 반대로, 관리 시스템을 고객화하여 재고 분실의 높은 위험
을 줄이기 위해, 재고 분실에 비교적 영향을 미치지 않는 관리들은 피
하면서, 충분한 관리가 잘 배치되어 있어야 한다.

둘째, 관리 시스템은 비용이 합당하고 꾸준하게 재고에 적용되도록
해야 한다. 이러한 관리들은 품목 마스터 파일의 단위 실사 분야로의
접근을 차단하고, 간접비 누적 풀의 내용을 통제하면서 입력 오류를
막기 위해 거래 데이터입력의 자동화와 같은 광범위한 분야를 포함할
수 있다. 한번 설치되면 이 관리들은 유지를 위한 추가적인 노동을 요
구하지 않는다. 따라서 재고량보다는 비용에 관한 관리가 더 많이 있
을 것이다.

셋째, 출하된 물건에 대해 소비자에게 올바른 청구를 했는지 확실
히 확인해야 한다. 재고관리 시스템에서 소비자에게 정확한 청구를
하는 것은 큰 관심사가 아니다. 대신, 청구 거래가 출하 활동에 따라
올바르게 진행되는지를 확인하는 것이 중요하다.

이 모든 문제들은 재고와 관련된 거래의 정확성에 영향을 받게 되
는데, 이는 이 책의 마지막에서 다루게 될 것이다. 이어지는 부분은
재고량과 통제의 다양한 측면에서 사용 가능한 여러 통제기법들에 대
해 설명할 것이다. 이것은 필수적인 관리 조건이 아니라 사용자가 선
택할 수 있는 여러 가능성들의 보관소(pool)라고 할 수 있다.

3. 이송 중 재고

통제 시스템 설계자들은 주로 현장에서의 재고를 고려하는 경향이 있기 때문에 이송 중인 재고는 습관적으로 자주 간과되는 분야이다. 하지만 인입과 출하 시점 전후에서의 소유권에 대한 규정은 매우 중요한 문제 중의 하나이다. 따라서, 가장 핵심적인 통제의 문제는 이송 중인 재고의 소유권의 증명, 소유권 위험의 절감, 그리고 재고 가치산정에 있어서 이송 중인 재고의 포함을 포함한다. 다음에 대한 통제들이 다루어진다.

- **소유권** : 중앙 재고 데이터베이스에서 기업간 재고 이동을 기록한다. 기업이 재고를 한 자회사에서 다른 자회사로 옮길 때, 기록 오류로 인해 재고는 발송회사에서 수취회사로 올바르게 옮겨질 수 없다. 게다가, 수취회사는 재고에 발송회사와는 다른 비용을 기록할 수도 있다. 이 문제들은 양 쪽의 자회사에서 사용되는 중앙 재고 데이터베이스로 재고 이동을 기록하여 해결할 수 있다. 하지만 이 중앙 데이터베이스는 구매와 유지비용이 비싸고 많은 곳에서의 확실한 온라인 접속을 필요로 한다.

- **소유권** : 양 쪽 모두 기업간 재고 이동을 감사한다. 방금 언급했듯이, 양쪽 모두 재고 이동에 대해 잘못 기록할 수 있어서 틀린 통합 재무 결과를 가져올 수 있다. 이 문제를 감지할 수 있는 방법 중 하나는 기업간 재고 이동의 샘플들에 대해 발송과 수취거래의 내부 감사 리뷰를 정기적으로 행하는 것이다. 이것은 오류를 없애기 위한 기록 시스템의 개조를 요청하게 될 것이다.

- **소유권** : 모든 인도 지연(bill-and-hold)문서에 고객의 서명을 요구한다. 기업이 제품을 만들기만 하고 운송하지 않는다면, 회사가 고객을

대신해 물건을 보관할 권리가 있다는 가정 아래 기업은 수익을 청구할 수 있다. 이 방법은 수익 인식의 엄청난 남용을 가져오기 때문에 모든 고객에게 인도 지연 거래 승인 문서에 서명을 하도록 하는 것이 올바른 관리법이 된다. 이 문서는 고객이 현장 밖의 보관을 승인하고 물건의 소유권을 받아들인다는 내용이다.

• **소유권** : 운송 조건을 감사한다. 일반적인 종류의 운송 조건은 운송 회사는 물건이 물리적으로 현장에서 나간 후 일정 기간 동안 장부에 재고를 유지하고, 아니면 수취 회사가 반입 부두에서 물건을 받기 전에 장부에 재고를 기록하도록 요구한다. 실무에서 대부분의 회사들이 재고가 물리적으로 존재할 경우에만 재고를 기록하고 있는데, 이것은 법적으로 운송 조건을 위반하는 것이다. 따라서 회사는 정기적으로 운송 조건을 감사하여 배송 물품이 다른 재고 처리를 요구하는지를 살펴봐야 한다.

• **소유권** : 이송 중 소유권 방지 정책. 이송 중인 재고를 관리하는 가장 초기의 형태는 물건이 반입 부두에 오기까지 제3자가 그 물건을 소유한다는 것이었다. 그러기 위해서는 경영진이 다른 형태의 운송 처리를 방지하는 정책을 승인하고, 정책과 절차 설명서와 정기적인 교육을 통해 직원들에게 이 정책에 관해 알려 주어야 한다.

• **미티게이션(mitigation)** : 소유된 이송 중인 물건에 대한 보험보상범위를 확인한다. 회사가 법적으로 이송 중인 물건의 자격을 갖고 있으면, 이송 중에 발생하는 물건의 피해가 회사에 손실을 입히는 위험이 있게 된다. 그러므로, 내부 감사 프로그램은 소유된 이송 중 물건의 보험보상범위의 유무와 적합성을 매년 검토해야 한다. 좀 더 소극적인 관리법은 연간 보험 갱신 과정의 한 부분에 보상되는 모든 보험조건을 나열하는 절차에 이것을 포함시키는 것이다.

- **가치 산입** : 재무 결산의 빠른 완료를 강화한다. 월말 결산을 연장하려는 회계 직원들에게 부과되는 압력은 가장 빈번히 일어나는 문제로, 이것은 운송 부서에게 더 많은 배송 물건을 보고 기간 안에 추가하게 하여 수익을 증가시킨다. 이것은 좀처럼 사라지지 않는 아직도 진행중인 문제이기도 하다. 이 문제를 해결하는 최고의 방법은 결산일 하루 전에 재무 보고서를 받아 보는 것에 매우 익숙한 경영진이 최대한 빨리 재무를 알기 위해 긴박한 결산을 촉각으로 승인해 주는 것이다.

- **가치 산입** : 선적 기록 날짜를 선적 담당자의 문서와 비교한다. 장기간의 마감일을 탐지하는 좋은 방법은 회사의 선적 기록에 있는 날짜와 선적 담당자가 배송 물건을 받는 실제 날짜를 기록하는 선적 담당자의 문서를 비교하는 것이다. 선적 담당자가 이러한 감사가 이루어진다는 것을 안다면 장기의 마감의 보고기간에 더 많은 선적을 채우는 것을 자제할 것이다.

4. 재고 스토킹(stocking)

재고와 관련된 많은 문제들은 안전재고수준, 제품 옵션, 그리고 신규부품설계에 초기의사 결정과 관련이 있다. 이러한 결정이 재고의 전통적인 관리 시스템에서 많이 벗어나 있지만, 이것은 회사의 재고 투자의 양에 있어서 핵심 역할을 한다. 여기서 언급된 모든 관리는 보관품을 재고(inventory)에 추가하는 것과 관련이 있다.

- **추가** : 사전에 승인되지 않은 구매는 모두 거부한다. 많은 회사의 구매 시스템에서의 주된 결함은 모든 공급자의 배송은 승인된 문서의 존재가 무시된 체 반입 부두에서 인수된다는 것이다. 이러한 많은

배송들은 구매의 승인을 받지 않은 회사의 직원들에 의해 구두로 승인되고 있다. 이 문제는 인수되는 모든 품목은 서류 파일에 구매부에서 승인한 이에 상응하는 구매 주문서를 반드시 갖고 있어야 한다는 규칙을 강화함으로써 해결될 수 있다. 이렇게 함으로써, 구매 직원은 신청된 품목의 필요성과 인증된 공급자를 통해 합리적인 가격으로 구매되었다는 것을 확인할 수 있다.

- **추가** : 계절 품목에 대한 안전 재고 수준을 수정한다. 안전한 재고 수준을 설정하는 가장 일반적인 방법은 지난 몇 년간에 대해 시간적인 이용 분석을 운영하여 그 정보를 갖고 평균 안전 재고 수준을 결정하는 것이다. 그러나 이 방법은 계절적 요인에 의한 갑작스러운 수요 감소를 무시함으로써 많은 재고를 남기게 된다. 지속적인 수요감소가 발생되는 경우에는 안전 재고 수준은 매우 높아지고 구식화의 위험을 가져올 수도 있다. 잠재적인 통제는 계절적 품목의 안전 재고 수준을 분기마다 재조정하여 수요에 대한 공급을 맞추는 것이다.

- **추가** : 제품의 종류와 옵션을 줄인다. 회사에서 판매 제품의 수를 추가적으로 늘이게 되면 추가 되는 제품의 수보다 더 많은 수의 부품을 위한 보관공간이 필요하게 된다. 이것은 제품의 옵션의 수가 많을수록 각 옵션별로 보관공간을 확보하여야 하기 때문에 더욱더 큰 문제가 된다. 추가되는 재고량을 조절하기 위해서는 주기적으로 제품의 수익성을 검토하고 수익성이 낮은 제품은 창고에서 빼내어야 한다. 이때 수익성이 낮은 제품을 결정하기 위해서는 해당 제품의 재고에 묶여있는 자금의 크기에 대한 분석을 반드시 수행하여야 한다.

- **추가** : 부품을 표준화한다. 기술자들이 새로운 제품을 설계할 때, 그들은 기존의 구성부품들을 고려하지 않을 수도 있다. 이것은 유사 제품의 과잉을 초래하고, 개별 부품들에 대한 재고투자를 야기한다. 이렇듯 원하지 않는 추가적인 재고에 대한 훌륭한 관리는 모든 신제품 개발의 통합 단계로서 부품 표준화 검토를 요청하는 것이다. 이 개념을 강화하기 위해 기술 매니저의 상여금 제도에 현재 구성 부품의 총 숫자를 최소화하여 포함하는 것에 대해 고려해보라.

- **추가** : 재고수준과 함께 설계 변동 지시서(ECO)를 조율한다. 기술직원이 변동 지시서를 이행할 때, 교체된 품목들은 더 이상 필요하지 않고, 오랜 시간 동안 재고로 남아있었기 때문에 새로운 부품들이 제품에 추가된다. 설계 변동 지시서가 흔한 환경에서는 쓸모없어진 모든 구성부품의 남아있는 현재 재고를 확인하기 위해 거의 강제적으로 관리를 하여 기존 재고의 최대 소모와 함께 변동 지시서를 이행하도록 한다.

- **추가** : 취소된 구성부품의 재주문 플래그(flag)를 끈다. 많은 컴퓨터 시스템들이 품목 마스터 파일에 플래그를 내장하고 있는데 플래그는 재고가 최소 수준에 도달했을 때, 시스템이 자동으로 재고를 보충하는 구매 주문서를 만들어야 함을 알리는 것이다. 그러나 이것은 모든 쓸모없는 품목을 처리하려는 기업의 취지에 모순된다. 왜냐하면 시스템은 더 이상 필요 없는 품목을 재주문하기 때문이다. 그러므로 올바른 관리는 쓸모없는 재고 배치 과정을 통해 품목이 쓸모 없다고 판명 되자마자 재주문 플래그를 끄는 것이다.

- **추가** : 예정된 구매 주문서를 현재 조건과 비교한다. 구매 직원은

구매 주문서의 접수 이후에 생산 스케줄이 변경되면 쓸모없는 구매 주문을 할 수도 있다. 이 문제는 자재소요계획(MRP)에 의해 자동으로 발견되어, 삭제되어야 하는 구매 주문의 목록이 있는 보고서를 만들게 된다. 그러나 MRP 시스템이 없을 경우, 이 과정은 자주 예정된 구매 주문을 현재의 조건과 비교하여 쓸모없는 재고의 인수를 막아야 한다.

- 추가 : 절감된 운전 자본 투자에 기초하여 매니저들에게 보상한다. 고전적인 결함 중 하나는 현재 재고의 부가가치의 크기를 지나치게 늘리는 것이다. 그러기 위해서 판매 제품의 원가를 통해 순환하거나 예상이익을 줄이는 대신에 더 많은 간접비를 재고에 할당하고 있다. 이 문제를 피하기 위해, 훌륭하고 소극적인 관리는 경영진의 상여금 제도에 회사의 운전 가본 투자의 삭감을 포함하는 것이다. 그렇게 함으로써, 수익을 조작하여 재고 수준을 높이려는 사람은 운전 자본 투자를 증가시켜 결국 자신의 수익을 줄이는 결과를 맞이하게 된다.

5. 재고 보관

재고 보관은 대부분의 관리가 실행되는 곳이라고 할 수 있다. 전통적으로, 관리의 핵심 목표는 도난으로 인한 재고 손실과 창고에 있는 재고의 기록 오류에 관한 것이었다. 다음의 목록은 창고에 있는 재고의 소유권에 관한 제3의 범주를 포함한다. 정확성에 관련된 추가적인 관리는 이 단원의 "재고관련 거래" 부분에서 설명하도록 한다. 가능한 관리는 다음과 같다.

- 손실 : 파렛트 위에 쌓여 있는 상자를 검토한다. 재고는 상자들이 파렛트 위에 제대로 쌓여있지 않으면 손상을 입을 수 있다. 만약 그

것이 파렛트의 가장자리에 올려져 있으면, 더미의 무게가 올려진 상자의 판지의 벽을 눌러 잠재적으로 내용물에 손상을 입힐 수 있다. 이에 대한 간단한 관리는 주기적 재고실사를 가지고 걸쳐진 부분이 있는지 없는지 파렛트가 쌓인 패턴을 간단히 눈으로 검사하는 것이다. 이러한 검토는 다른 검사의 일부로 감사팀에 의해 행해질 수도 있다.

- **손실** : 지정된 직원에게만 창고의 접근을 제한한다. 접근 제한이 없다면 회사의 창고는 원하는 것을 다 가져가도 되는 가격이 없는 큰 상점과 같은 것이 된다. 이것은 직원들이 개인적 사용을 위해 창고의 물건을 가져간다는 얘기는 아니지만, 그들은 아마 생산을 목적으로 많은 양의 재고를 없애게 될 것이고 이것은 혼잡한 생산 현장을 만들게 된다. 또한 이것은 구매 직원에게 해결할 수 없는 엄청나게 자질구레한 업무를 부과하여 현재 무슨 재고가 있으며, 즉각적인 제조 요구를 위해 무엇을 구매해야 할지에 대한 결정을 불가능하게 한다. 결과적으로, 재고를 차단하고 그에 대한 접근을 엄격히 제한하는 강제적인 관리가 필요하다.

- **손실** : 고가의 품목은 창고에 보유한다. 생산 설비 가까이에 자주 사용되는 품목을 보관하는 것이 훨씬 더 효율적이긴 하지만, 이것은 직원들이 보다 접근하기 쉬운 상자로부터 더욱 손쉽게 물품을 훔칠 수 있게 한다. 이 보관용기에서 많은 부품을 사용해 왔다면, 가장 비싼 부품을 더욱 통제된 창고로 옮기는 것을 고려해야 한다. 이것은 어느 시점에서 어느 정도의 도난을 감안하고서라도 보관소에 보유할 만큼 부품의 비용이 충분히 낮아지는지를 결정하는 법칙의 사용을 필요로 할 것이다.

- **정확성** : 마이너스 잔고인 재고를 검토한다. 재고 기록 데이터베

이스가 마이너스 재고량을 보여주면 거래 오류가 문제의 원인이다. 좋은 관리는 왜 마이너스 잔고가 발생했는지를 확인하는 관련 거래들의 즉각적인 검토를 지시하는 것이다. 이 검사를 위해서는 개별적인 거래 기록을 저장하는 컴퓨터 시스템뿐만 아니라 경험이 많은 자재관리 직원이 필요하다.

- **정확성** : 자재명세서에 기초하여 재고를 불출한다. 자재 원가에 대한 훌륭한 관리는 각 제조품의 자재명세서의 사용을 요구하고, 자재명세서에 있는 수량에 기초하여 품목의 생산을 위해 원자재 재고에서 부품을 불출하도록 하는 것이다. 이 방법을 통해 검토자는 자재명세서를 통해 승인되지 않은 창고 배급품에 대해 불평을 할 수 있다. 왜 그러한 배급품이 발생했는지에 대한 객관적인 이유가 없기 때문이다.

- **정확성** : 출고 목록에 있는 수량을 초과한 재고의 반출 승인을 요청한다. 생산을 목적으로 창고에서 원자재를 가져올 때 표준 출고 목록을 사용한다면, 이것은 재고 처리를 위한 표준 승인이어야 한다. 생산 직원이 추가 재고를 요청하는 경우, 그 직원은 창고 게이트로 가서 재고를 신청하지만 그것에 대한 배급은 창고 밖에서 기록되어야 한다. 또한 생산이 끝난 후에 남은 모든 재고는 창고로 다시 보내져 기록되어야 한다. 다른 추가적인 재고 신청이나 창고의 반품은 명세서의 오류를 반영하는 것이므로, 이 방법을 사용하면 출고 목록을 만드는 데 사용한 자재명세서에 오류가 있었는지를 알 수 있다.

- **정확성** : 표준 규격 컨테이너를 사용한다. 재고 실사자는 세부적인 계산에 시간을 소비하지 않기 위해, 개별적 품목을 실사하기보다는 컨테이너에 보관된 부품의 개수를 추정할 것이다. 부정확한 기록을 막기 위해, 각 컨테이너에 정확한 개수의 부품만이 들어가는

계란 상자 모양의 표준 컨테이너 규격의 사용을 고려하는 것이 좋다. 이 방법은 컨테이너 안의 정확한 부품 개수의 확인을 훨씬 쉽게 해준다. 또한 이러한 관리는 특히 워크스테이션 사이에서 표준 부품 규격이 빈번히 이동하는 재공품에 적용할 수 있다.

- **소유권** : 고객 소유의 재고를 분리한다. 만일 고객이 제품이 만들어질 때 사용된 부품을 회사에 제공하게 되면, 이 부품은 회사의 재고와 쉽게 섞이게 되어 회사의 잘못된 재고 가치 상승을 가져온다. 확실한 확인을 위해 이러한 재고 품목에 특정 고객 재고 코드를 위임하는 것이 가능하다. 하지만 더 쉬운 판별 관리는 창고의 다른 부분에 이러한 물품들을 물리적으로 분리하는 것이다.

- **소유권** : 공급자 소유의 재고를 분리한다. 몇몇 공급자들은 물품이 생산 과정에서 사용될 때, 회사에 그 사용에 대해 청구를 한다. 그때까지 공급자는 회사의 현장에서 그들의 물건에 대한 소유권을 갖고 있다. 가장 많이 사용되는 관리는 이러한 재고품에 대한 접근을 막아 권한을 가진 사람만이 재고품에 접근하고 사용 품목을 기록하도록 하는 것이다. 공급자 소유의 재고량이 많을 경우, 현장의 공급자 직원에게 완전한 재고관리를 위임하는 방법도 있다. 또 다른 관리는 회사에 쉽게 배송할 수 있고, 재고의 관리 또한 쉽게 확인할 수 있는 근접한 창고에 이 재고를 배치하는 것이다.

6. 현장 밖의 재고 보관

재고를 보관할 현장의 공간이 충분하지 않을 경우, 일반적으로 보관 트레일러 혹은 임대한 현장 밖의 장소에 재고가 보관된다. 재고로의 접근이 회사의 창고보다 안전하지 않기 때문에, 이러한 장소에서는 재고의 손실이 문제가 된다. 또 다른 문제는 현장 이외의 장소에서 발생하는 부정확한 재고 기록이다. 이러한 두 가지의 문제는 다음의 관리를 통해 다루어진다.

- **손실** : 접근 통제. 계절적 수요로 인해 재고가 평상시 창고의 수용량보다 더 많아지면 넘쳐나는 재고는 접근 통제가 덜 엄격한 다른 장소에 보관되게 된다. 가장 좋은 대안은 완전한 접근 통제권을 가진 제3자의 창고를 사용하는 것이다. 이것이 불가능하다면 적어도 기타 모든 임대 공간의 접근을 차단해야 한다. 보관 트레일러가 넘치는 재고에 사용되면, 트레일러 전체의 도난이 있을 수 있으므로, 모든 보관 트레일러 주변에 담을 설치하고 게이트를 차단해야 한다.

- **정확성** : 마감 절차에 현장 밖의 재고 실사를 포함한다. 자주 일어나는 문제는 월말 결산 재고에 현장 이외의 보관 장소에서의 재고 실사를 포함하지 않는다는 것이다. 이것은 판매제품에 매우 많은 비용을 청구하게 된다. 이러한 문제를 막기 위해서는, 월말 마감 절차에 현장 이외의 모든 장소에서의 업데이트 목록을 포함시키고 각 보관 장소에 입고된 모든 재고 실사의 목록을 확인하면, 분실된 실사 정보를 찾아낼 수 있다. 그러나 제출된 실사의 정확성은 입증할 수가 없다.

- **정확성** : 현장 밖의 보관 장소들을 재고 데이터베이스에 포함한다. 앞서 언급한 관리에서는 현장 밖 모든 보관 장소에서 개별적인 기록이 보관된다고 가정하고 재무제표를 만들기 위해 정기적인 정리가 필요하다고 한다. 더 좋은 방법은 모든 장소에서 접근 가능한 중앙 재고 데이터베이스를 사용하여 모든 재고 보관소의 추가 및 삭제 내역을 중앙 데이터베이스에 즉시 업데이트하는 것이다.

- **정확성** : 현장 밖의 재고 보관 장소의 정기적인 감사를 실시한다.

현장 밖의 보관장소는 월말에 재고 계산서를 제출하지만, 제출된 정보가 정확한지 알 수 있는 방법은 없다. 이것은 현장 밖의 모든 주요 보관소의 비공식적인 정기적 감사를 통해 확인할 수 있다. 이러한 감사의 목적은 기록의 정확성 여부를 밝히고 향후의 오류를 통제하는 제안을 하기 위함이다.

7. 쓸모없는 재고

쓸모없는 재고는 총 재고의 많은 부분을 구성하고 있으므로 이 부분에 최우선의 관리가 필요하다. 관리방법은 네 가지로 나눌 수 있다. (1) 쓸모없는 재고의 예방(다음의 "폐기물 재고" 부분에서 설명된다.), (2) 기존의 쓸모없는 재고의 발견, (3) 쓸모없는 재고들의 가치가 최하로 떨어지기 전 신속한 재고의 처리, (4) 구식화 리저브에 대한 올바른 인식. 다음의 관리 방법에서 이러한 문제들을 논한다.

- **발견** : 쓸모없는 재고 품목을 검토한다. 최대한의 예방의 노력에도 불구하고, 일부 재고는 사용되지 않고 구식이 되어 버린다. 그것을 발견하기 위해, 최근 사용되지 않은 재고 품목의 목록과 이것의 늘어난 비용을 포함하는 보고서를 정기적으로 인쇄하도록 한다. 더 정확한 방법은 최근 생산 요청이 없었던(MRP 시스템이 있을 경우에만 가능) 모든 재고 품목을 항목화하는 보고서를 인쇄하는 것이다. 또는 현재 재고량을 각 품목의 연간 사용과 비교하는 보고서를 사용하는 방법도 있다. 현재 가지고 있는 이와 같은 정보로 어떤 재고 품목이 폐기되고, 팔리고, 또는 공급자에게 반환되었는지를 확인하기 위해 자재 매니저와의 정기적인 미팅을 계획할 수 있다.
- **처분** : MRB(materials review board)를 만든다. 쓸모없는 재고는

오랜 시간 동안 창고에 남아있다. 아무도 그에 대한 책임을 지지 않기 때문이다. 이러한 재고가 현장에 너무 오랫동안 있게 되면 그에 대한 처분 가치가 떨어지고 회사는 그 재고의 손실을 복구할 기회를 놓치게 된다. 이 문제를 피하기 위해 경영진이 정기적으로 만나 어떻게 다양한 품목들을 처분할 것인지를 결정하는 자재 관리, 회계, 생산, 그리고 기술부서의 대표자들을 구성하여 MRB를 만드는 방법이 있다. 처분에 대한 계속적인 주의만이 쓸모없는 재고로부터의 보상을 기대할 수 있다.

- **리저브 인식** : 마감 절차에 구식화의 검토를 포함한다. 쓸모없는 재고는 아무도 언급하고 싶지 않은 많은 창고들의 숨겨진 비밀이다. 이러한 태도는 쓸모없는 재고의 문제를 시간에 걸쳐 더 쌓여져 정기적으로 큰 문제로 발전된다. 좋은 관리방법은 월별 마감 절차에 쓸모없는 재고의 리저브의 충분함을 평가하는 요구사항을 포함하는 것이다. 이 과업에 대한 충분한 시간을 제공하기 위해, 항상 실제 월말 마감의 몇 일전에 계획을 하여 과업을 할당함으로써 부족한 시간이나 인력을 이유로 이러한 업무를 간과하는 일이 없도록 해야 한다.

8. 폐기물 재고

많은 생산 절차가 상당한 양의 폐기물을 발생시키므로 이에 대한 예방, 추적, 원가계산, 그리고 판매에 걸친 관리가 필요하다. 다음의 관리들은 이 문제들에 대해 다룬다.

- **예방** : 공급자의 품질 수준을 검증하고 추적한다. 폐기물은 회사의 품질 수준을 만족시키지 못하는 공급자가 운송하는 부품에 의해 자주 발생한다. 이 문제의 예방은 최소 품질 기준, 공급자 인증,

그리고 그들의 품질 성능에 대한 실시간의 추적을 필요로 한다. 추적 시스템은 일반적으로 정확한 배송과 제품원가와 같은 품질 이외의 다른 여러 가지를 포함하는 공급자 보고 카드의 발행을 수반한다.

- **예방** : 짧은 수명을 가진 선반의 품목들은 FIFO 레킹(racking)을 사용한다. 어떤 재고품목은 선반의 일정 수명이 지나고 나서 필요하지 않게 되면, 그래비티 플로우(gravity flow)나 파렛트 플로우(pallet flow) 선반에 보관하는 방법을 고려해보도록 한다. 이 방법을 사용하면 가장 오래된 품목은 항상 앞에 보관되어 재고 출고자가 접근하기가 가장 용이해진다. 플로우 레킹 (flow racking)은 물건이 선반의 한 쪽으로 치워진 다음, 출고되는 선반 앞으로 미끄러져 내려가는 선입선출법(FIFO) 보관 개념을 수반한다.

- **예방** : 짧은 수명을 가진 선반의 품목들을 추적하는 컴퓨터 추적 시스템을 사용한다. FIFO 레킹을 사용하는 앞의 방법은 출고자들이 다른 컴퓨터 추적 장치 없이 자동으로 가장 오래된 품목에 접근할 수 있기 때문에 짧은 수명의 선반의 품목을 추적하는 데 선호된다. 다른 대안법으로 각 품목의 인수 날짜를 컴퓨터 시스템에 입력하고 개별 제품 또는 케이스에 이 정보를 표시하여 컴퓨터 시스템이 출고자들을 가장 오래된 품목들이 보관된 곳으로 안내하는 방법이 있다.

- **예방** : 재가공 상황을 적극적으로 추적한다. 생산 과정에서 문제가 감지되어 제품들이 재가공을 위해 비축되었을 때, 재가공은 일반적으로 우선순위에서 밀리기 때문에 제품들은 그 자리에서 점점 약화된다. 많은 시간이 지나면 재가공을 위해 비축된 제품들은 그 가치가 소멸하면서 폐기물로 분류된다. 이에 대한 좋은 관리법은 재가공에 우선순위를 주고 자주 검토되는 상황보고서를 사용하여

그 상황을 추적하는 것이다.

- **예방** : 상여금 제도에 폐기물 성과를 포함한다. 제조 중역들은 때때로 적시에 소비자들에 배송되는 제품의 총액을 기준으로 하여 보상을 받게 되는데, 여기서 가장 중요한 것은 정확한 시간에 배송을 하는 것이다. 그러나 이 시스템은 수익에 상당한 영향을 미치는 폐기물과 재가공을 간과하고 있다. 좋은 관리법은 상여금 제도에 실사 수단으로서 목표 폐기물 수준을 포함하거나, 주된 상여금 기준을 순수익으로 하여 상여금 제도에 본질적인 폐기물 예방을 포함하는 것이다.

- **추적** : 폐기물과 재가공 거래를 위한 거래 양식을 요구한다. 자재와 그에 관련된 직접 노동의 엄청난 양은 생산의 폐기물 처리 또는 때때로의 재가공으로 인해 분실될 수 있다. 폐기물과 재가공은 생산 과정의 어떤 시점에서도 발생할 수 있기 때문에 이것을 관리하는 것은 매우 어렵다. 제조 직원은 이러한 활동을 기록하는 거래 양식의 사용에 대해 충분한 교육을 받아서 재고 기록을 정확하게 유지시켜야 한다.

- **추적** : 추세선(trend line)으로 대량의 폐기물의 무게를 추적한다. 생산직원과 제조 관리 직원들이 폐기물 거래를 문서화 하는 양식을 채우는 데에는 많은 시간이 소비된다. 균일하게 일정한 형태로 발생되는 폐기물의 경우에는, 그것을 하나의 컨테이너에 보관하고 정기적인 날짜에 그것의 무게를 실사하는 방법을 고려해보도록 한다. 무게 실사 시스템이 없다면, 폐기물 수거자가 무게를 실사하여 지불 영수증에 무게 정보를 포함시킨다. 추세선에 있는 이 정보를 추적하여 주어진 생산량에서 발생되는 폐기물의 수준을 확인할 수 있다.

- **원가계산** : 폐기물로 지정된 모든 재고의 제로코스트(zero-cost)코

드를 만든다. 재고 시스템을 통해 흐르는 폐기물 품목의 막대한 수량을 고려했을 때, 폐기물의 가치를 0으로 기입하는 것은 어려울 수도 있다. 간단한 자동화된 방법은 폐기물 코드를 가지고 있는 모든 재고에 컴퓨터 시스템이 자동으로 제로코스트를 위임하게 하는 것이다. 그러나 이것은 매우 최신의 또는 고객화된 컴퓨터 시스템을 필요로 하고 작은 회사에서 일반적으로 사용할 수 있는 방법은 아니다.

- **원가계산** : 모든 폐기물 품목에 디폴트 제로코스트(default zero-cost) 정책을 만든다. 회사들은 폐기물로 지정된 모든 재고에 폐기물 판매 가격을 위임하는 시도를 할 것이다. 이것은 총 재고 가치를 조금 높여줄 수는 있지만, 폐기물 판매 가격을 업데이트 하거나 정당화하는 것은 어렵고 또한 추가적인 회계의 작업을 요구하기도 한다. 폐기물 원가계산의 방법으로 모든 폐기물 품목에 디폴트 제로코스트 강화하는 것이 있다. 정기적으로 폐기물을 판매하고 폐기물 매출을 비용 절감으로 기록하면 재무제표의 전체적인 결과에 순변화(net change)는 발생하지 않는다.

- **판매** : 폐기물 수거자와 폐기물 지불을 확인한다. 회사의 폐기물은 일반적으로 언제나 회사 밖으로의 처분만을 기다리는 쓰레기보다 조금 높은 상태로서, 비교적 관리가 불가능한 자산이라고 할 수 있다. 그러나 폐기물은 가치를 가지고 있으며, 폐기물 수거자는 그에 대한 지불을 한다. 직원은 현금지불을 좋아하고, 자금을 착복할 수 있는 폐기물 수거자를 통해 폐기물을 처리하기 때문에 이 과정은 특히 금전적인 손실이 쉬운 부분이다. 폐기물 수거자와 지불을 확인함으로써 이 문제를 해결할 수는 있지만, 이것은 직원이 폐기물 지불을 대충 읽어보고 폐기물 수거자의 이름을 보여주는 거래를 남기는 정도의 방법이라고 할 수 있겠다.

- **판매** : 추세선으로 폐기물 인수를 추적한다. 폐기물 수거자는 회사

에 지불하는 폐기물의 수량의 기록을 제대로 유지하지 않을 것이다. 그렇다면 모든 폐기물이 기록되는 지불에 총계정원장을 만들고, 시간에 걸쳐 특히 생산 수준과 비교하여 여기에 추가되는 수량을 추적하면 된다. 회사에 지불되는 금액에 현저한 감소가 있을 경우, 누군가가 폐기물 수거자의 지급액에서 자금을 갈취한 것을 나타낸다.

- **판매** : 폐기물 수거사에게 수표 지불을 요구한다. 폐기물과 관련된 부정행위의 주된 원인은 폐기물 수거자는 바로 착복할 수 있는 현금 지불을 한다는 것이다. 이것을 막기 위해 폐기물 수거자에게 수표로만 계산해 줄 것을 요구한다. 또한 수거자에게 수표를 회사의 회계부로 발송해 줄 것을 요구하면, 회계부는 수표가 누구의 손을 거치는지를 기록하여, 향후 권한이 없는 사람이 자금에 접근하는 기회를 줄일 수 있다.

9. 재고의 원가계산

재고 원가계산에는 많은 비용 기록을 수반하는 무수한 요소가 있기 때문에 원가계산에는 많은 오류가 발생한다. 주된 관리 시스템의 목표는 올바른 원가 상승, 적당하게 할당된 재고의 고정자산, 그리고 일관되고 적절하게 재고에 할당되는 간접비 등의 보장을 포함한다. 다음의 관리들이 이 문제들에 대해 언급한다.

- **원가 상승** : 재고 자재 비용을 감사한다. 재고 원가는 주로 표준 원가계산 과정 혹은 LIFO나 FIFO와 같은 몇몇 재고 계층법을 통해 할당된다. 표준 원가의 경우, 손실된 실제 원가와 일치하여 표준 원가가 업데이트 되었는지를 확인하기 위해 구매 자재의 실제 원가와 할당된 원가를 정기적으로 비교해야 한다. 오랜 시간을 간격

으로 표준 원가를 업데이트 하는 것이 회사의 방침이라면 실제 원가와 표준 원가 사이의 변화가 판매 제품 원가에 상각되고 있는지를 확인해야 한다.

재고 계층법이 재고 원가를 보관하는 데 사용되고 있다면 가장 최근에 사용된 계층의 원가를 정기적으로 감사하고 자세한 공급자 청구서로 재고 원가를 추적해야 한다.

- **원가 상승** : 지불된 가격을 감사한다. 구매부 직원은 공급자에게 비즈니스를 주는 대가로 상납금(kickback)을 받고 거래를 할 수도 있다. 공급자는 상납금을 흡수해 버리므로, 이것은 일반적으로 더 높은 구성 요소의 가격을 초래한다. 이런 부정행위는 감지하기가 매우 어렵다. 가능한 방법 중 하나는 어떤 단위당 가격이 비정상적으로 높아졌는지를 확인하기 위해 지불된 가격의 감사를 실시하는 것이다.

- **원가 상승** : 구매 위임을 순환시킨다. 방금 언급했듯이, 상납계획을 감지하는 것은 어렵다. 구매부의 다른 직원들에게 정기적으로 공급자의 위임을 순환시키면 공급자들은 상납계획을 세우기가 어려워진다. 이런 방법으로 상납금을 지불하던 공급자는 상납금을 받을 의향이 없거나 공급자의 제안에 대해 경영진에 보고를 할 수도 있는 새로운 구매부의 직원과 접촉하게 될 것이다.

- **원가 상승** : 소비자 소유의 제품에 특수한 부품 번호를 할당한다. 소비자가 완제품에 포함을 위해 회사에 부품을 보냈을 때, 회사가 그와 비슷하거나 동일한 부품을 가지고 있을 경우, 기존의 부품 번호가 소비자 소유의 제품에 할당될 가능성이 있고, 이것은 가치 기록에 있어서 제로 코스트가 되는 결과를 초래한다. 이 문제를 해결하는 최고의 방법은 반입 부두에서 소비자 소유의 부품에 특수한 부품 번호를 할당하고, 이 번호를 눈에 뛰는 라벨로 붙여놓는

것이다. 특수한 부품 번호에 제로 코스트가 할당되는 것을 막을
수 있다.

- **원가 상승** : 확장되지 않은 제품 원가를 이전 시기와 비교한다. 모든
  형태의 제품 원가는 다양한 이유로 변경될 수 있다. 이런 변경을
  발견하는 쉬운 방법은 각 제품의 확장되지 않은 원가를 이전 시기
  의 원가와 비교하는 보고서를 만들고 정기적으로 검토하는 것이
  다. 정확하게 무엇이 이런 변화의 원인이었는지를 알기 위해 기본
  적 원가계산 정보에서 이러한 현저한 변화들이 추적된다. 이 방법
  의 문제점은 저렴한 회계 시스템들은 시간적인 재고 기록을 포함
  하고 있지 않다는 것이다. 그렇기 때문에 이 정보는 시간적 기록이
  유지되는 전자 스프레드 시트 또는 분리된 데이터베이스로 한 달
  에 한번씩 이출되어야 할 것이다.

- **원가 상승** : 낮은 달러의 순서로 확장된 제품 원가의 보관 목록을
  검토한다. 이 방법은 앞서 논한 시간적인 추적 보고서보다 더 많이
  쓰이는 방법이지만, 더 적은 정보를 포함하고 있다. 이것은 각 재고
  품목에 대한 현재의 모든 재고의 확장된 원가를 낮은 순서대로 분
  류하여 목록을 만드는 보고서이다. 이 보고서를 스캔하여, 불균형
  적으로 크거나 작은 가치를 가지고 있는 품목을 발견할 수 있다.
  그러나 이러한 품목을 찾아내는 것은 어떤 원가가 이전 시기에 있
  었는지에 대한 지식을 필요로 한다. 또한 긴 재고 목록은 능률적으
  로 원가계산의 문제점을 찾는 것을 더 어렵게 한다. 그러므로 이
  보고서는 관리적인 측면에서 확장되지 않은 시간적 원가 비교 보
  고서에 비해 열등하다고 할 수 있다.

- **원가 상승** : 자재명세서와 노동 루팅(routing)원가의 업데이트를 관리한다. 원가계산 정보의 핵심은 각 제품에 대한 자재명세서와 노동 루팅 기록이다. 실질적으로 재고 원가를 개조하기 위해 이 기록들은 쉽게 수정될 수 있다. 여기서 발생하는 이러한 변화를 막기 위해, 이 기록들에 대한 엄격한 접근의 보안이 필요하다. 회계 소프트웨어가 누가 어떤 변화를 만들었는지에 대한 데이터를 보관하는 변화 추적 기능을 가지고 있다면, 이 기능을 꼭 사용하도록 한다. 이 기능이 사용되면 정기적으로 보고서를 인쇄하여 기록에 발생한 모든 변경사항을 분석하고, 권한이 없는 접근에 대한 증거로 스캔 해둔다.

- **원가 상승** : 자재명세서의 정확성 수준을 최소 98%로 유지한다. 제품이 재공품 생산 단계를 거치고 결국 완제품 단계에 도착했을 때, 재고의 가치를 결정하는 데 있어서 자재명세서는 매우 중요하다. 이것은 제품을 구성하는 모든 가능한 구성 요소를 항목화하기 때문이다. 이 기록은 정확성의 확인을 위해 정기적으로 실제 제품 구성 요소와 비교되어야 하고, 그 기록의 정확성은 추적되어야 한다.

- **원가 상승** : 재고 계층 계산을 검토한다. 대부분의 계층 시스템은 자동으로 컴퓨터 시스템을 통해 유지되며, 개조될 수 없기 때문에 계층 계산을 검증할 필요가 없다. 그러나 계층 정보가 수동으로 작동되면 적절한 원가계산 계층을 확신하기 위해 기본적인 계산의 정기적인 검토를 계획해야 한다. 이것은 주로 구체적인 공급자 청구서에서 원가 추적을 수반한다. 그러나 청구서가 계산에서 제외되었을 가능성이 있기 때문에 이 공급자 청구서를 계층 계산으로 전달하여 추적해야 한다. 또한 계층 계산에서 재고 품목으로 할당된 화물 원가의 일관성에 대해서도 확인한다.

- **고정비 할당** : 생산 준비 비용 계산을 감사한다. 생산 준비 비용이 재고 원가에 포함되면 실질적인 원가계산 오류가 발생할 수도 있으므로 생산가동(production run)에서 만들어진 제품의 예상 숫자는 정확하지 않게 된다. 예를 들어, 생산 준비 비용이 1,000달러이고 생산가동이 1,000 단위일 때, 준비 비용은 단위당 1달러가 된다. 그러나 수익 증가를 위해 재고의 원가를 인위적으로 늘리고자 한다면, 예측 생산가동의 크기는 줄어들 것이다. 한 예로, 생산가동 예측이 100 단위로 떨어지면 단위당 원가는 10달러의 10배로 증가한다. 이러한 문제에 대한 합리적인 관리는 정기적으로 준비 비용 계산을 검토하는 것이다. 이 문제의 사전 경고로 갑작스런 비용의 변화가 있는지를 알기 위해 시간에 걸쳐서 각 제품의 준비 비용을 비교하라는 것이다. 또한 정보를 보관하는 컴퓨터 파일에 대한 접근은 엄격하게 제한되어야 한다.

- **간접비 할당** : 간접비 풀의 계산과 할당을 확인한다. 간접비는 수동적으로 만들어진 총괄서와 간접비의 할당의 결과로서 주로 재고에 할당된다. 이것은 오류가 생기기 쉬운 매우 긴 계산법이다. 이 과정에 대한 가장 좋은 관리법은 확실하게 어떤 비용이 풀에 포함되었고 정확하게 어떻게 이 비용들이 할당되었는지를 정의하는 표준 절차를 사용하는 것이다. 또한 계산에 포함된 비용의 형태를 정기적으로 검토하여, 이 비용의 올바른 부분들이 포함되었는지를 점검하고, 비용이 재고에 정확하게 할당되고 있는지를 확신하는 것이다. 금액의 갑작스런 변화는 간접비 총괄에 오류가 있음을 나타내는 것이므로, 각 보고 시기에 누적된 간접비의 총액을 추적하는 것도 또 하나의 방법이 될 수 있다.

10. 선적물품 청구

청구 시스템의 측면에서 가장 중요한 것은 소비자로의 배송이 청구 거래를 유도하도록 하는 것인데, 이것은 선적이 제3자를 통해 만들어지는 생산자 직송 시스템에서 특히 어렵다. 따라서 핵심적 관리의 문제는 청구 거래의 개시라고 할 수 있다. 다음은 이러한 문제들의 관리에 대해 논한다.

- **청구 개시** : 제3자의 생산자 직송을 자동화한다. 회사가 생산자 직송에 대해 동의하면 정확한 선적 통지서를 적시에 회사에 전달하기 위해 공급자의 회계 시스템에 의존하게 된다. 생산자 직송 선적 수량이 많으면 회사는 수익의 많은 부분을 공급자에게 의존하게 되어 엄격한 관리가 필요하게 된다. 가장 좋은 방법은 공급자의 컴퓨터 시스템에서 회사의 시스템으로 직접 연결되는 자동 생산자 직송 통보시스템(아마 전자 데이터 교환을 통하여)을 갖추는 것이다. 데이터의 수동 재입력을 제거함으로써 청구 개시의 오류를 줄이고, 이 과정으로 소극적이지만 효과적인 관리를 할 수 있을 것이다.

- **청구 개시** : 제3자의 청구를 생산자 직송 통지서와 비교한다. 생산자 직송 청구 개시의 훌륭한 관리는 공급자의 청구서에 표시된 제품의 수량을 회사의 생산자 직송 통지서에 나와 있는 수량과 비교하는 것이다. 이 두 수치는 항상 일치해야만 한다. 공급자가 회사에 정확한 생산자 직송 통지서를 제공할 만큼 열의가 없을 지도 모르지만, 공급자의 청구서가 정확하다는 것을 확인하는 데는 더 오랜 시간이 걸릴 것이고, 어쩌면 지불이 안 될 수도 있다. 따라서 공급자의 청구서는 생산자 직송 통지서가 맞춰야만 하는 더 정확한 문서로 고려된다.

- **청구 개시** : 선적 기록을 청구에 맞추는 감사 보고서를 만든다. 표준 청구 거래는 화물 인화증의 사본과 같은 선적 통보의 영수증과 함께 선적부서에서 시작된다. 이 문서가 청구 부서에 도착하지 않으면, 소비자는 청구서를 받을 수가 없다. 이 문제에 대한 좋은 방법은 컴퓨터 시스템이 선적 기록 파일을 자동으로 청구 기록과 맞추도록 하여 모든 변화를 나타내는 보고서를 매일 발행하는 것이다. 물론 이것은 창고와 회계부가 같은 컴퓨터를 사용하거나 필요한 정보가 교환될 수 있도록 인터페이스를 갖출 것을 요구한다.

- **청구 개시** : 수동으로 선적 기록을 청구에 맞춘다. 회사의 컴퓨터 시스템이 앞의 관리를 이용하지 못한다면, 이것과 똑같은 작업을 수작업으로 하는 것을 고려해본다. 자동화된 시스템이 이용 가능하더라도, 선적 기록을 청구 기록에 맞추는 반대의 작업을 하여 정기적인 감사 비교를 하는 것도 매우 유용하다. 이러한 검토는 자동화된 시스템이 계획대로 작동하지 않거나 재청구(rebilling), 무료 샘플의 선적 및 보증 선적과 같은 특별한 경우를 위해 추가적인 관리가 필요하다는 것을 나타내준다.

11. 재고관련 거래

높은 기록 정확성의 유지에 있어 최대 방해 요소는 수령, 입고, 피킹, 생산 및 선적에 걸친 재고 처리를 위해 필요한 막대한 수량의 거래와 무수한 추가적인 잠재 거래이다. 이렇게 많은 수의 거래로 인해 데이터 입력 오류는 반드시 일어나게 된다. 이러한 문제에 대한 주요한 관리는 모든 거래의 수동 입력을 피하는 것이다. 이 부분의 관리법은 거래 자동화, 회피, 그리고 오류 검사의 범주로 나누어진다.

- **거래 자동화** : 바코드 데이터 입력 시스템을 사용한다. 전파 식별 시스템이 바코드 시스템을 대체하게 되겠지만, 아직은 전혀 그렇지 않은 상황이다. 바코드 스캐닝의 사용은 데이터 입력 담당자가 거래를 타자로 쳐서 입력하는 것을 막아 어쩔 수 없는 데이터 입력의 위험을 없애주는 현존하는 가장 좋은 방법이다. 그것의 가장 최상의 시스템인, 전파 바코드 스캐닝의 설치를 고려하여 거래가 자동으로 휴대용 스캐너로부터 무선으로 전송되어 실시간 재고 데이터베이스를 업데이트 하도록 한다.

- **거래 회피** : 생산으로의 직접 제품 배송을 공급자들을 검증한다. 수취 기능은 다음 단계의 검토를 위한 인수, 입고, 품질 보증으로의 이동의 거래를 수반한다. 이 모든 거래는 기록 오류의 가능성을 가져온다. 품질과 배송 제품의 적시성에 대해 공급자를 검증하면 수취 기능이 필요하지 않으므로, 회사는 모든 수취 거래를 피할 수 있고 공급자가 생산 과정으로 제품을 바로 배송할 수 있게 한다. 이것은 백플러싱 시스템을 필요로 한다. (다음 관리 참조)

- **거래 회피** : 백플러싱 시스템을 사용한다. 재고의 가장 세부적인 단계에서, 생산을 위해 창고에 있는 물품을 파렛트로 옮길 때, 생산 장소 내의 워크 스테이션 사이에서 이동할 때, 완제품이 창고로 다시 돌아올 때 재고관련 거래가 발생할 수 있고, 이 모든 작업은 타자로 잘못 입력될 수 있다. 이에 대안은 제품이 완성될 때까지 어떠한 입력도 하지 않는 것이다. 완성된 제품의 모든 구성요소를 원자재 재고에서 없애기 위해 단 한번의 백플러싱 거래를 입력한다. 이 과정은 공급자에게 지불할 배송 제품의 수량을 확인할 수 있기 때문에, 공급자가 물건을 바로 생산 장소에 배송할 때 특히 유용하다. 그러나 이 방법은 자재명세서의 매우 높은 정확성을 요구하고, 물건이 재고에서 빠지고 백플러싱 입력

이 아직 되지 않은 상태의 기간 동안 부정확한 원자재 기록을 야기한다.

• **거래 회피** : 데이터 입력의 백로그를 제거한다. 부정확한 기록을 찾아서 수정했는데 알고 보니 몇 시간 전에 물리적으로 완료된 거래가 아직 입력되지 않아서 결국 수정한 사항이 쓸모 없어지는 것은 주기적 재고실사의 큰 방해가 된다. 따라서 중요한 관리는 거래가 컴퓨터 시스템에 한번에 입력되게 하는 것이다. 그 어떤 데이터 입력의 백로그도 허용되지 않는다. 이것은 전파 바코드 스캐너의 사용, 헌신적인 데이터 입력 직원, 또는 창고 전역에 걸친 여러 개의 고정된 컴퓨터 터미널을 필요로 한다.

• **거래 회피** : 반입 부두를 감사한다. 기록 유지에서 오는 큰 문제점은 수취 직원이 새로 들어오는 물건을 회사의 컴퓨터에 입력할 시간이 없어서 회계부와 구매부의 직원들은 물건이 인수되었는지에 대해 알 방법이 없다는 것이다. 따라서, 누군가가 수취 장소에 앉아서 물건을 재고 데이터베이스와 정기적으로 비교하여 기록이 되었는지를 확인해야 한다. 또는 공급자 청구를 재고 데이터베이스와 비교하여 공급자에 의해 청구된 물건이 수취된 대로 목록에 있는지를 확인한다.

• **거래 회피** : 물리적 실사는 피한다. 물리적 실사의 의도가 기록의 정확성을 개선하는 것이지만, 계산이 급하게 이루어지고 경험이 없는 계산자가 고용되기 때문에 그 반대의 경우가 더 많이 일어난다. 결과적으로, 물리적인 실사는 수정하는 데 몇 달이 소요되는 오류를 야기시킨다. 더 좋은 대안은 가장 경험이 많은 자재 관리 직원에 의해 행해지는 주기적 재고실사(다음 관리 참고)의 이용이다.

- **오류 검사** : 주기적 재고실사를 실행한다. 가장 대중적이면서 가장 필요한 재고관리는 작은 재고를 실시간 실사하고 발견되는 모든 오류의 원인에 대한 검사를 하는 주기적 재고실사를 사용하는 것이다. 이 관리의 핵심요소는 물리적 실사에 일치하기 위해 재고기록을 수정하는 것이 아니라 발생하는 오류에 의한 모든 문제의 조사와 수정이다. 이것은 분명한 재고 기록 정확성의 성과가 달성될 때까지 끈기 있는 경영진의 지원을 필요로 하는, 지루하고 시간이 많이 걸리는 과정이다.

- **오류 검사** : 절차 매뉴얼을 만들고 유지한다. 거래 오류를 막는 훌륭한 방법은 직원들에게 재고 데이터베이스에 거래내역을 정확하게 입력하는 방법을 제시하는 정책 및 절차 매뉴얼을 만들고 정기적으로 업데이트하는 것이다. 이러한 관리는 재고와 관련된 모든 신규직원에게 매뉴얼 사용에 대한 의무적인 교육과 주기적인 기분전환의 중간 교육을 통해 보충될 수 있다. 이 과정에서 예상되는 큰 변화는 거래에 관련된 모든 직원이 입력을 위한 조언을 받아야 한다는 것이다. 왜냐하면 이 시스템을 통한 절차적 변화의 파급효과에 대한 최선의 예측지식이 필요하기 때문이다.

04

재고 부정행위

1. 개요

비즈니스 세계에서 불리한 요소 중 하나는 몇몇 회사들이 그들의 재고 시스템을 부정행위에 사용한다는 것이다. 이것은 재고의 의도적인 도난을 수반하기도 하지만, 재고에 손을 대지 않고서 회사의 예상 수익을 부풀리거나 줄일 수도 있다. 이것은 원가계산 기록, 자재 명세서, 품목 마스터 파일 그리고 간접비 풀의 개조를 통해서 이루어질 수도 있고, 사용되고 있는 원가계산 방법을 변환함으로써 행해질 수도 있다. 본 장에서는 주로 누가 재고 부정행위를 범하는지, 행해지는 재고 관련 부정행위에는 어떤 종류가 있는지, 그리고 어떻게 이를 방지하는지에 대해 알아보기로 한다. 본 장에서는 부정행위의 원인을 알아내고 예방하는 방법에 대한 더 쉬운 이해를 위해 3장에서 언급한 관리 시스템과 결합하여 논해질 것이다.

2. 누가 재고 부정행위를 범하는가

재고 관련 부정행위는 경영진의 수준에서 유발된다. 그 이유는 매니저들이 전체적인 회사의 수익 또는 그들의 개별적 비즈니스 단위를 근거로 하여 보상되기 때문에, 예상 수익을 늘리면 더 많은 상여금을 받을 수 있다. 이 문제는 매니저의 잠재적 수입의 불균형적으로 많은 부분이 엄청난 노력을 기울어야 겨우 얻을 수 있는 "늘어난" 수익 목표를 근거로 하고 있을 때 더욱 악화된다. 세금을 피하는 것에 더 많은 관심을 보이는 개인 법인 회사에서는 정반대의 상황이 벌어진다. 이 회사들은 예상 수익의 양을 억제하면서 현금 자금을 향상시키는 매니저들의 능력에 더 많은 보상을 해준다. 이 두 가지 모두의 상황에서, 처음에 시도되는 부정행위의 수준은 그다지 높지 않다. 아마 약간이긴 하지만 실적 목표를 달성하기에는 충분한 수입 증가를 가져오는 작은 조정이 다일 것이다. 그러나 적은 부정행위에 들어서게 하는 단계가 다음 보고 기간에는 더욱 커진 조정을 만드는 것을 더 쉽게 해주게 된다. 곧, 매니저는 부정행위 행각을 본인의 매일의 활동들에 삽입시켜 왜곡된 재무 결과를 가져오는 다양한 활동으로 발전시켜 나갈 것이다.

가장 단순한 감지 방법은 모든 주요 비용 범주, 재고 수준, 그리고 비용 할당 풀의 추세선을 만들어, 현재에 미치는 가능한 넓은 기간의 품목들을 간단히 추적하여 살펴보는 것이다. 이러한 비용들은 총액이나 부분적으로도 잘 변하지 않기 때문에, 변화량이 부정 행위를 범하는 매니저의 존재를 드러내준다. 이 정보를 계속 추적하기 위해 요구되는 작업의 수준은 매우 낮기 때문에, 다른 업무를 위임 받아 해야만 하는 소수의 회계 직원들 또는 혼자서도 이러한 기초적인 분석을 하는 시간을 만들 수는 있을 것이다. 진짜 문제는 이것이 한 번 감지되면 부정행위를 막기 위해 직접 그 정보에 대한 작업을 했던 바로 그 담당자가 부정행위의 범인이 될 수도 있다는 것이다. 따라서 향후의 확인을 위해 그 정보를 회사의 감사 위원회에 전달하는 것을 고려하도록 한다.

3. 노동 루팅(routing) 예상을 변경한다

노동이 제품의 총 비용에서 작은 부분을 차지하고 있는 것이 사실이지만, 이 비용은 훨씬 더 큰 부분으로 인위적으로 늘려, 재고의 비용을 높이고 판매 제품의 원가를 줄여 더 높은 수준의 예상 수익을 만들어낼 수 있다.

제품에 부과되는 노동 비용을 늘릴 수 있는 방법은 노동 루팅을 개조하여 작은 생산 부품들에 대한 장비의 설치 비용을 확장하는 것이다. 이것은 예상되는 실제 운영의 크기가 축소됨을 의미한다. 예를 들어, 금속 스탬핑 기계가 하나의 개별적인 부품을 찍어내는 데에 10시간이 필요하다고 한다면, 그 과정을 준비하는 비용은 제조되는 부품의 결과에 부과되게 된다. 준비 비용이 1,000달러이고, 실제 운영 기간에 생산되는 부품의 숫자가 1,000개라고 한다면, 부품당 운영 비용은 1달러가 될 것이다. 그러나 노동 루팅이 개조되어 100개로 예상되는 생산의 크기가 훨씬 작아지게 되면, 각 단위에 할당된 비용은 10달러로 올라가게 된다. 확실히 예상치의 아주 작은 변화도 비용에는 매우 큰 변화를 일으키기 때문에 부정행위를 하는 매니저에게는 이 과정이 매우 가치 있는 노력의 결과가 되기도 한다.

이 방법은 노동 루팅에서 예상되는 실제 운영의 크기를 몇 년 동안 조금씩 점차 감소시킴으로써 위장되게 할 수도 있는데, 이렇게 하면 감사자들은 비용에 있어서 갑작스러운 변화를 한번에 발견할 수가 없게 된다. 저자는 어떤 금속 부품이 2달러에서 6000달러로 갑자기 껑충 뛰어 올라간 상황을 본 적이 있다. 이것은 너무 눈에 띄는 상승이었기 때문에, 감사자들은 그것을 한 번에 발견하여 즉시 완전한 음모를 밝혀냈고, 관련 회사에게 이전 해의 노동 루팅에 근거하여 다시 재고를 보고하도록 했었다.

노동 루팅의 개조를 감지하는 가장 좋은 방법은 적절한 실제 운영의 크기에 대한 의견을 구하기 위해, 그 분야의 기술자들과 다양한 노동 루팅을 검토하는 것이다. 기술자들이 노동 루팅 변경에 관여할 수 있는 기회가 생긴다면 데이터를 검토하고 실제 운영을 관찰해주는 외부의 고문을 들여오는 것이 가장 좋은 대안이 될 것이다. 또 다른 감시 방법은 컴퓨터 시스템에 누가 노동 루팅 파일에 변경사항을 만드는지를 표시해주는 추적 입력 옵션을 가동하는 것이다.

4. 자재 명세서 구성을 변경한다

자재 명세서는 기술부와 구매부에서 사용되는 가장 신성한 문서이고, 이 두 부서에 의해 절대로 위반될 수 없는 문서로 여겨지고 있다. 그러나 부정행위를 하려는 매니저에게는 재무 결과를 왜곡하기 위해 자재 명세서를 개조할 수 있을 뿐만 아니라, 두 부서를 모두 협력시켜 변경 사항을 만들게 할 수도 있다.

재무 결과를 높이고 싶은 매니저는 자재 명세서에 가능한 모든 제품의 구성요소를 포함하고 싶을 것이다. 이것이 재고에 있는 각 품목(이미 재고에 있는 제품 포함)의 더 높은 단위당 비용을 창출하고, 더 높은 재고 가치를 만들어내기 때문이다. 이 작업의 쉬운 방법 중 하나는 모든 부속품, 고정쇠, 작업장 비품 등을 거의 관련이 없이 동떨어진 일정 제품과 연결된 명세서에 첨가하는 것이다. 이 작업을 담당하는 엔지니어링 직원들은 자기들과 가장 밀접한 꼼꼼한 상사의 부담을 느끼게 되어, 그를 만족시키기 위해 이러한 변경 작업을 하게 될 것이다. 결과적으로 부정행위를 하는 매니저는 어느 누구의 의심을 받지 않고 1% 또는 2%의 범위에서 판매 제품의 비용을 삭감시킬 수 있다.

그 변경 사항은 미미하기 때문에 대부분의 비용담당 회계사와 감사자들은 아마 그것을 눈치채지 못할 것이다. 이러한 상황을 감시하는 가장 좋은 방법은 물건이 제조되는 장소에서 나오는 월간 비용 금액을 주의 깊게 감시하는 것이다. 이 비용은 재고의 자본으로 계산되기 때문에 급격하게 감소하게 될 것이다. 또 다른 감지 기술은, 노동 루팅 파일에 누가 변경 사항을 만들었는지를 알아내는 추적 입력 옵션을 컴퓨터 시스템에 가동시키는 것이다.

부정행위 행각은 그 제한된 법칙과 명분 때문에 저지시키기가 어렵다. 최선의 방법은 비품, 부속품, 그리고 고정쇠 등의 거래와 관련된 회사 전역에 걸친 정책을 채택하여 부정행위를 범하는 매니저가 회사의 정책을 위반하기 않고서는 자재 명세서를 조작할 수 없게 하는 것이다. 좋은 예방책으로 컴퓨터화된 노동 루팅 파일로의 접근을 제한하는 방법도 있다.

물론, 제품 원가의 현저한 변화에 대한 효과를 나타내기 위해 자재 명세서를 크게 변경시킬 수도 있다. 그러나 이런 주된 변화는 즉시 막대한 양의 수거 티켓을 거쳐, 물건의 양을 많이 초과하는 자동화된 구매에 이르게 되기 때문에, 이런 식으로의 조작은 쉽게 발견 될 것이다.

5. 정상적인 폐기물의 예상을 변경한다

대부분의 자재 명세서는 제품의 생산에 사용되는 각 부품 또는 조립의 목록을 가지고 있고, 각 부품의 실사 단위, 사용 표준 수량, 그리고 생산의 과정에서 나오는 표준 폐기물의 비율 등을 포함하고 있다. 이 마지막 항목은 수익의 예상 수준을 단기적으로 높이기 위해 조작 될 수 있다.

만약 폐기물의 비율이 변경되면, 표준 원가계산 환경에서 제품의 원가가 상승한다. 왜냐하면 우리는 총 비용에 도달하기 위해 원가와 관련된 표준 폐기물 비율에 따라 각 재고 품목의 원가를 증가시키기 때문이다. 결과적으로, 판매 제품의 원가, 그리고 모든 재공품과 완제품 재고의 가치는 상승하고 결국 이것은 부정행위를 범하는 매니저에게 도움이 되지 않을 것이다. 그러나 회사가 일정 계절에만 잠깐 팔리고 거의 일 년 내내 계속해서 재고를 축적하는 계절적인 상품을 운영한다면, 나머지 대부분의 기간 동안의 낮은 비율의 매출은 수익에 있어시 큰 영향을 주지는 않을 것이기 때문에 단기적인 상여금의 수익을 내는 부정행위를 범하고자 하는 매니저는 폐기물의 비율을 높게 만들어, 몇 퍼센트 정도 재고의 가치를 상승시킬 수 있을 것이다. 결과적으로 수익의 단기 예상 수준에 있어서의 상승이 있을 것이다. 그러나 그 매니저는 재고가 다 팔리자 마자 역행하고, 또 주요 판매 계절 동안에만 발생하게 되는 "문서적 수익"을 보게 될 것이다. 결과적으로, 이 방법은 이 행위를 하는 매니저가 수익에 있어서 단기적 급등으로 보상받는 경우에만 효과가 있다. 또한 이것은 거의 전적으로 정확한 자재 명세서에 의존하는 표준 원가계산 시스템을 필요로 한다.

이 방법은 부정행위의 방법 중 가장 단기의 것이기는 하지만, 영리한 매니저는 이것을 다른 방법과 결합시켜 재고의 수준을 엄청난 수준으로 확대시킬 수 있다("부가 가치 재고의 증가" 부분 참조). 이러한 방법으로, 매니저는 매출의 수준과는 상관없이 추가의 폐기물 비율을 재고에 적용시킬 수 있다. 이것은 매니저가 향후 어떤 시점에 재고 수준과 폐기물 비율이 모든 "문서적 수익"의 역행을 발생시키면서 감소할 것에 대해 신경쓰지 않아도 되는 성과급을 받기 직전, 그리고 회사를 그만두기 직전에 특히 가치가 높은 방법이다.

하나의 스크린에 있는 폐기물의 비율 필드에 발생하는 단 하나의 변화가 모든 회사의 자재 명세서를 변화시켜 자동적이고 단계적인 파장 효과를 일으키는 제조 소프트웨어가 고안된다면 이 형태의 부정행위는 쉽게 막을 수 있을 것이다. 이것은 부정행위를 범하는 매니저가 개인적으로 접근하고 변경할 수 있는 쉬운 분야이긴 하지만, 마찬가지로 여기에 비밀번호 보호를 장착시켜 권한이 있는 몇몇 직원을 제외한 다른 이들의 접근을 거부하도록 하는 것 또한 쉽다. 자재 명세서에 있는 정보의 중요성을 고려했을 때, 부정행위의 여부에 관계없이 이 정보에 비밀번호 보호를 장착하는 것이 올바른 방법이다. 적어도 반드시 소프트웨어의 추적 변경 기능을 가동하여 모든 변경사항의 시간적인 기록이 유지되도록 한다.

6. 단가를 변경한다

우수한 컴퓨터 시스템은 구매된 품목의 정확한 단가를 입력하여 단위당 원가가 후입 선출법(LIFO), 선입 선출법(FIFO), 또는 재고에 보관된 모든 부품의 원가를 신중하게 추적해주는 다른 유사한 데이터베이스로 전달할 수 있도록 한다. 이것이 적절하게 실행되면, 시스템은 모든 재고 원가의 완벽에 가까운 수치를 나타내어, 회계 시스템을 통해 각 원가의 증거를 제공하는 공급자의 청구서로 다시 거슬러 올라갈 수 있을 것이다. 그러나 이 시스템은 두 가지의 방법으로 왜곡될 수 있다.

첫 번째 방법은 원가계산 데이터로의 접근에 성공하여 모든, 또는 선택된 재고 품목의 단위당 원가를 직접적으로 변경하는 것이다. 여기서 만들어진 변화가 1/10 퍼센트 정도로 매우 작으면, 변화가 눈에 띄지 않기 때문에 감사자는 컴퓨터의 기록된 원가와 공급자의 청구서의 원가에 왜 그렇게 작은 변화가 있었는지에 대해 굳이 밝혀내려고 하지 않을 것이다. 그러나 재고의 특정 품목의 단위가 많을 경우, 원가에 있어서 그 작은 증가의 변화는 재고의 가치에 있어서 엄청난 변경을 가져올 수 있기 때문에, 부정행위를 하는 매니저에게는 할 만한 가치가 있는 것이 된다.

이 문제를 발견하는 최선의 방법은 시스템 안에서 모든 거래를 기록하고 보고하는 회계 시스템을 사용하는 것이다. 그리고 원가계산 기록과 관련된 거래의 정기적인 추적은 누군가가 기록을 변경했다는 충분한 증거를 제공해줄 것이다. 또 하나의 방법은 고위 임원을 제외하고 모든 사람들이 원가계산 기록에 접근하는 것을 차단하는 것이다. 정상적인 환경 하에서, 어느 누구도 이 기록에 접근할 권한은 없으므로, 접근의 제한은 큰 문제가 되지 않을 것이다.

원가계산 기록을 변경하는 또 다른 방법은 공급자로부터 오는 각 배송의 화물 비용의 추가에 대한 실제 각 품목의 단위당 원가를 알림으로써 비용이 기록되는 가정을 바꾸는 것이다. 이것은 일반적으로 받아들여지는 회계 원칙(GAAP)하에서 완벽하게 수용 가능한 것이지만, 이것은 재고에 있는 각 품목의 더 높은 단가를 초래하여 판매 제품의 낮은 원가와 높은 수익의 수준을 가져오게 될 것이다. 회사가 후입 선출법 또는 선입 선출법 원가계산법을 사용한다면, 새롭고 더 높은 원가는 재고 원가의 이전 계층이 다 사용됨에 따라 점차 발생하기 때문에, 그에 대한 변화도 점차 일어나게 된다. 그러나 모든 재고 원가가 새로운 원가로 한번에 대체되는 표준 원가계산 시스템 하에서는, 부정행위를 범하는 매니저의 주목을 끌기에 충분히 큰 현저한 재고 가치의 일시적 상승이 있을 것이다.

7. 부가 가치 재고를 증가시킨다

경영대학원에서 가장 빈번하게 인용되는 원가회계 부정행위 형태 중 하나는 매니저가 현재의 부가 가치 재고량을 의도적으로 늘리는 것이다. 이것은 간접비의 훨씬 더 많은 양이 재고로 할당되는 결과를 가져오게 되어, 간접비가 비용으로 부과되는 것을 막을 수 있게 해준다.

이렇게 하기 위해, 부정행위를 범하는 매니저는 생산의 재공품 또는 완제품의 단계에 있는 각 제품에 부과된 직접 노동량을 분류시키는 재고의 복사 품을 우선 획득한다. (또는 직접 노동 이외에도, 간접비를 재고에 할당하는 데에 사용되는 다른 것도 가능). 그리고 나서 어떤 재고 품목들이 가장 높은 노동량을 가지고 있는지를 확인하는 목록을 분류한 후, 생산될 재고 품목 중에서 특별하게 많은 양의 재고를 주문하게 되는데, 이것은 주로 정상적인 운영의 과정에서 실제로 필요하게 될 양보다 훨씬 더 많은 양이 될 것이다. 회계 직원은 평상 시대로 간접비를 재고에 할당하고, 그것은 아마 재고의 직접 노동량을 요약하고, 각 직접 노동 달러에 대한 간접비의 표준 원가를 증가시켜 간접비의 월별 풀을 재고로 부과함으로써 이루어질 것이다. 예를 들어, 각 1달러인 직접 노동에 적용하기 위해 미리 조절한 간접비 할당 비율이 2.50달러이고, 직접 노동 20,000달러로 재고에 적용되는 간접비는 50,000달러가 될 것이다. 이렇게 많은 추가적인 간접비를 재고로 변환함으로써, 판매 제품으로 부과되는 것은 얼마 남지 않게 되어 더 높은 수익의 창출을 가져온다. 부정행위를 범하는 매니저는 재고가 얼마나 많이 증가했는지 다른 사람들이 인식하기 전에, 그의 성과급을 챙겨서 회사를 그만두게 될 것이다.

이것은 수익에 현저한 증가가 발생하기 전까지 재고에 대한 상당한 양의 추가적인 투자를 해야 하기 때문에, 전체적인 회사의 안정을 생각했을 때 수행하기에는 너무나 위험한 방법이다. 재고가 일 년 또는 그 이상의 가치를 가진 재고로 확대되었기 때문에 여기에 투자된 현금은 향후 얼마간 회복되지 않을 것이다. 그리고 재고량이 더 많아질수록, 재고의 일부가 구식화로 상각되거나 또는 할인된 가격으로 팔리게 될 가능성이 더 커질 것이다.

이런 형태의 부정행위를 면하는 최선의 방법은 수익의 총결산뿐만 아니라 비즈니스에 투자된 운영자본의 양에 근거하여 매니저들에게 보상을 해주는 것이다. 이러한 방법 하에서, 재고의 증가는 운영자본의 증가를 가져와 매니저에 대한 상여금이 없어지기 때문에, 이런 형태의 부정행위를 범해서 상여금을 받을 수가 없게 될 것이다.

8. 쓸모없는 재고를 무시한다

가장 잘 운영되는 회사에서조차 매년 쓸모없는 재고는 항상 상각된다. 직원들은 이미 재고에는 있지만 찾을 수 없는 부품들의 구성요소들을 무시해 버리거나 다시 구매하는 경향이 있기 때문에, 열악한 재고 추적 시스템이 가동되는 곳에서 가장 큰 양의 상각이 발생한다. 구식화는 구매 직원이 대량의 재고 구매가 단위당 원가를 줄일 것이라는 잘못된 생각을 가지고 지나치게 많은 양의 부품을 구입했을 경우 발생하게 된다. 마지막으로, 쓸모없는 재고는 엔지니어링 직원이 오래된 부품의 기존 재고를 먼저 삭감하지 않고 기존의 설계를 가지고 새로운 부품으로 바꿀 때 발생한다. 이 모든 세 가지의 문제가 회사에 존재하게 되면, 구식화로 인한 연간 상각은 엄청나게 높아질 수 있고, 이것은 총 재고 잔고의 10%에 육박할 수도 있다.

매년 잠재적인 상각을 고려해봤을 때, 많은 매니저들이 그렇게 많은 양의 쓸모없는 재고의 존재를 강력하게 부인하는 것은 놀랄 일이 아니다. 이 비용을 줄이는 그들의 방법에는 여러 가지 활동이 포함된다. 그 중 하나는 회계 직원이 각 보고 기간에 재고의 향후 상각에 대비하여 축적하는 예비금인 쓸모없는 재고 수당을 급격하게 삭감하는 것이다. 또한 그들은 창고와 회계 직원들에게 이 예비금으로 취해지는 실제 상각의 양을 중지시키거나 급격하게 삭감할 것을 강요함으로써 예비금의 많은 양을 남겨두고 향후의 비용 축적이 예비금에 추가되지 않을 것을 강력하게 주장하게 할 것이다. 그들은 또한 재고를 정리하거나 개조하여 임시의 혹은 경험이 없는 관찰자가 먼지로 덮여 있는 재고나 장기간 동안 사용되지 않은 재고를 알아채지 못하게 할 수도 있다. 저자는 재고의 먼지를 털어내는 직원을 따로 채용한 회사를 알고 있다! 마지막으로 매니저는 최근에 사용되지 않은 재고의 구성요소와 제품을 항목화하는 보고서들과 쓸모없는 재고를 판별해내는 법칙이나 가장 정확한 도구들을 없애버릴 수도 있다. 이러한 모든 활동들의 결합은 쓸모없는 재고의 상각을 현저히 줄이거나 제거할 수 있다.

매우 영리한 매니저는 이러한 변경들을 한 번에 수행하지 않고, 각 방법의 사용을 점차 늘리거나, 시차를 두고 그 방법들을 실행할 것이다. 그렇게 함으로써, 외부의 감사자들은 쓸모없는 재고 상각의 점차적인 감소만 볼 뿐, 갑작스럽거나 매우 의심스러운 하락은 보지 못하게 되기 때문에, 매니저들은 그 점차적인 감소를 재고를 관리하는 회사의 능력의 점차적인 발전의 원인으로 돌려 그것에 대한 해명을 하는 데 있어서 훨씬 더 쉬운 시간을 갖게 될 것이다. 매니저가 매우 작은 증가량으로만 쓸모없는 재고의 상각을 줄이고 있다면 이것은 특히 더 중단시키기 어려운 활동이다. 이에 대한 대처 중 하나는 선택된 재고 항목의 시간적 기록을 보여주는 보고서에 대한 외부 감사자들의 모든 특별 요청에 대해 신속하고 구체적으로 응답하는 것이다. 또 다른 방법은 오래된 재고를 판별할 수 있는 창고 직원들과 감사자들이 논의를 할 수 있도록 하는 것이다. 그러나 이런 경우, 담당 매니저에 의한 잠재적인 보복의 혹독함이 직원들이 말을 하는 것을 막게 될 수도 있다. 마지막 가능성은 감사자들이 재고 회전에 관련된 재고 상각의 추세선을 운영하도록 하는 것이다. 왜냐하면 이 비율은 매년 비교적 안정적이기 때문이다. 감사자들은 이 계산에 근거하여 가능한 구식화의 비용을 계산하고, 매니저들이 감사의 일부로서 추가적인 비용을 받아들이도록 강요할 수 있다.

9. 간접비 풀(Pool)의 구성요소를 변경한다

언제나 부정행위를 범하는 매니저의 주의를 끄는 분야 중 하나는 간접비 풀이다. 이 비용의 풀은 직접적으로 보고 기간 이내에 지출되기 보다는 재고에 할당되는 모든 간접비를 포함하고 있다. 이 목록에 포함된 지출의 양이 증가하면, 현 시기에 부과되는 비용의 일부가 감소하게 되어 그 시기 수익의 증가를 가져온다.

간접비에 부과되는 비용의 형태는 다음과 같이 비교적 일반적이다.

- 공장 장비와 설비의 감가상각
- 공장 관리 비용
- 생산 활동과 관련된 간접 노동
- 생산 활동을 지원하기 위해 지출되는 간접 자재
- 공장 유지 보수
- 생산과 관련된 임원의 급여
- 생산 직원들의 복리 후생
- 품질 관리 비용
- 모든 생산 장비와 설비의 임대
- 재가공 노동
- 생산 자산에 관련된 세금
- 생산 활동에 관련된 공과금

할당되는 이러한 비용들의 윤곽이 뚜렷하다 해도, 이 분야에서의 부정행위는 두 가지 방법으로 행해진다. 첫 번째 방법은 관련이 없는 비용을 간접비 풀로 집약되는 승인 계정으로 처리해버리는 것이다. 예를 들어, 매니저는 지급 계정 담당자에게 모든 사무실 비품에 대한 청구를 분리된 "사무실 지출"계정이 아니라 "생산 비품" 계정으로 코드화할 것을 요구할 수 있다. 또 다른 방법은 구매된 모든 고정 자산을 생산 장비 계정에 기록하여 결과적인 감가상각과 개인적 재산세를 간접비 풀에 부가시키는 것이다. 더 빈번히 발생하는 이 방법은 생산 비용 풀과 시기적 지출 사이에 할당되는 비용의 일부를 증가시키기 위한 것이다. 이것은 각 회사 임원들이 시간을 들여 조사하지 않고서는 정확하게 증명될 수 없는 매우 주관적인 방법이기 때문에 임원의 급여를 생산에 할당할 때 특히 많이 발생한다.

여기에서 언급된 활동들의 결합은 많은 간접비 풀을 발생시켜 재고량(이러한 모든 추가적인 비용이 처리되는)이 하락하지 않는 한 수익을 증가시킬 것이고, 이것은 또한 이렇게 사전에 자본화된 비용의 일부를 지출하게 되는 결과를 낳을 것이다.

이에 대한 예방은 주로 내부 또는 외부 감사자들에게 맡겨지고, 감사자들은 각 비용 풀 내의 개별 품목 라인의 크기에 대한 시간적인 추세선을 만들어, 할당된 양에 있어서의 변화의 이유에 대한 의문을 제시한다.

10. 간접비의 원칙을 변경한다

간접비를 제품에 할당할 때 가장 많이 사용되는 방법은 사전에 결정된 간접비의 양을 각 제품에 사용될 직접 노동의 각 달러로 부과하는 것이다. 이러한 방법의 직접 노동 구성요소는 훨씬 더 정교하고 정확한 활동기준 원가계산(ABC : activity-based costing) 할당 시스템의 유입에도 불구하고 수십 년간 사용되어 왔고, 지금도 가장 많이 사용되는 방법이다. 매니저가 재고의 가치를 부풀려 판매 제품의 원가를 낮추고자 한다면, 재고에 할당되는 더 많은 간접비 달러를 만드는 각기 다른 시스템을 찾아서 조사해보는 방법을 사용할 수도 있다. 매니저에게 어떤 시스템이 더 정확한지는 별로 상관이 없다. 그는 그저 재고에 가장 많은 간접비를 할당하기만을 원할 뿐이다.

이러한 형태의 부정행위는 매니저가 오래된 직접 노동 할당 시스템을 버려버릴 것을 경건하게 선언하고 회계 직원들에게 "더 정확한" 몇몇 할당 시스템을 찾도록 위임하는 것에서부터 시작된다. 회계사들은 구석에 모여, 드디어 원가계산에 신경 쓰는 매니저를 가진 것에 만족해 하면서, 몇 개의 가능한 할당 시스템들을 가지고 돌아올 것이다. 매니저는 이 모든 새로운 시스템에 많은 흥미를 내비치면서 어떤 일이 일어날지 알아보기 위해 회계사들에게 각 시스템을 기본으로 재고를 다시 평가할 것을 요청할 것이다. 이 조사가 끝나고 나면 매니저는 재고 평가의 목록을 훑어본 다음, 가장 높은 잠재적 가치를 만드는 시스템을 선택할 것이다. 그는 선택된 시스템의 이론적인 기초에 대해서는 관심이 없고, 단지 더 높은 가치를 원할 뿐이다. 이러한 형태의 원가계산 변경은 매우 효과적이고, 부정행위로조차 여겨지지 않으며 (새로운 시스템은 확실히 예전 시스템보다 비용 할당을 더 잘 할 것이기 때문에), 여기에 그렇게 많은 처리가 필요하지도 않다. 그러나 매니저가 이 할당 시스템을 가지고 그냥 무의미하게 빈둥거리기만 하고 있다면, 누군가는 이것을 경고의 신호로 받아들여야 한다. 그는 향후에 발생하게 될 원가계산 시스템을 변경할 또 다른 계획을 세우고 있을지도 모르기 때문이다.

11. 간접비를 초과 할당한다

재고에 간접비를 할당하는 정상적인 방법은 각 보고 기간의 모든 간접비를 수집하여 몇 개의 할당 방법에 근거하여 실제량을 할당하거나, 각 품목의 표준 간접비를 컴퓨터 시스템에 입력하여 보고 시기의 끝에 총 표준량을 조정하여 이 시기에 실제로 축적된 총 비용에 맞추는 것이다. 첫 번째 방법은 부정행위를 범하는 매니저가 변경하기 매우 어려운 방법이지만, 두 번째 방법은 회계 직원의 도움을 받아 조작하기 쉬운 방법이다.

표준 간접비 시스템이 사용되면(앞서 언급한 두 번째 방법), 누군가가 컴퓨터 기록에 가서 수동으로 시스템을 변경할 때까지 재고의 각 품목에 자동으로 할당되는 양은 매 시기 일정량을 유지하게 된다. 부정행위를 범하는 매니저는 이 표준량을 각 시기의 실제 간접비에 맞추기 위해 변경할 필요가 없다는 것을 관리인을 납득시켜 이 시스템을 이용할 수 있다. 연말 보고시기에 한 번 변경하는 것으로도 충분하다. 매니저는 부과되는 표준 간접비의 비율을 올려 재고의 가치에 급격한 상승효과를 일으킴으로써 연말까지 훌륭한 예상 수익을 보일 수 있게 된다. 연말이 되면 감사자들이 간접비 할당의 타당성을 확실히 검토한다는 것을 아는 매니저는 회계 직원과 협력하여 실제 비용을 다른 계정으로부터 간접비 계정으로 전환해 실제 간접비가 늘어난 것처럼 보이게 함으로써, 각 제품에 부과된 표준 간접비의 증가를 정당화할 수 있다.

이런 종류의 부정행위는 부정행위를 범하는 매니저와 회계 직원들 사이에 공모가 있어야 한다는 점과, 더 많은 사람이 관여할수록 비밀이 새나갈 확률이 더 커진다는 점에서 실패할 확률이 높다. 또한 철저한 감사원은 간접비를 수집하는 다양한 계정에서의 매년의 변화를 신중하게 조사하고, 매년 비용에 큰 변화가 발생한 계정들을 철저히 살펴봄으로써 이런 형태의 부정행위를 쉽게 찾아낼 수 있다.

12. 비생산 부서에서의 비용 할당을 변경시킨다

만일 회사가 전통적인 비용 할당 방법을 사용한다면, 모든 간접비는 생산 활동으로 위임되게 되는데, 이는 비용 일부는 재고로 부과되고 또 다른 일부는 판매 제품으로 들어가는 것을 의미한다. 부정행위를 범하는 매니저는 이 시스템을 변경하는 데에만 집중해 가능한 한 많은 비용을 재고에 할당함으로써 판매 제품의 원가를 낮출 수 있으므로, 이것은 그에게는 이상적인 방법이 된다. 그러나 그 비용 할당 시스템이 다른 부서에도 비용을 할당하는 좀 더 정교한 시스템이라면 그 비용들은 직접적으로 지출에 부과되어 재고에 얼마 안 되는 비용을 할당하게 된다. 예를 들어, 회사가 회사 내에 다른 부서에 서비스를 제공하는(컴퓨터 부서와 같은) 하나 또는 그 이상의 서비스 부서를 회사 내에 가지고 있다면, 합리적인 할당 방법은 모든 부서가 서비스의 사용을 확인하고 그에 따라서 비용을 할당하는 것이다. 그렇게 함으로써, 얼마의 비용은 총무 부서로 부과되어, 그 부서의 비용은 보고 기간에 속해 있는 지출로 직접적으로 부과될 것이다.

만약 부정행위를 범하는 매니저가 간접비로 자본화시킬 비용을 찾고 있다면, 그러한 정교한 간접비 할당 시스템은 개조의 목표물이 될 것이다. 이런 매니저에게 가장 쉬운 접근 방법은 모든 비용을 생산 활동으로 처리하는 전통적인 할당 시스템으로의 전환을 지시하는 것이다. 이러한 직접적인 전환이 불가능하다면, 매니저는 할당 시스템의 변경을 시도하여 더 높은 서비스 비용 일부가 생산으로 할당되도록 할 수 있다.

가장 좋은 대책은 매니저의 변경이 예상 수익에 미치는 영향과, 이 새로운 할당 시스템이 어떻게 비용을 왜곡하고 있는지를 뚜렷하게 보여 주는 보고서를 작성하는 것이다. 이 정보는 지휘 체계의 관리자 또는 자금 관리 이사에게 보내져야 하고, 그들은 이 정보를 사용하여 부정행위를 저지른 매니저를 다루게 될 것이다.

13. 재고 가치 평가 방법을 변경한다

모든 재고는 후입 선출법 또는 선입 선출법과 같은 몇몇 기본적인 평가 방법을 이용하여 평가된다. 이 평가 방법들은 시설을 통하는 예상된 재고의 흐름에 근거를 두고 있다. 예를 들어, 당신이 선반에 재고 보관을 할 경우, 당신이 선반 위로 처음 옮기는 재고가 그 앞에 오는 다른 모든 재고들이 사용될 때까지 있게 될 뒤쪽에 위치하게 된다. 이런 가정하에 가장 나중에 들어오는 재고는(선반에 앞에) 가장 먼저 사용될 재고이다(바이어 또는 출고자는 항상 앞에 있는 선반의 재고를 먼저 가져가게 된다). 이런 가정이 후입 선출법(LIFO)이라고 불리고, 이 반대의 가정은 선입 선출법(FIFO)으로 적용된다.

어떤 평가 방법이 사용되든지(다른 효과적인 방법들도 있다.), 재고의 평가에는 각각 다른 영향이 미친다. 예를 들어, 몇 년에 걸친 큰 인플레이션이 있을 경우, 선반의 뒤쪽에 보관된 재고들은 가장 오래된 재고일 것이고, 또한 최신의 것보다 더 낮은 원가를 가지고 있으므로, 선반에 앞쪽에 가까운 재고들이 더 비싸다. 회사가 현재 LIFO 방법을 사용하고 있고, 매니저가 재고의 원가를 높이고 싶다면, 평가 방법을 FIFO 법으로 전환하면 된다. 우리의 예에서, 이것은 가장 오래되고 가장 저렴한 재고 품목을 먼저 다 사용해 버리고, 더 높아진 최신의 원가를 재고에 위임할 것이다. 따라서 평가 방법을 전환하면 재고를 전혀 이동하지 않고서도 재고의 가치를 높이거나 낮출 수 있다.

재고평가 방법을 전환하는 것은 매우 합리적이고, 재고를 통한 비용의 실제 이동을 더 잘 반영해 줄 것이다. 그러나 이런 전환은 GAAT 하에서는 실망적일 수도 있고, 또한 재무제표의 공개를 요구하여 그 표를 보는 사람들이 변경사항의 영향을 뚜렷하게 볼 수 있도록 한다. 그럼에도 이러한 전환이 예상 성과의 수준을 향상시킬 수 있다면, 매니저는 이 방법을 시도할 것이다. 만일 회계 직원이 이 전환을 꺼려할 경우, 이것은 외부의 감사자들에게 알려질 것이고, 그들은 실제 비용의 흐름이 정확하게 제시된 변경사항을 반영하고 있는지를 확인할 수 있다. 그리고 이러한 전환이 재무제표의 혼돈을 일으킬 것이라고 생삭뇌년, 새무세표에 대한 의견 제시를 거부할 것이다.

14. 인도 지연 거래를 통한 판매를 기록한다

매니저가 제품을 판매하는 데에 어려움을 겪고 있을 경우, 현명한 대안은 고객들이 많이 할인된 금액으로 제품을 자주 구매할 수 있으면서도 직접 제품을 배송할 필요가 없는, 그리고 몇 달이 걸리든지 간에 제품이 배송될 때까지 제품에 대한 지급을 할 필요도 없는 제도를 도입하는 것이다. 이 제품들은 배송되는 기본적인 회계 테스트를 만족시키지 않기 때문에, 감사자들은 매우 세부적으로 이 거래들을 조사할 것이고, 고객에게 이것이 합법적이고 번복할 수 없는 판매임을 확인하는 문서를 요구할 것이다.

이러한 "인도 지연" 거래는 법적으로 위반 행위는 아니지만, 회사는 과잉 제품을 유통 경로에 꽉 채워 넣고, 어느 정도 그 중 일부는 회사의 설비로 역류하는 결말을 가져올 것이다. 가까운 시일의 일정 시점에서, 인도 지연 거래를 통해 기록된 많은 판매가 있게 될 것이고, 고객들은 그들의 대량의 인도 지연 재고를 다 내보낼 때까지 추가적인 제품의 구매를 더 이상 필요로 하지 않을 것이다. 이런 시기가 다가오면, 매출은 추락하여 큰 손실을 가져오게 된다. 부정행위를 범하는 매니저는 최대한의 범위로까지 인도 지연 거래를 쌓기 위해 노력할 것이고, 본인의 성과를 근본으로 하는 상여금을 모아 매출이 갑자기 하락하기 직전에 회사를 떠날 것이다.

외부의 감사자를 만족시키기 위해서는 합당한 양의 문서가 수반되어야 하므로 이것을 감지하는 것은 그리 어렵지는 않다. 이런 행위를 저지하는 가장 좋은 방법은 회사가 법적으로 고객에게 소유된 재고에 투자를 했지만, 고객이 제품을 인수할 때까지 지급을 하지 않기 때문에 운영 자본의 조건이 지나치게 확장되었다는 것을 고위 임원들에게 지적해 주는 것이다.

15. 분할 지급에 대한 특정 작업에 비용을 발생시킨다

회사가 원가 가산법으로 고객에게 청구를 할 경우, 작업 번호를 통해 비용을 수집하고 작업에 축적된 비용의 총액에 근거하여 고객에게 청구를 한다. 각 청구되는 작업에 대한 비용을 늘리기 위해, 부정행위를 범하는 매니저는 아직 일어나지 않은(어쩌면 아예 일어나지 않을 수도 있는) 작업에 축적된 비용을 부과할 수 있다. 고객이 그들이 지급한 것을 확인하기 위해 작업 계정의 내용을 면밀히 검토하지 않는다면, 이러한 비용의 증가분이 성공적으로 고객들에게 부과될 것이다. 문제는 축적된 지출에 대한 어떠한 근거도 없다는 것이다. 그것은 모두 위조된 것이다.

일단 고객에게 청구되고 나면, 그 작업은 회계 시스템에서 종료되어, 그 계정으로 오고 가는 거래가 더 이상 이루어지지 않게 된다. 부정행위를 범하는 매니저는 그 작업이 종료될 때까지 기다렸다가 다른 일부 계정에 축적된 양을 전환할 수 있다. 앞서 말했듯이 컴퓨터 시스템은 그 작업에 대해 더 이상의 거래를 허용하지 않기 때문이다(이것은 그 계정에 축적된 지출을 동결시킨다). 이 방법은 작업 계정에 영구적으로 취소될 수 없는 축적을 남겨 놓기 때문에, 이것을 감지하는 것은 전혀 어렵지가 않다. 하지만, 비교적 적은 양의 축적이 보관되었다면, 이것은 주로 크기가 큰 거래만을 감사를 기본으로 하는 담당자의 눈을 피할 수 있게 될 것이다. 이 방법은 거대한 거래들의 바다에서 크지 않은 하나의 축적이 눈에 띄지 않는 규모가 큰 작업 계정에 특히 효과적이다.

이것은 감지하기 어려운 상황이지만, 그래도 최선의 방법은 모든 작업 계정에서 취소되지 않는 축적을 찾아내는 것이다. 또한 자신의 작업 계정의 비용을 검토하는 고객들은 이러한 부정행위의 확장을 찾아내는 실마리가 될 수 있는 불만사항을 제기하여야 한다.

16. 특정 작업에 추가의 비용을 할당한다.

일부 회사들은 그들의 고객, 특히 정부기관과 시간-자재 또는 원가 가산법 프로젝트를 도입하여 일정 비용이 고객을 거쳐가도록 한다. 그러나 이 계약은 넓은 범위의 관련 없는 비용을 결국 고객에게 부과하는 작업 기록의 입력을 막도록 하는 규정을 가지고 있다. 이 규정들은 다양한 형태의 간접비가 고객에게 부과되는 것을 전형적으로 방지해 준다. 많은 경우에, 이러한 간접비는 어떤 고객에게도 부과될 수 없고, 지출로 상각되어 회사에 흡수될 것이다.

원가회계 시스템의 의도적인 왜곡은 고객에 대한 더 큰 부과와 그 청구서들이 지급되었을 때의 더 많은 현금의 결과를 가져오기 때문에 부정행위를 범하는 매니저들에게 이것은 수익이 풍부한 상황이 될 것이다. 여기서 취해질 수 있는 일반적인 조치는 어떤 지출이 특정 작업에 부과되는지에 관한 규정을 변경하여 청구되지 않는 간접비 계정에 더 적은 지출을 할당하는 것이다. 이러한 부정행위는 일반적으로 두 가지의 단계에서 일어나는데, 그 중 하나는 고객이 그의 계정에 있어서의 변화를 알아채는지를 확인하기 위해 비용 할당에 있어서 몇 개의 작은 변화를 만들어 보는 것이다. 그것을 알아채는 고객은 조사를 위해 감사팀을 내보낼 것이고, 매니저는 오류가 있었다고 시인하면서 고객이 원하는 대로 계정을 수정해주면 된다. 그러나 고객이 아무런 반응을 보이지 않는다면, 다음 활동은 특정 고객의 계정에 좀 더 노골적인 추가 비용을 할당하는 것이다. 두 번째 단계는 첫 번째 단계보다 더 목적이 뚜렷해진다. 왜냐하면 매니저는 첫 번째 계정의 증가에 대해 적극적으로 반응했던 일부 고객들의 계정을 피하는 방법을 알게 되었기 때문에, 대량의 추가 비용을 반응을 보이지 않았던 고객들의 계정으로 처리할 것이다. 이 방법은 주로 계정의 엄청난 증가를 만들어내기는 하지만, 결국 고객들은 무슨 일이 일어났는지를 알아내 보상을 요구하는 소송을 제기하여, 회사는 결국 손해 배상은 물론이고 공공연한 망신을 당하게 될 것이다.

이에 대한 최선의 예방책은 내부 감사팀으로 하여금 다양한 비용이 부과되는 특정 작업을 중심으로 하는 반복적인 검토를 계획하게 하고, 결과 보고서를 (문제를 발견하였을 때 강력한 조치를 취할 수 있는) 이사회의 일부 회원을 포함해야 하는 감사 위원회로 곧바로 다시 보내게 하는 것이다.

17. 기간 말 결산일을 변경한다

지금까지 원가회계 부정행위의 가장 흔한 형태는 제품이 운송되는 날짜의 변경이다. 많은 기업의 매니저들은 지난달의 같은 시기만큼의 제품을 운송하여 가능한 최고의 매출을 만들어야 하는 것에 대해 심한 압력을 받고, 지난달의 선적과 마찬가지로 다음 달의 첫째 날, 또는 둘째 날에 실제로 나가게 될 선적 사항을 반복적으로 기록해야 할

필요성을 느낄 것이다. 이것은 회사가 제3의 운반업체를 사용한다면
감지하기 쉬운 부정행위다. 왜냐하면 내부 문서에 나와 있는 것과는
전혀 상관없이 이 업체의 모든 선적 문서가 다음 달에 생기는 선적을
확실하게 나타내주기 때문이다. 이러한 문제는 매우 자주 일어나기
때문에 감사자는 모든 감사의 핵심 부분의 결산을 검토해야 한다.

그러나 회사가 회사 소유의 선박이나 트럭을 소유하고 있고, 다음
번 선적이 지난달에 실제로 보내진 것처럼 보이게 하기 위해 선하 증
권과 선적 기록을 변경하면 이러한 부정행위를 추적하는 일은 다소
어려워진다. 이러한 경우의 부정행위를 감지할 수 있는 방법들은 다
음과 같다.

- **재무제표를 빨리 작성한다.** 만약 재무제표를 가능한 빨리 완성해야
  만 하는 매우 엄격한 정책이 강화되고 있다면, 관리자는 다음 달의
  첫째 날의 처음 몇 시간 안에 모든 청구서를 완성해야 한다. 이것은
  근무 태만으로 인해 조금이라도 늦어지는 선적은 다음 달에 기록
  되어야 함을 의미한다. 이 방법은 결산이 보고 기간 말에 단지 몇
  시간이라도 늘어나는 시간을 제한하기 위한 것이다.

- **운전자의 기록을 선적 문서와 비교한다.** 모든 업무의 운전자들은
  반드시 매일매일의 세부적인 기록을 해두어야 한다. 그들이 최신
  일지를 가지고 있지 않은 것이 발견되면 면허가 정지되거나 취소
  될 수도 있으므로, 기록은 매우 잘 유지되어야 한다. 기록에 나와
  있는 운전 활동을 그들이 무엇을 운송하고 있는지를 나타내는 선
  적 문서와 비교함으로써, 시간적인 차이를 감지할 수 있다.

- **반입 부두에 감사자를 보낸다.** 선적 장소에 독립적인 목격자가 있
  을 경우, 결산 문제가 발생하는 확률이 낮아진다. 그러나 목격자는

날짜가 변경되지 않았는지를 확실히 하기 위해 회계부서로 가게 되는 모든 선적 문서상의 날짜를 반드시 잘 살펴보아야 한다.

- **인수자와 함께 선적을 확인한다.** 고객과 접촉하여 회사로부터 언제 물건을 받았는지를 물어보는 것은 고객이 회사가 약속한 배송 날짜에 물건을 수령하는 데 있어 지연을 경험했는지를 말해주게 된다. 그러나 이런 확인 절차는 시간이 오래 걸리고 국제적인 결산 부정행위가 존재한다는 강력한 의심이 있지 않고서는 잘 사용되지 않는다.

결산과 관련된 부정행위의 가장 큰 문제는 회사의 전체 경영진은 모두 더 높아진 재무 성과 보고로 인한 재정적인 수익을 지지하기 때문에, 이 문제에 대해 매우 잘 알고는 있으면서도 이것을 간과하는 쪽을 택한다는 것이다.

18. 백플러싱 조정을 미룬다

대부분의 회사는 창고에서 나가거나 창고로 들어오는 제품을 취소하기 위해 피킹 시스템을 사용하는데, 이것은 추적하기 쉬운 특정 재고의 출고 또는 수령을 발생시킨다. 그러나 백플러싱은 이런 방식을 취하지 않는다. 백플러싱 방법에서는 생산 직원이 생산 제품의 총 숫자를 보고하면, 이것이 제조 컴퓨터에 입력되어 각 품목의 관련 자재 명세서에 따라 생산 총액을 증가시키게 되는데, 이 과정은 사용되었어야 하는 각 구성요소의 총액을 발생시키게 되어 결국 컴퓨터는 이 것을 재고 기록에서 공제시킨다. 감사자는 우선 생산되는 양을 확인하고 각 생산 품목의 자재 명세서를 찾아내어 재고에서 취소되어야 했던 구성요소의 양을 수동으로 계산한 다음, 그 양이 실제 취소되었는지를 알기 위해 백플러싱 거래를 조사해야 한다. 때문에 이 방법은 기술적으로 우수하기는 하지만 시스템을 통해 추적하기가 쉽지가 않다. 이것은 경험 많은 감사자만이 적절하게 다룰 수 있는 지루하고 오류의 확률이 매우 높은 절차이다.

이러한 정보를 추적하는 것이 얼마나 어려운지 알고 있는 부정행위를 범하는 매니저는 보고 기간 말에 단순히 백플러싱 과정을 지연시켜서 재고가 그것에 의해 다음 번 보고 기간의 첫째 날까지 삭감되지 않도록 할 수 있다. 이것은 보고 기간에 대해 지나치게 부풀어진 재고를 발생시켜, 상여금을 받기 위해 월별 또는 분기별 수익 성과를 필요로 하는 매니저에게는 매우 가치 있는 일이 된다. 일단 상여금이 지급되고 나면, 매니저는 정상적인 시기에 다음번 백플러싱 거래를 발생시킬 것이고, 지난달에 발생했어야 하는 백플러싱이 다음 달 재고에 부과되었기 때문에, 다음 달에 줄어든 수익을 가져올 것이다.

부정행위를 하는 매니저는 백플러싱 거래의 운영을 계획하는 일괄적인 절차 파일에 접근하는 방법만 알면 되기 때문에 이것은 대단히 범하기 쉬운 부정행위다. 이 파일에 접근하고 그 단일 거래를 중지한다고 해서 그 문제를 알아채는 사람은 없을 것이다. 거래가 곧 다시 가동될 때까지 어느 누구도 재고 기록이 실제 재고보다 다소 높은 수량을 나타내는 것을 인식하지 못할 것이다.

지연된 백플러싱을 발견하는 가장 좋은 방법은 정확한 보고 시기에 부과되는 조정과 함께, 과잉의 장부 장고가 발견되고 수정되는 보고 기간의 말에 재고 실사를 실시하는 것이다. 그러나 대부분의 회사들이 재고 실사를 매달 시행하지 않고 있다. 또한 영리한 매니저는 기간 말 조금 전 또는 후에 잔고를 검증하기 위해 roll-back 또는 roll-forward 실사법을 사용하여 감사자들에게 재고 실사를 하도록 하고 있다. 이 실사는 작은 수량으로도 틀리게 되므로 매니저가 백플러싱을 지연하고 수익의 예상 수준에 작은 변경을 만들 수 있는 충분한 여지를 제공한다.

19. 고객 소유 재고의 원가를 기록한다

고객이 제품 생산 시 사용되는 부품을 회사에 제공하게 되면, 이 재고는 회사 소유의 재고와 섞일 가능성이 커져 회사의 잘못된 재고 평가의 증가를 가져온다. 이것은 회사가 자사 소유의 같은 부품을 유지하고 있을 때 가장 빈번하게 발생하게 되고 이것은 부정행위의 목적과는 상관없이 뒤섞여 버리게 된다.

비용이 고객 소유의 재고에 할당되지 않도록 할 수 있는 좋은 방법은 구매 직원에 의해 제로코스트(zero cost)로 사전에 처리된 구매 주문서 없이는 어떤 품목도 창고로 들어오지 못하게 하는 규칙을 엄격하게 강화하는 것이다. 고객이 구매 주문서의 승인 없이 본인의 재고를 회사에 보내는 경우, 그것은 받아들여지지 않을 것이다.

또한 일단 재고가 수령되면, 주기 실사 담당자는 이 부품들에 비용이 할당되지 않았다는 것을 확인한 다음, 이 부품들에 대한 비용을 만들어 낼 것이다. 이러한 일이 일어나는 것을 막기 위해, 창고의 각각 다른 곳에서 물리적으로 물건을 분리하고, 전체 창고 직원이 그 부분에 무엇이 위치하고 있는가를 확실히 해야 한다. 또한 내부 감사팀은 지정된 보관 장소의 주기 실사 보고서를 정기적으로 운영하여 그 안의 어떤 품목이 비용을 할당 받았는지에 대해 확인해 볼 수 있다.

누군가가 의도적으로 고객 소유의 재고 원가를 기록하려는 상황에서, 이러한 예방적 방법들은 구매부서, 창고 및 내부 감사팀 직원들에게 부정행위를 완료하고 가능성을 줄이기 위한 공모를 요청하게 될 것이다.

20. 재고를 훔친다

부정행위와 재고라는 단어와 관련해서 생각해 봤을 때, 우리가 가장 많이 떠올리게 되는 단어는 단순하게 재고를 훔치는 것일 것이다.

그렇지만, 이것은 방지하기 가장 쉬운 방법 중 하나이고 또한 본 장에서 이미 언급한 많은 다른 부정행위들과 비교해 봤을 때, 재무제표에 매우 적은 영향을 미치는 방법이다. 또한 이것은 경영진과 연루될 가능성이 가장 작기 때문에, 다수의 사람이 재고의 제거를 위해 공모해야 하는 압력을 참아내야 할 필요가 없다. 고려해야 할 몇 가지 방지법은 다음과 같다.

- **창고를 차단한다.** 접근 제한이 없는 회사의 창고는 원하는 것은 다 가져갈 수 있는, 가격이 없는 상점과 마찬가지다. 이런 문제를 피하기 위해, 창고에 울타리를 치고 정문을 차단하며 권한을 가진 직원만이 창고에 접근하도록 허락한다. 또한 창고 직원이 퇴근을 한 뒤에는 창고에 누구도 접근할 수 없음을 확실히 하여, 울타리를 넘거나 하는 다른 수단을 이용하여 창고에 들어오는 일이 없도록 해야 한다.

- **부두에서 수령하는 양을 확인한다.** 운송 담당자와 수령 담당자는 주문된 총액보다 적은 배송을 하고 회사의 컴퓨터에는 완전한 수령의 영수를 기록하는 공모를 할 가능성이 있고, 이럴 경우, 이 두 당사자는 훔친 재고의 최종 판매로부터의 차액을 나눠 갖게 된다. 이러한 문제를 방지하기 위해, 모든 수령된 품목이 수령 시점에서의 구매 주문서의 총액과 비교할 것을 요구하고, 내부 감사자가 예고 없이 방문하여 이 정보를 검증하도록 한다. 그럼에도 불구하고, 이것은 막기 매우 어려운 도난의 형태이다.

- **가치가 높은 부속품과 고정쇠는 창고에 보관한다.** 창고 직원들의 수거와 계산의 작업을 줄이기 위해, 창고에서 부속품과 고정쇠를 제거하고 그것들을 생산 장소에 보관하는 실무가 점점 늘어나고

있다. 하지만 생산 직원들은 일부의 고가 품목들을 집으로 가져가 버릴 가능성이 있다. 이런 일이 일어나는 것을 방지하기 위해, 저가의 품목만을 생산 장소로 옮겨서 도난이 큰 영향을 가져오지 않게 하는 방법이 있다.

- **추가 재고 요청을 조사한다.** 창고 직원은 보통 자재 명세서에서 발행된 수거 목록에 근거하여 생산 부서를 위해 출고를 한다. 생산 직원이 추가적인 부품이나 부정확한 자재 명세서를 요청할 경우, 부품은 생산 장소에서 처분되거나 직원이 부품을 집으로 가져갈 수도 있다. 이 둘 중에 어떤 경우가 발생했는지는 이에 대한 신속한 조사를 통해 밝혀질 것이다. 또한 각 직원들이 추가로 요청된 부품에 서명을 하도록 하여 누가 그것을 가져갔는지에 대한 기록을 남기도록 한다.

05 재고 실사와 내부 보고서

1. 개요

본 장은 새로운 제품 설계, 컴퓨터 파일, 수령, 운반, 생산, 피킹, 출하, 그리고 재고 보관 등의 연속적인 순서에 있어서의 변화를 추적하기 위해서 선택적으로 사용되는 재고와 관련된 32개의 실사를 포함하고 있다.

모든 32개의 실사를 사용해야 한다는 의무감은 버리자. 대신에 재고 과정의 흐름에 있어서 가장 중요한 부품을 추적하는 데에 필요한 실사만을 사용하도록 한다. 너무 많은 실사는 정보의 과잉을 가져오고, 계산을 해야 하는 지나친 노력을 요구한다. 소개되는 순서대로 다음의 표에 언급된 실사를 참고한다.

5-2 새로운 제품에 사용되는 새로운 부품의 비율

5-3 새로운 제품에 재사용되는 기존 부품의 비율

5-4 자재 명세서의 정확성

5-5 품목 마스터 파일의 정확성

5-6 적시의 부품 배송 비율

5-7 정확한 수량으로 들어오는 구성요소의 수량 비율

덧붙여, 본 장은 재고 태그, 재고 사인아웃(sign-out)과 반품 양식, 주기 실사 보고서, 그리고 재고 정확성 보고서를 포함하는 재고 기능과 관련된 3가지 형태의 7가지 보고서를 포함하고 있다. 관리자는 회계에 이 다양한 실사들을 통합하는 것과 회사의 재고 시스템 추적에 대해 고려해야 한다.

2. 새로운 제품에 사용되는 새로운 부품의 비율

회사의 물류 직원들에게 있어서 계속되는 문제 중 하나는 새로운 각 제품에 대해 기술 부서에서 지정하는 새로운 부품들의 양이다. 이것은 추적해야 할 불균형적인 부품의 양을 만들 수 있고, 추가적인 구매 비용과 자재 처리 비용을 수반한다. 전체 회사를 위해 비용을 절약하려는 관점에서 봤을 때, 엔지니어링 직원들에게 기존의 제품들과 구성요소를 공유하는 제품을 설계하도록 권장하는 것이 이치에 맞는 것이다. 이 방법은 구매와 자재를 처리하는 직원의 기존 업무 부담에 새로운 제품이 부가되는 또 다른 부담을 덜어 주고, 새로운 부품의 재고에 대한 투자를 막는 추가적인 장점을 가지고 있다. 이러한 이유로, 새로운 제품에 사용되는 새로운 부품의 비율은 성과를 실사하는 데에 있어서 매우 훌륭한 선택이다.

자재 명세서에 있는 새로운 부품의 수량을 자재 명세서에 있는 총 수량으로 나누도록 한다. 많은 회사들이 부속품과 고정쇠를 자재 명세서에 포함하지 않을 것인데, 그 이유는 회사들은 항상 이 품목들의 많은 양을 유지하고 있고 현재의 지출에서 그것들을 상각시키기 때문이다. 그렇게 되면, 계산에 포함되는 부품의 수는 크게 하락하게 되어 실사를 훨씬 쉽게 완료할 수 있도록 해준다. 공식은 다음과 같다.

$$\frac{\text{자재 명세서에 있는 새로운 부품의 수량}}{\text{자재 명세서에 있는 부품의 총 수량}}$$

기술자들은 기존의 구성요소를 교체하는 보다 현실적이고 또는 보다 저렴한 부품을 발견하는 것이 오히려 성장을 방해한다면서 이 실사의 사용에 대해 현장에서 서로 논쟁을 벌일 수도 있다. 이 조치가 수익적인 활동을 저해하는 역할을 할 수도 있지만, 실사 시스템은 제품 원가의 장기적인 감소 또는 품질 수준의 증가에 초점을 맞춤으로써 이러한 문제를 피할 수 있다. 이 실사들의 결합은 기술 부서가 가장 적절한 설계의 개시에 초점을 맞추기 위한 효과적인 방법이 될 것이다.

3. 새로운 제품에 재사용되는 기존 부품의 비율

이전의 실사와 반대되는 개념이 새로운 제품에 사용되는 기존 부품의 비율을 결정해줄 수 있다. 그러나 이 공식이 보여주듯이, 이 실사는 반대의 실사와는 약간 차이가 있다. 회사가 모든 기존 부품의 부분 집합인 새로운 제품의 설계에 사용될 부품의 승인된 목록을 수집하고 나서 이 공식을 사용한다. 새로운 제품의 승인된 부품 목록의 사용에 집중함으로써, 회사는 고품질의 저가 구성요소를 그 제품에 끼워 넣을 수 있다.

새로운 제품의 자재 명세서에 있는 승인된 부품의 수량을 명세서에 있는 부품의 총 수량으로 나눈다. 만약 승인된 구성요소의 목록이 없다면, 유일한 대안은 모든 기존의 구성요소에서부터 더 높은 비율을 가져오게 될 분자의 품목을 선택하는 것이다. 공식은 다음과 같다.

$$\frac{\text{자재 명세서에 있는 승인된 부품의 수량}}{\text{자재 명세서에 있는 부품의 총 수량}}$$

복잡한 제품은 개별적인 구성요소보다는 하나 이상의 하위 부품을 포함하기 때문에, 선택된 하위 부품이 승인된 부품 목록에 있는지를 확인해야 한다. 그렇지 않으면, 하위 부품은 이 실사의 목적에 따라 거부될 것이다.

4. 자재 명세서의 정확성

기술 부서는 설계되는 각 제품의 자재 명세서의 발행에 대한 책임을 지고 있다. 자재 명세서는 어떤 제품을 만드는 데에 어떤 구성요소가 필요한지, 그리고 각 부품에 요구되는 수량은 얼마큼인지에 대해 정확하게 명기해야 한다. 물류 직원들은 제조 과정이 시작되는 시점에서 정확한 부품이 사용 가능한지를 확인하기 위해 이 정보를 사용한다. 이 실사에는 빼먹은 부품에 의한 생산 중단을 최소화하기 위하여 최소 98%의 정확성이 요구된다.

실사 계산을 위해서는 자재 명세서에 열거된 정확한 부품의 수량(정확한 부품 번호, 실사 단위, 그리고 수량으로 정의된)을 자재 명세서에 열거된 부품의 총 수량으로 나눈다. 공식은 다음과 같다.

$$\frac{\textit{자재 명세서에 열거된 정확한 부품의 수량}}{\textit{자재 명세서에 열거된 부품의 총 수량}}$$

받아들여지는 정확성의 최소 비율은 98%이지만, 이것은 생산 절차가 순조롭게 진행되고 있는 것을 확인하기 위한 100%의 정확성 수준이 요구되는 분야이다. 결과적으로, 이 실사에는 엄청나게 신중한 주의를 기울여야 한다.

자재 명세서를 내보내는 시점 또한 하나의 문제가 된다. 만약 엔지니어링 직원이 적절한 명세서를 늦게 발행한다면, 물류 그룹은 생산

과정의 착수를 위해 정확한 부품을 적시에 들여오기 위해 무질서하게 뒤엉키게 될 것이다. 자재 명세서의 정확성뿐만 아니라 그 발행의 시점을 실사하는 것은 엔지니어링 직원들의 주의를 이곳으로 집중시킴으로써 위와 같은 문제의 발생을 막을 수 있게 해준다.

5. 품목 마스터 파일의 정확성

품목의 마스터 파일은 실사 단위와 체적과 같은 각 재고 품목에 대한 모든 정의적인 정보를 포함하고 있다. 이 정보는 반드시 정확해야 한다. 그렇지 않으면, 일부 하위의 자재 계획 기능들이 부정확한 결과를 일으킬 수 있다. 결과적으로 이 파일에 대한 정기적인 감사를 실시하고, 경영진에게 그 정확성에 대해 보고하는 것이 필요하다.

품목 마스터 파일을 계산하기 위해서는 모든 품목 마스터 기록의 무작위 샘플들의 감사를 실시하여 선택된 집단의 각 필드를 검증해야 한다. 그리고 나서 100% 정확한 정보를 가지는 기록의 총 수량을 시험된 기록의 총 수량으로 나눈다. 공식은 다음과 같다.

$$\frac{100\% \text{ 정확한 정보를 가진 검토된 기록의 총 수량}}{\text{시험된 기록의 총 수량}}$$

이에 대한 대안은 기록 내의 정확한 필드의 총 수량을 검토된 필드의 총 수량으로 나누는 것이다. 그러나 각 기록 내에는 많은 필드가 있고, 대부분 거의 정확하기 때문에 이것은 매우 높은 정확성을 이끌어낼 것이다. 이 실사를 사용하는 핵심은 문제가 있는 곳을 강조하기 위함이기 때문에, 이 계산은 필드보다는 검토된 기록을 기초로 하여, 더 낮은 정확성의 비율은 경영진에 의한 조정 조치로서 이루어지게 하는 것이 가장 좋은 방법이다.

6. 적시의 부품 배송 비율

공급자의 등급을 매기는 핵심 성과실사 중 하나는 주문한 부품을 적시에 배송하는 공급자의 능력이다. 왜냐하면 지체된 배송은 생산 라인의 중단을 가져오기 때문이다. 게다가, 항상 적시에 배송을 하는 장기간의 능력은 회사의 안전재고 수준을 줄이는 능력을 갖게 하여 잠재적인 부품의 부족 현상을 막아주고, 이것은 운전 자본 조건에 있어서의 뚜렷한 감소를 가져다 준다. 실제 도착 날짜에서 요청된 도착 날짜를 빼도록 한다. 많은 배송을 포함하는 실사를 개발하고 싶다면, 모든 배송에 대한 이러한 비교를 집약하여 평균을 낸 다음, 이것을 총 배송 수량으로 나누면 된다. 또한 주문이 요청한 날짜 전에 도착하면, 발생하는 마이너스의 수량은 실사의 목적을 위해 0으로 전환되어야 한다. 그렇지 않으면, 그것은 지체된 배송을 차감하게 되고 회사에는 빠른 배송에 대한 수익이 없을 것이다. 회사는 이렇게 기대보다 빨리 도착한 배송에 대해 지급을 해야 하기 때문에, 그 배송들은 마이너스 부호를 없애버리고 플러스의 차액으로 처리가 되고 만다. 빠른 배송을 하지 않는 것에 대한 중요성을 회사가 어떻게 판단하느냐에 따라 이 차이의 가능성 여부가 생긴다.

(실제 도착 날짜) - (요청한 도착 날짜)

이것은 우수한 실사긴 하지만, 배송되는 제품의 품질이나 원가와 같은 공급자의 성능에 대한 핵심 측면에 대해서는 언급하고 있지 않다. 이 추가적인 능력은 적시의 배송률과 함께 다뤄지거나 각 공급자의 전체적인 등급 점수와 결합되어 실사될 것이다.

7. 정확한 수량으로 들어오는 구성요소의 수량 비율

주문한 양에 비해 수령된 제품의 양이 너무 적다면, 회사는 생산 운영에 있어서 부품 부족 상황에 직면하게 된다. 만약 그 양이 너무 많으면, 회사는 사용할 수 있는 재고보다 더 많은 재고를 갖게 될 것이다. 또한 예상치 못한 크기의 로트(lot)를 받게 되면, 수령 직원들은 그것을 창고에서 그것을 보관할 공간을 찾는 데에 있어서 어려움을 겪게 될 것이다. 이러한 이유로 정확한 수량으로 들어오는 구성요소의 수량 비율이 많이 사용된다.

공급자로의 주문의 수량 중 정확하게 배송된 수량을 배송된 주문의 총 수량으로 나눈다. 이 실사는 공급자에 따라 주로 다시 나누어 져서, 각 공급자의 성능이 실사될 수 있다. 이 공식의 변형은 전체 운송된 주문량에 대해 수령된 주문의 분자에만 포함된다. 이 방법을 사용하면 수령하는 데의 비용과 관련 문서 작업들이 늘어나기 때문에, 이것은 여러 개의 부분적인 주문에 대한 공급자와의 거래를 꺼리는 회사들에 의해 주로 사용된다. 이 공식은 다음과 같다.

$$\frac{\text{정확한 부품의 수량으로 배송된 주문의 수량}}{\text{배송된 주문의 총 수량}}$$

이 공식은 수령된 수량이 한 개라도 틀리게 되면, 낮은 수량의 정확성 비율을 가져오게 된다. 이것은 10,000개의 주문이 단 하나 때문에 틀리게 되었을 경우, 조금 가혹한 방법일지도 모른다. 결과적으로 이것은 수령된 수량이 주문한 수량의 몇 퍼센트 이내일 경우 이 주문의 수량이 정확하기를 원하는 회사에 의해 사용된다. 여기에 사용되는 정확한 비율은 정밀함의 조건과 수령된 구성요소의 원가에 따라 차이가 있을 것이다. 5%가 일반적으로 받아들여지는 최대 허용 차이이다.

8. 구매 주문서에 의해 승인된 수령의 비율

수령 직원에게 가장 어려운 작업 중의 하나는 구매 주문서를 수반하지 않고 수령되는 주문들을 어떻게 다뤄야 하는지를 결정하는 것이다. 이 주문들은 승인되지 않았기 때문에, 직원은 단순히 이것들을 거부하면 된다. 그러나 그들은 우선순위에 따라 구입되었을 수도 있는 일부 품목을 거부하여 회사의 다른 부서의 프로젝트를 중단시킴으로써 물류 매니저에게 엄청난 피해를 줄 수도 있는 위험을 감수해야 한다. 따라서, 이 주문들은 몇 시간 또는 며칠 동안 한 곳에 따로 배치해 놓고, 그 사이에 수령 직원들은 누가 이 품목들을 주문했는지를 알아내야 한다. 이것은 상당한 수령 시간과 보관 공간을 낭비하게 하고, 문제가 더 악화되는지를 살펴보기 위해서는 추세선을 이용하여 실사하는 것이 더 낫다.

수령 부서는 하나에 주문에 대한 단일 제품의 수령이 기록된 각 라인에 수령 기록을 유지해야 한다. 실사 기간의 날짜와 일치하는 수령 기록에서 라인 품목을 사용하여, 공개된 구매 주문에 의해 승인된 수령 라인 품목의 수량을 기록에 있는 수령 라인 품목의 총 수량으로 나눈다. 공식은 다음과 같다.

$$\frac{공개된\ 구매\ 주문서에\ 의해\ 승인된\ 수령\ 라인\ 품목}{전체\ 수령\ 라인\ 품목}$$

구매 주문서의 사용은 승인된 구매에 있어서 가장 좋은 관리이고 이 실사는 매우 훌륭하고, 또 이것은 이 분야의 관리 문제의 정도를 뚜렷하게 보여 줄 수 있다. 하지만, 서비스, 예약판매, 또는 반복되는 임대 지급과 같이 수령 장소를 거치지 않고 운영되는 구매의 형태를 전혀 포함하지 않고 있다. 이 다른 형태의 비용은 서비스 산업의 모든 비급여 비용의 대부분을 차지하고 있다. 결과적으로, 이 실사는 비즈니스에서 물리적 제품을 다루는데 가장 많이 사용되는 방법이다.

9. 전체 리드 타임으로 발주된 구매 주문서의 비율

구매 부서가 구매 주문서를 제때 준비하지 않는다면, 공급자들은 표준 리드 타임보다 더 짧은 시간 안에 배송을 하도록 강요되거나 적시에 물품을 가져오기 위해 비싼 속달 항공 화물을 이용해야 한다. 비효율적인 구매 직원에게 이것은 큰 문제가 되고, 아마 가까운 시일의 생간 스케줄에 갑작스런 변화를 일으킬 것이다. 이유가 무엇이든지 완전한 리드 타임으로 발행된 구매 주문서의 비율을 추적하여 잘못된 부분들을 조사해야 한다.

완전한 리드 타임으로 발행된 구매 주문서의 비율을 계산하기 위해서는 컴퓨터 시스템이 완전한 리드 타임이 있었던 실사 기간의 모든 구매 주문서의 라인들의 합계를 내고, 이것을 이 기간에 발행된 구매 주문서의 총 수량으로 나누도록 한다. 공식은 다음과 같다.

$$\frac{완전한\ 리드\ 타임으로\ 발행된\ 구매\ 주문서의\ 라인}{발행된\ 총\ 구매\ 주문서}$$

여기에 포함된 구매 주문서 라인의 양을 고려했을 때, 데이터의 합계는 거의 확실하게 컴퓨터 시스템에 의한 보고를 필요로 할 것이다. 수동적인 합계는 권장되지 않는다! 또한 완전한 리드 타임보다 짧은 시간으로 나온 각 주문 라인을 항목화하는 추가적인 보고서를 사용하여, 경영진이 그 문제를 조사할 수 있도록 한다.

이 실사는 미리 정한 기간마다 계획을 수정하는 롤링(rolling) 스케줄이나 저스트 인 타임 시스템을 사용하여 제조 과정을 위한 표준 부품을 주문하는 회사의 상황에 적용하기 위해 만들어진 방법이 아니다. 이러한 경우에는 구매 주문서가 아예 존재하지 않는다.

10. 입고운반(putaway)의 정확성

거래의 적절한 기록과 함께, 수령된 품목을 재고 보관 장소로 올바르게 운반하는 수령 직원의 능력은 모든 연속적인 재고 거래에 있어서 매우 중요하다. 입고가 올바르게 되지 않으면 품목을 찾아내거나 부정확한 부품 번호 또는 사용된 수량을 확인하기가 어려워진다. 또한 잘못된 입고는 자재 계획 담당자에게도 영향을 주어 현재 얼마만큼의 재고가 있는지에 대한 부정확한 정보를 갖게된다.

가장 기본적인 입고의 문제는 입고 정확성 실사로 정해질 수 있다. 이것을 계산하려면, 실사 기간 동안의 운반 거래의 총 수량을 정확한 운반 거래가 기록된 품목의 총 수량으로 나누면 된다. 공식은 다음과 같다.

$$\frac{정확한\ 운반\ 거래의\ 양}{운반\ 거래의\ 총\ 수량}$$

현실적인 측면에서 보면 정확한 입고 수량보다 부정확한 입고 수량을 확인하는 것이 더 용이하기 때문에, 분자는 운반 오류의 수량을 뺀 운반 거래의 총 수량으로 변경될 수도 있다. 이 비율은 모든 재고 품목의 샘플을 정기적으로 시험하는 방법으로 가장 쉽게 계산될 수 있다.

이 실사는 창고 직원들이 볼 수 있도록 확실하게 붙여 놓아, 정확한 운반의 중요성을 강화해야 한다. 또한 이같은 이유로 이 방법을 창고 직원들의 업무 평가에 포함시켜야 할 것이다.

11. 운반 사이클 타임

앞의 실사에서 언급했듯이, 입고의 정확성은 확실히 중요하지만 고객으로의 운송 또는 작업 현장으로의 배송을 위해 품목들을 회전시키는 회사의 능력에 영향을 미치는 데에는 많은 시간이 걸릴 수도 있다. 결과적으로, 이것이 가능한 최고로 짧은 시간 안에 완료될 것을 확실히 하기 위해 평균 운반 사이클 타임을 추적해야 할 것이다. 운반 사이클 타임과 운반 정확성 실사를 함께 보고하여, 전체적인 운반 기능의 모습을 살펴보는 것이 좋다.

운반 사이클 타임을 실사하려면, 운반 시간에서 각 수령의 도착 시간을 뺀 다음, 실사 기간 동안의 모든 수령의 정보의 합계를 내고, 이것을 그 시기의 수령의 총 수량으로 나누면 된다. 계산법은 다음과 같다.

$$\frac{모든\ 수령\ 거래의\ 합[(운반날짜/시간)-(수령날짜/시간)]}{실사기간\ 동안의\ 수령\ 수량}$$

매우 작은 창고를 제외한 모든 창고에서의 많은 수령 거래를 고려했을 때, 이 실사는 자재 관리 데이터 베이스에 의해 가장 잘 계산된다. 또한 이 실사는 수령과 운반의 시간에 근거를 두고 있기 때문에 (이 두 가지 사이에서 경과되는 분과 초의 양), 정확한 거래 흔적을 확인하는 유일한 방법은 자재 관리 데이터 베이스에 연결된 휴대용 터미널의 사용을 요구하는 온라인, 실시간 데이터 입력을 사용하는 것이다. 이러한 데이터 수집 시스템을 사용할 수 없다면, 이 실사를 사용할 수 없다.

또 다른 문제는 각 실사 기간 말에는 아직 운반되지 않은 수령들이 존재할 수도 있다는 것이다. 실사 계산을 목적으로 이 거래들을 무시하게 되면, 운반 문제들의 원인이 되는 품목들이 포함되지 않기 때문에, 평균 운반 사이클 타임은 너무 낮게 나타날 것이다. 더 좋은 방법은 계산을 아직 완료되지 않은 거래가 끝날 때까지 미루거나, 다음번 정기 실사가 이루어지는 한 달 뒤에 그 계산을 수정하는 것이다.

12. 폐기물의 비율

생산에서 발생되는 폐기물의 양은 직접 노동 인력의 열악한 교육, 부적절한 기계 설치, 자재 처리 문제, 또는 하위 원자재의 주문 등과 같은 많은 문제들을 나타내 주기 때문에 생산 매니저에게는 매우 큰 문제이다. 폐기물의 비용에 대해 엄격한 감독을 유지해야 하는 또 다른 이유는, 불균형적인 폐기물의 양은 추가적인 제품을 생산하기 위한 생산 스케줄의 큰 변경을 요구할 수도 있고, 따라서 이것은 필요한 원자재를 들여오기 위한 구매 스케줄의 단기적인 변경을 요구하게 된다. 이러한 이유로, 폐기물의 비율은 공장에서 가장 엄격하게 감독되어야 하는 업무 실사 중 하나이다.

폐기물은 시설의 여러 곳에서 발생하고, 많은 상황에서 실사의 목적으로 계산이 불가능하기 때문에, 회사가 생산하는 폐기물은 실사하기가 매우 힘들다. 이런 상황에서 가장 좋은 방법은 판매 제품의 실제 원가에서 판매 제품의 표준 원가를 뺀 다음, 이 결과를 판매 제품의 표준 원가로 나누는 것이다. 이 방법을 사용하면, 폐기되는 각 품목을 자세한 계산에 의지 하지 않고, 생산된 제품의 총 원가를 생산되었어야 했던 제품의 원가와 비교할 수 있다. 공식은 다음과 같다.

$$\frac{(판매\ 제품의\ 실제\ 원가) - (판매\ 제품의\ 표준\ 원가)}{판매\ 제품의\ 표준\ 원가}$$

이 공식에 대한 변형은 병목공정에서의 생산에서 발생되는 폐기물만을 추적하는 것이다. 분실되는 폐기물은 다시 제조되어야만 하고, 같은 공정을 거치는 다른 제품들의 생산을 방해하여, 이 공장에서 발생하는 전체 마진의 총액을 감소시키기 때문에 이것은 특별히 더 중요하다.

판매 제품의 실제 원가를 표준 원가와 비교하여 그 차이가 폐기물이라고 가정하는 이 방법에는 몇 가지 문제점이 따른다. 그 하나는 판매 제품의 표준 원가를 구성하는 자재 명세서에 이미 포함된 표준 폐기물의 가치가 존재할 수도 있다는 것이다. 이럴 경우 이 가치는 실제 폐기물의 양을 확인하기 위해 표준 원가에서 삭제되어야만 한다. 또 다른 문제는, 구매된 원자재에 대한 가격 차액과 같은 판매 제품의 실제 원가에는 다른 차액이 포함되어 있을 지도 모른다는 것이다. 이 차액들은 반드시 계산되어, 폐기물의 양이 결정되기 전에 판매 제품의 실제 원가에서 제거되어야만 할 것이다. 다른 문제는 판매 제품의 원가를 구성하는 많은 비용들이 폐기물에 관련된 직접 비용보다는 간접비와 관련되어 있다는 것이다. 이 문제를 피하기 위해서는, 직접 노동과 생산에 관련된 직접 자재의 원가만을 판매 제품의 원가에 포함시키고, 다른 모든 간접비는 제거해 버려야 한다. 마지막으로, 이 공식의 본질적인 가정은 표준 원가는 상당히 정확해야 한다는 것이다. 그렇지 않으면, 폐기물 실사의 결과는 틀리게 될 것이다.

13. 평균 피킹 타임

이 책의 많은 훌륭한 방법들이 주문 피킹 스피드의 높은 수준의 달성에 대해 다루고 있다. 몇 개의 주장되는 변화는 상당한 자본 투자를 수반 또는 적어도 피킹 직원의 스케줄 조정과 이동에서의 많은 수정을 수반하기 때문에, 그 변화들이 어떤 차이점을 만드는지를 확인하기 위해 유용하지 않을까? 평균 피킹 시간의 실사는 그 단점에도 불구하고 이를 확인하기 위해 매우 좋은 방법이다.

가장 세부적인 수준으로 평균 피킹 시간을 실사하려면, 일단 피킹 담당자가 주문을 수령한 시간에서 그 주문이 완료된 시간을 빼면 된다. 실사를 위한 이 방법은 엄청난 양의 비부가가치적인 시간계산을 수반하기 때문에, 이것은 무선의, 실시간 터미널이 사용되고 있어서, 컴퓨터 시스템이 자동으로 주문 기간을 추적해야 한다. 이러한 시스템이 없을 경우, 가장 좋은 방법은 실사 기간 동안 완료된 주문의 총 수량을 이 시기의 피킹 시간의 총 인시(man-hours: 한 사람이 한 시간 동안 한 일)로 나누는 것이다. 공식은 다음과 같다.

$$\frac{\textit{완료된 주문의 총 수량}}{(\textit{수거 담당자가 일한 총 인시}) + (\textit{계약자가 일한 총 인시})}$$

분모는 내부 직원과 계약 직원에 의한 작업 시간을 포함하고 있다. 일부 창고들은 계약 직원들을 고용하는데, 그들의 작업 시간은 보통의 급여 시스템에 나타나지 않기 때문에, 피킹 기능에 들어가는 총 시간의 완벽한 상황을 알기 위해서는, 지급 계정으로부터 그들의 작업 시간이 추가되어야 한다.

이 방법은 피킹 능률의 매우 좋은 요약의 기능을 해주기는 하지만, 이것은 잘못 이해될 가능성도 있다. 가장 큰 문제는 출고되는 주문들의 크기의 변화이다. 단일 라인 주문의 더 큰 부분이 한 달 후에 처리된다면 효율성의 수준은 하락하는 것처럼 보일 것이다. 왜냐하면 주문은 단일 라인만을 가지고 있을 때, 더 채우기가 쉽기 때문이다. 이 문제는 불균형적으로 크거나 작은 주문들의 소량이 실사를 현저하게 바꿀 수 있는 낮은 양의 환경에서 많이 사용된다. 그러나 출고되어야 하는 많은 양의 주문이 있을 경우, 주문 크기의 변화는 실사 기간의 밖에서 평균으로 계산 된다. 이 실사가 이 문제에 의해 왜곡될 경우, 컴퓨터 시스템이 이 시기에 출고된 주문 라인의 총 수량을 집계하여 그 수치를 이 실사의 분자로 사용 하면 된다. 이 방법을 시도하기에는 너무나 많은 수작업이 필요할 것이다.

14. 조립 부품에 대한 피킹의 정확성

회사가 조립되지 않은 제품을 고객에게 운송할 때, 운송되는 묶음(kit)들에 올바른 부품들이 정확한 수량만큼 포함되어 있어야 하는 것은 매우 중요하다. 그 수량이 너무 많으면 회사는 그 자재의 원가를 필요 이상으로 늘리게 된다. 그 수량이 너무 적으면 회사는 고객과 관련하여 많은 문제를 가지게 되고 분실된 부품들을 찾고 운송하는 비용을 고객에게 추가로 부과하게 된다. 이러한 이유로, 조립 부품의 피킹의 정확성은 제품의 묶음(kit)을 운송하는 회사들에는 매우 중요하게 여겨진다.

이 실사 계산을 위해서는, 부품의 수량이 틀린 묶음을 하나의 오류로 계산하고, 수량은 맞지만 포함된 부품의 형태는 틀린 묶음을 하나의 오류로 계산하여 완성된 묶음의 샘플의 감사를 실시한다. 하지만, 포함된 부품의 형태들은 정확하지 않다. 일단 묶음이 정확하지 않다고 고려되면, 이것은 오류로써 다시 계산되지 않는다 (그렇게 하여 이중의 계산을 막는다). 그리고 오류의 총 수량을 시험된 제품 묶음의 총 수량으로 나눈다. 마지막으로, 100%에서 그 결과의 비율을 뺀다. 공식은 다음과 같다.

$$100\% - \frac{수량의\ 오류\ +\ 부품의\ 오류}{시험된\ 제품\ 묶음의\ 총\ 수량}$$

회사가 고객의 불평을 막는 것이 가장 핵심 문제라고 생각한다면, 굳이 부품의 과잉을 오류로 계산하지 않음으로써 그것을 합당화 할 수 있다. 이것은 제품 묶음에서 가장 저렴한 부품인 부속품과 고정쇠를 계산할 때 주로 많이 사용된다.

15. 평균 피킹 원가

회사가 매우 높은 수준의 피킹 효율성의 정확성을 달성하였다 하더라도, 그것이 불균형적으로 높은 원가가 되어서는 안 된다. 결과적으로, 회사의 피킹 능력의 완벽한 모습을 갖추기 위해서 효율성과 정확성의 실사를 사용하여 주문 라인당 피킹 비용을 실사하는 것이 가장 좋은 방법이다.

이 평균 피킹 비용을 실사하려면, 총 피킹 비용을 출고된 주문 라인의 수량으로 나누면 된다. 총 피킹 비용은 피킹 직원이 전적으로 부담하는 노동 비용과 창고 장비 또는 구체적으로 피킹의 효율성과 정확성을 개선하기 위한 의도로 사용된 레킹(racking) 개선의 증가분에 대한 감가상각을 포함하고 있어야 한다. 계산은 다음과 같다.

$$\frac{(피킹\ 직원에게\ 전적으로\ 부담되는\ 급여)\ +\ (피킹\ 장비와\ 보관에\ 대한\ 감가상각비)}{출고된\ 총\ 주문\ 라인}$$

출고된 주문 라인의 총 수량 획득은 실사 기간에 대해 컴퓨터 시스템이 이 정보의 합계를 내게 함으로써 가장 잘 구해질 수 있다. 피킹 직원의 급여를 결정하는 것은 헌신적인 직원들을 고용하고 있을 때보다, 창고 직원들이 작업을 바꿔가면서 할 경우에 더 어려워질 수 있다. 각 활동에 얼마나 많은 시간이 소비되었는지를 추적하는 시간 기록표를 사용한다 해도, 이것은 비부가가치 활동이기 때문에, 근무 시간의 정기적인 샘플 조사가 유일한 대체 방법이라고 할 수 있겠다. 회사는 피킹 운영의 효율성을 향상시키기 위해 자동화된 보관과 복구 시스템 또는 컨베이어 벨트와 같은 매우 비싼 자산에 많은 투자를 했기 때문에, 피킹 장비와 보관에 대한 감가상각비는 분자에 포함되어야 한다. 이러한 자산이 존재한다면, 회계를 목적으로 사용되는 가속화된 감가상각 시스템 보다는 각 자산의 내용년수에 대한 정액 감가상각법을 사용하도록 한다. 정액 감가상각법은 이러한 자산의 정기적인 지출을 더 정확하게 반영해준다.

16. 노동 시간당 출하된 주문 라인

주문을 운송하는 능력은 창고 직원의 효율성을 실사하는 결정적 요인이다. 많은 다른 거래들이 창고의 활동에 연관되어 있지만, 운송은 고객이 직접적으로 경험하는 서비스의 개념이기 때문에, 회사는 확실하게 적시에 고객에게 물품을 운송해야만 한다. 창고 매니저는 모든 잠재 주문들이 적시에 운송되도록 하기 위해서 단순히 선적 부서의 직원들을 넉넉하게 충원하면 되지만, 이것은 수익에 부정적인 영향을 미친다.

운송 기능의 효율성을 확인할 수 있는 가장 좋은 방법은 접수된 주문 라인 품목의 수량과 이 활동에 소비된 총 노동 시간을 비교해 보는 것이다. 이것을 실사 하려면 운송된 주문 라인의 총 수량을 주문을 접수하기 위해 소비된 총 노동 시간으로 나누면 된다. 계산법은 다음과 같다.

운송된 총 주문 라인

주문을 운송하기 위해 사용된 총 노동 시간

일부 주문은 다수의 라인 품목을 가지고 있고 이것은 인위적으로 운송 직원이 실제보다 덜 효율적으로 비춰지게 할 수도 있기 때문에 분자는 주문의 총 수량이 될 수 없다. 또한 분모는 모든 피킹과 운송 작업을 포함하여 주문을 충족시키는 과정에 관련된 모든 노동을 포함하고 있어야 한다. 분모에는 이 작업에 위임된 모든 사람들의 총 노동 시간을 포함하여 누락된 노동 시간이 없게 하는 것이 일반적으로 가장 쉬운 방법이다.

17. 출하의 정확성

앞서 언급한 "노동 시간당 운송된 주문 라인" 실사가 운송 기능 효율성의 전체적인 실사를 하지만, 운송된 주문의 정확성에 대한 정보를 주지 않는다. 이 방법이 아무리 뛰어난 운송의 효율성을 가졌다 하더라도, 만약 잘못된 물건이 고객에게 간다면 아무 소용이 없는 것이 된다! 따라서 운송 기능에 대한 전체적인 시야를 확보하려면 출하의 정확성에 따른 실사를 보고해야 할 것이다.

출하의 정확성에 대한 정보는 부정확한 주문 처리에 불만을 가진 고객으로부터 온다. 이 정보는 운송된 총 주문 라인에서 삭제된 후, 출하의 정확성 실사법의 분자가 된다. 이것을 운송된 총 주문 라인으로 나누면 그 비율을 실사할 수 있다. 계산법은 다음과 같다.

(운송된 총 주문 라인) − (고객으로부터 보고된 부정확한 주문 라인)

운송된 총 주문 라인

이 실사의 문제는 주문 라인 시기에 대한 고객의 불평을 주문이 배송된 시간의 주문 라인의 양과 연결시키는 것이다. 선적과 불평 날짜 사이에는 고작 며칠의 차이가 있겠지만, 각각 다른 시점의 보고된 출하 오류와 출하 수량의 불일치는 자주 발생하는 문제이다. 이러한 문제를 해결하는 최선의 방법은 불평이 나온 주문 번호를 기록하여 컴퓨터 시스템이 주문이 운송된 날짜를 추적하게 하는 것이다. 이것은 출하 오류를 특성 기간 동안 운송된 품목의 수량과 정확하게 일치시킬 수 있게 해준다.

18. 창고의 주문 사이클 타임

창고와 관련된 가장 중요한 고객 서비스 실사법의 하나는 가능한 빨리 정확하게 주문품을 배송하는 것이다(이전의 "노동 시간당 운송된 주문 라인" 실사 참고). 주문 사이클 타임을 수용 가능한 기준까지 올리고, 이것이 수용 불가능한 수준 아래로 떨어지지 않게 하기 위해, 고객 주문품의 수령에서 배송까지 요구되는 시간에 대한 계속적인 주의가 필요하다. 창고의 주문 사이클 타임을 계산하려면, 회사 주문 입력 시스템으로 들어가는 주문품 수령 날짜와 시간을 주문에서 공개로 남아있는 마지막 라인 품목의 배송 날짜와 시간에서 **빼**면 된다. 공식은 다음과 같다.

(최종 라인 배송의 날짜와 시간) – (주문 수령의 날짜와 시간)

이러한 실사법을 해석하는 데는 여러 가지의 방법이 있다. 첫째, 주문의 묶음을 그것이 나온 것에서부터 분류하여 모든 배송에서 가장 느린 20%를 따로 분리하여 실사하는 것이다. 각각의 느린 주문들의 구체적인 보고서를 인쇄하여 경영진이 가장 느린 주문을 운송하는 데에 필요한 총 시간뿐만 아니라 이 부분 집합의 세부적인 주문에도 주목하도록 해야 할 것이다. 둘째, 처음 실사의 정의로 언급했듯이, 운송되는 마지막 주문 라인의 배송을 기본으로 하여 실사하도록 명심하라는 것이다. 단지 몇 개의 품목들이 운송되는 하나의 성공적인 주문을 실사하는 것은 말도 안 되는 것이다. 그렇게 하면 경영진은 그들의 주의가 가장 강하게 집중되어야 하는 명확한 장소인 주문 잔고에 있는 품목들을 간과하게 된다. 셋째, 처음 창고의 주문 사이클 타임이 길다면 굳이 하루에 그 시간을 실사하려고 하지 않도록 한다. 그것은 평균 사이클 타임이 하루나 이틀 정도로 줄어들고, 어떤 관리법이 시간적인 장점이 있는지 확인한 후까지 미뤄져도 된다.

19. 재고의 가용성

재고를 보유하는 가장 중요한 이유 중 하나는, 적시에 고객의 수요를 충족시키기 위해서 이다. 높은 수준의 재고 가용성을 유지하는 것은 회사들이 높은 수준의 완제품과 서비스 부품을 수중에 가지고 있는 주된 이유로써 주로 설명될 수 있다. 이러한 논리를 고려했을 때, 주문을 처리하는 데 있어서 회사의 성공을 실사하기 위해서는 회사가 정책으로서 높은 재고를 보유하고 있는지를 알아보아야 한다.

재고의 가용성을 실사하려면, 실사 시기 동안에, 고객이 요청한 시간보다 늦지 않게 고객이 수령한 완제품의 총 수량을 실사 시기 동안에 고객이 수령했어야 하는 완제품의 총 수량으로 나누면 된다. 공식은 다음과 같다.

$$\frac{\textit{요청된 시간에 고객이 수령한 완제품의 총 수량}}{\textit{완료되었어야 하는 주문의 총 수량}}$$

고객은, 단지 주문이 요청된 배송일자에 운송되었다는 것으로 적절하게 서비스를 받는 다고 할 수는 없기 때문에, 이 실사는 적시에 고객이 수령한 주문으로써 성공적인 주문 처리를 강조한다. 대부분의 회사 시스템은 고객의 수령 날짜를 추적하는 설비를 가지고 있지 않다. 이러한 문제를 피하기 위해서 회사는 주문 입력 직원이 운송 시간을 주문의 수령에 대해 요청한 날짜에서 빼고, 주문 입력 시스템에 줄어든 날짜를 입력하면 된다.

회사는 아무 형태의 부분적인 운송을 분자에 들어가는 완제품으로써 실사하면 자기들이 거의 모든 주문을 성공적으로 운송했다는 것을 구실삼아 높은 비율의 가용성을 가지고 있다고 잘못 예상할 수도 있다. 이 실사 방법은 실패로 여겨지는 "완료된" 주문을 근거로 하여 회사의 사용을 중지할 수도 있는 고객의 입장을 위한 것은 확실히 아니라고 할 수 있다.

20. 배송 약속 차이

매우 자주 일어나는 상황 중 하나는 고객지원 담당자가 고객에게 배송의 원래 약속 날짜보다 더 빨리 해주겠다고 확신을 주고, 수정된 약속 날짜를 원래 날짜처럼 컴퓨터 시스템에 입력하는 것이다. 주문이 최종적으로 배송되었을 때, 그것은 변경된 약속 날짜와 일치하기 때문에 적시에 온 것으로 실사된다. 그러므로 경영진은 계속되는 차이의 문제에서 발생하는 고객 만족에 대한 문제에 대해 알 방법이 없게 된다. 이에 대한 해결책은 약속된 배송 날짜의 차이를 추적하는 것이다.

배송 약속의 차이를 실사하는 방법은 두 가지가 있다. 첫 번째 방법은 모든 주문의 원래 약속 날짜에서 최종 약속 날짜를 뺀 다음, 총 주문의 수량으로 나누는 것이다. 이 방법은 최종 약속 날짜가 실제 운송 날짜에 일치하여 문제를 발생시키지 않는 것을 가정으로 하고 있다. 이 문제를 막기 위한 두 번째 방법은 모든 주문의 원래 약속 날짜에서 배송 날짜를 빼고 나서, 총 배송의 수량으로 나누는 것이다. 공식은 다음과 같다.

$$\frac{\text{모든 배송 거래의 합 } [(\text{배송 날짜/시간}) - (\text{원래 약속 날짜/시간})]}{\text{배송의 총 수량}}$$

이 실사는 원래 약속 날짜로 잡힌 주문 입력 데이터 베이스에 저렴한 소프트웨어 패키지에서는 이용할 수 없는 필드의 사용을 필요로 한다. 또한 원래 약속 날짜 필드가 잠겨서, 더 좋은 배송 약속 차이를 계산하려는 시도가 차단되었을 경우에 매우 좋다.

하나의 문제점은 약속 주문의 각 실사 시기 말에 아직 배송되지 않은 주문이 있을 경우에 발생한다. 실사를 위한 목적으로 이러한 거래를 무시해버리면, 평균 배송 약속의 차이는 확실히 매우 낮아지게 되는데, 그 이유는 이 차이의 문제를 일으키는 품목들이 포함되지 않았기 때문이다. 이에 대한 더 나은 방법은 실사가 완료되지 않은 거래가 끝날 때까지 지연시키거나, 다음번 정기 실사 시기인 한 달 후에 실사를 변경하는 것이다.

21. 평균 백오더 시간

방금 설명했듯이, 회사가 전적으로 재고의 가용성의 실사에 매달리게 되면, 백오더 주문에 있는 모든 품목들은 결국 사라지게 된다. 만약 고객이 선적을 적시에 수령하지 못한다면, 적어도 고객은 최대한 빠른 시간 안에 물건을 받기를 원할 것이고, 회사는 고객이 지나치게 실망하지 않도록 하기 위해 그 물건의 백오더 품목의 평균 시간을 추적해야 할 것이다.

평균 백오더 제품의 시간을 실사하려면, 제때에 운송되지 못한 모든 고객 주문의 목록을 수집하여 이 목록으로부터 각 주문이 운송되지 않고 고객의 수령날짜를 초과한 총 날짜수의 합을 낸다. 그리고 나서 이 총 날짜수를 백오더 고객 주문의 총 수량으로 나눈다. 공식은 다음과 같다.

$$\frac{[고객이\ 요청한\ 수령\ 날짜를\ 초과한\ 주문의\ 날짜수]의\ 합계}{이월된\ 고객\ 주문의\ 총\ 수량}$$

이 실사는 그 자체로는 충분히 유용하지만, 경영진은 가장 오래된 백오더 주문 품목들을 보여주는 목록을 보고 싶을 것이기 때문에, 아마 이것은 가능한 빨리 해결될 수 있을 것이다.

22. 도크 도어(dock door)의 이용율

창고는 매우 많은 도크 도어를 가지고 있을 것이고, 각 도크 도어는 엄청난 양의 현장 공간에 의해 뒤로 물러나 적절한 자재 이동과 관련된 선적 그리고 수령 장비를 수용할 수 있도록 해야 한다. 그러므로 도크 도어는 엄청난 양의 비부가가치 공간으로써 가능한 많은 다른 업무들에 더 많은 공간을 할애하기 위해 높은 이용율을 가지도록 해야 한다. 현재의 도어의 수가 최상의 상태를 유지하고 있는지를 알기 위해 도크 도어의 이용율을 추적할 수 있다.

도크 도어 이용을 실사하려면, 트레일러 당 평균 도크 시간에 실사 시기 동안에 도킹된 트레일러의 수량을 곱한 다음, 그 결과를 도크 도어를 곱한 그 시기의 총 시간으로 나누면 된다.

$$\frac{(\text{트레일러 당 평균 도크 시간}) \times (\text{도킹된 트레일러의 수량})}{(\text{실사 시기의 총 시간}) \times (\text{도크 도어의 수량})}$$

이 실사의 적절한 공식은 실사 시기 동안 도킹된 모든 트레일러들의 추적을 필요로 한다. 그러므로 컴퓨터 시스템 또는 이 정보를 수동으로 추적하여 모든 선적과 수령 거래의 합을 냄으로써 다시 이전으로 거슬러 올라갈 수 있다. 이 실사에서의 가장 큰 결함은 틀리게 공식화되었을 경우 실사의 정확성에 엄청난 영향을 미치게 되는 트레일러당 평균 도크 시간이다. 따라서 창고 활동의 캘린더에 시험시간 동안의 도킹된 모든 트레일러에 근거하여 평균 도크 시간의 정기적인 재공식화를 계획해야 할 것이다.

23. 재고 정확성

회사의 재고 기록이 부정확하면, 제품의 시기 적절한 생산은 거의 불가능해진다. 예를 들어, 기록상으로 반드시 있어야 하는 핵심 부품이 창고의 제자리에 없거나 지정된 수량이 부정확하게 되면, 자재취급 담당자는 극도로 흥분하여 그것을 찾고, 급하게 공급자에게 더 많은 부품을 주문하게 될 것이다. 그러는 동안 핵심 자재를 기다리는 생산라인은 멈추게 될 것이다. 이러한 문제를 막기 위해 회사는 원자재의 수량과 위치를 정확하게 하는 것뿐만 아니라, 실사 단위 및 부품의 번호가 정확한지 확실히 파악해야 한다. 이 네 가지의 사항이 올바르지 않으면, 생산 과정에 부정적인 영향을 미치게 될 가능성이 매우 커진다. 그러므로 재고의 정확성은 가장 중요한 자재 처리 실사의 하나라고 할 수 있다.

시험을 거친 정확한 품목의 수량을 시험된 품목의 총 수량으로 나눈다. 정확한 시험 품목의 기재 사항은 그것의 정확한 수량, 실사의 단위, 그리고 창고의 기록이 나타내는 것과 일치하는 위치라고 할 수 있다. 이 품목들 중 하나라도 정확하지 않으면, 시험 품목은 부정확한 것으로 여겨진다. 공식은 다음과 같다.

$$\frac{\textit{정확한 시험 품목의 수량}}{\textit{시험된 품목의 총 수량}}$$

이 실사는 앞의 공식의 전개에서 언급한 네 개의 기준을 사용하여 실시하는 것이 매우 중요하다. 수량, 실사 단위, 부품 설명, 그리고 위치는 재고 기록과 정확하게 일치해야 한다. 그렇지 않으면, 그것을 사용하는 이유(정확한 양의 재고가 생산 수요를 위해 현재 존재한다는 것을 확신하는)는 정당성을 잃게 될 것이다. 예를 들어, 정확한 수량의 재고를 이용할 수 있다 하더라도 위치 코드가 틀리면, 아무도 그것을 생산 과정에 사용하기 위해 찾을 수가 없다. 이와 유사하게, 기록된 수량은 창고에 위치하고 있는 수량과 정확하게 일치할 수도 있지만, 한 개 대신에 열 두 개가 있는 등과 같이 재고 기록의 실사 단위에서 다소 차이가 있다면, 틀린 수량을 가져오게 된다.

24. 재고 회전율

재고는 회사의 운전 자본의 가장 큰 구성요소이다. 이러한 경우, 재고가 운영에 의해 적절한 속도로 사용되고 있지 않다면, 회사는 단기의 주문을 현금화하는 것이 어려운 자산에 아마도 많은 현금을 투자했을 것이다. 따라서 재고가 회전하는 비율을 면밀하게 추적하는 것은 경영진의 훌륭한 기능이 될 것이다. 회전은 회전에 있어서 점차적인 감소가 있는지를 확인하기 위해 추세선을 이용하여 추적되어야 하고, 지나친 재고를 없애기 위해 적절한 조치가 필요함을 나타낼 수 있어야 한다.

가장 단순한 회전의 계산은 시기 말의 재고를 연간 매출원가로 나누는 것이다. 또한 분모에 시기 말의 특정일에 발생할 수 있는 재고 수준의 급작스런 변화를 막아주는 평균 재고의 수치를 사용할 수도 있다. 공식은 다음과 같다.

$$\frac{매출원가}{재고}$$

이 공식의 변형은 이 공식을 365일로 나누어서, 현재 가지고 있는 재고의 날짜수를 산출하는 것이다. 이것은 전문가가 아닌 일반인에게 더 이해하기 쉬운 방법이다. 예를 들어, 43일재고는 8.5 재고 회전과 똑같은 상황을 나타내지만 훨씬 알기 쉽다. 공식은 다음과 같다.

$$365 \div \frac{매출원가}{재고}$$

이전의 두 가지 공식은 분자에 판매 제품의 전체 원가를 사용하고, 이것은 직접 노동, 직접 자재 및 간접비를 포함하고 있다. 그러나 직접 자재 원가만이 직접적으로 원자재 재고의 수준과 관련이 있다. 결과적으로, 더 확실한 연관을 위해서는 직접 자재 지출의 가치를 원자재 재고에 비교하여 원자재의 회전 수치를 산출하는 것이다. 이 실사는 365일로 나눠질 수 있고, 현재 가지고 있는 원자재의 날짜 수를 산출할 수 있다. 공식은 다음과 같다.

직접 자재 지출
원자재 재고

이전의 공식은 직접 자재 지출과 재공품 또는 완제품 사이의 뚜렷한 관련을 가져오지는 않았다. 이 두 가지 재고 영역은 직접 노동과 간접비에 대한 비용의 할당을 포함하고 있기 때문이다. 그러나 이 추가된 비용들이 재공품이나 완제품의 가치 평가에서 빠져나오게 되면 이것을 타당한 비율로써 직접 자재 지출과 비교할 수 있는 근거가 생긴다.

회전율은 직접 노동과 특히 간접비를 재고로 할당하는 기본적인 원가계산 방법의 변화로 인해 왜곡될 수 있다. 예를 들어, 추가적인 비용의 영역이 간접비 풀에 더해지면, 재고로의 할당은 증가할 것이고, 원래 실사법 하에 있는 회전의 수준이 전혀 변하지 않았을지라도 예상 재고의 회전을 감소시킬 것이다. 비용 할당 방법이 변한다면, 문제가 발생할 수도 있다. 예를 들어, 작업한 노동 시간을 근거로 한 할당에서 작업한 기계의 시간을 근거로 하는 할당으로 전환될 수 있는데, 이것은 재고에 할당된 간접비의 총액을 변경시킬 수도 있다. 재고의 평가가 표준 원가에 근거를 두고 있고, 기본적인 표준이 변경되면 이 문제가 또 발생한다. 모든 세 경우에서, 현재 보유하고 있는 재고량은 변하지 않았지만, 사용된 원가계산 시스템은 예상 재고 원가의 수준을 변화시켜, 예상 회전 수준에 영향을 미친다.

또 다른 문제는 기본적인 재고 회전 수치가 정확하게 어디에 재고 과잉 문제가 있는지에 대한 충분한 증거가 될 수 없다는 것이다. 따라서 이것을 다시 나누어서, 원자재, 재공품 및 완제품에 대한 분리된 계산을 해야 할 것이다(그리고 위치에 의해 다시 나누어져야 할 것이다). 이 방법은 재고와 관련된 문제의 더 확실한 관리를 가능하게 해 준다.

25. 창고 보관 공간 활용율

재고를 보관하기 위해 현재 사용되고 있는 창고 공간은 정기적으로 수량을 실사하여 평가하는 것이 좋다. 이 실사는 매년 행하는 예산 편성을 할 때 매우 유용하다. 경영진은 다가오는 해의 예상 재고 수준이 기존 창고 공간에 수용될 수 있는지를 알아야 하기 때문이다. 이 정보는 또한 쓸모 없는 재고와 거의 사용되지 않는 재고를 처분하기 전후의 결과를 보여줄 수 있다.

사용되는 창고 보관 위치의 비율을 계산하려면, 재고를 보유하고 있는 보관 위치의 수를 창고 안의 총 재고 위치의 수로 나누면 된다. 공식은 다음과 같다.

$$\frac{\text{사용되는 보관 위치의 수}}{\text{창고에 있는 총 재고 위치의 수}}$$

재고 기록이 컴퓨터 데이터 베이스에 보관되어 있거나, 모든 가능한 재고 장소를 열거하는 파일이 상호 참조가 가능하게 되어 있을 경우, 현재 사용되고 있는 등록된 창고 장소의 비율을 유도하기가 쉬워진다.

만약 재고 데이터 베이스가 없다면, 주로 창고 안을 돌아다니면서 계산을 하여 보관 장소의 총 수량을 확인하면 된다. 이 수량은 창고의 형태가 바뀌게 되어, 창고 안을 한 번 돌아다니며 계산을 하였을 때 장소의 새로운 숫자를 산출하게 되지 않는 이상 많이 변하지는 않는다. 사용되는 보관 장소의 수량을 계산하기 위해, 창고 안을 돌아다녀야 하는 경우, 재고가 없는 보관 장소의 숫자를 세는 것이 대부분의 경우 훨씬 더 쉽다(창고는 사용되지 않는 일로 피해를 입는 경우가 거의 없기 때문에). 그리고 나서 그 숫자를 전체 보관 장소에서 빼면 된다.

이 실사에 있어서의 문제점은 이것은 채워지는 공간의 체적 량을 제시해주지 않는 다는 것이다. 이 실사는 가장 작은 재고를 가지고 있는 그 어떤 보관 장소도 완전히 사용될 것이라고 간주하므로, 이것은 사용되지 않고 있지만 이용 가능한 체적 공간의 양을 엄청나게 잘못 반영하게 된다.

26. 보관 밀도의 비율

창고에 있는 모든 보관 선반과 상자들이 모든 보관 장소의 100% 사용률을 나타내며 완전히 채워진다고 해도, 이것이 창고의 실제 보관 능력을 나타내는 것은 아니다. 지나치게 높은 선반 또는 너무 넓은 통로와 같은 요소들 때문에, 기존의 보관 시스템이 창고 내에서 그 모든 수평적 그리고 수직적 보관 능력을 사용하지 않고 있을 가능성이 많다. 결과적으로, 창고의 전체적인 보관 밀도의 비율을 정기적으로 확인하여, 평방 피트당 보관 능력을 실사해 보는 것이 좋다.

공간의 밀도 비율을 계산하려면, 모든 보관 장소의 체적을 창고의 총 평방 피트와 모든 외부 단계 장소의 평방 피트로 나누면 된다. 공식은 다음과 같다.

$$\frac{\textit{이용 가능한 보관 공간의 체적}}{(\textit{창고의 총 평방피트}) + (\textit{외부 스테이징 공간의 평방피트})}$$

회사가 각 장소의 체적을 포함하는 보관 장소 파일을 유지하고 있다면, 이것은 매우 용이한 실사가 된다. 하지만, 지나치게 많은 보관 밀도 비율을 가진 창고를 만들 수도 있기 때문에, 이 방법은 잘못 해석될 수도 있다.

27. 보관 장소의 평방피트당 재고

특히, 다른 곳을 벤치마킹하여 얻어진 실사로, 전체적인 보관 공간의 이용을 이해하는 것은 매우 유용한 일이다. 이것을 이용하려면, 현재 가지고 있는 재고의 수량을 그것이 차지하고 있는 총 평방피트와 연관시키면 된다. 가장 주된 문제는 이 실사에서의 분자를 결정하는 것이다. 이것은 수량, 달러 가치, 또는 현재 가지고 있는 재고단위(SKU)의 체적을 근거로 해야 할까? 만약 SKU의 수량이 사용된다면, 많은 양의 작은 품목들은 평방피트당 더 많은 양의 재고를 나타내기 위해 계산을 왜곡할 수도 있다. 이와 똑같은 논리는 재고 달러 가치에도 적용된다. 이것은 공간 이용을 가장 잘 반영해주는 현재 재고의 체적을 보여주게 된다.

보관 공간의 평방 피트당 재고의 수량을 계산하려면, 현재 있는 모든 재고의 체적을 총 창고의 평방 피트와 모든 외부 스테이징 장소의 평방 피트를 더한 값으로 나누면 된다. 공식은 다음과 같다.

$$\frac{현재\ 재고의\ 체적}{(총\ 창고\ 평방피트)\ +\ (외부\ 스테이징\ 장소의\ 평방피트)}$$

현재 있는 재고의 체적은 수작업으로 계산하기가 어렵다. 이것을 계산하는 가장 좋은 방법은 각 품목의 체적을 품목 마스터 파일에 추가하여, 이 정보가 컴퓨터 시스템에 의해 자동으로 계산되게 하는 것이다. 이 방법이 사용되고 있다면, 체적의 수치를 품목 마스터 파일에 입력된 실사 단위와 일치시키는 것을 명심해야 한다. 그렇지 않으면 부정확한 체적의 수치가 발생하게 될 것이다.

이 실사에서 가능한 논쟁의 영역은 분모에 창고의 총 평방피트를 사용하는 것이다. 실제 보관 선반의 평방 피트만을 사용해도 괜찮다고 생각할 수도 있지만, 그렇게 하는 것은 창고에 있는 다른 공간의 효율적인 사용을 간과하게 된다. 예를 들어, 더 좋은 결과를 얻기 위해 분모를 기존 선반이 점유하고 있는 평방피트로 제한할 수도 있지만, 이것은 추가적인 보관 공간을 만들 수도 있는 지나치게 넓은 통로의 존재를 숨기는 것이다.

28. 품목당 보관 원가

품목들은 수년 동안 창고 안에 처박혀 있을 수도 있다. 이 시기에 그러한 품목들은 비용을 들이지 않은 채 축적되고 있다는 가정과 함께 그 존재들을 잊어버리고 완전히 무시하게 된다. 불행히도, 재고는 차지된 선반 공간, 보험 보상 범위 비용, 펀드에 투자된 비용 등의 형태로 매일 더 많은 비용을 누적시킨다. 이러한 비용을 숙지하지 않으면 회사의 비용 구조의 큰 부분을 놓치게 될 것이다.

재고 품목의 보관 비용을 계산하는 방법에는 여러 가지가 있다. 간단하게 실제로 현재 가지고 있는 SKU의 총액을 모든 창고 비용으로 나누는 방법이 있는데, 이것은 모든 직원이 전적으로 부담된 급여, 모든 고정자산의 감가상각비, 재고 보험 보상범위, 공과금, 쓸모없는 재고, 손상된 제품으로 인한 폐기물, 그리고 재고에 투자된 회사 펀드에 대한 자본 비용 등으로 구성되어 있다. 공식은 다음과 같다.

$$\frac{\textit{총 창고 비용}}{\textit{현재의 재고 보관 단위}}$$

이 실사에 대한 문제점은 모든 SKU가 항상 같은 비용을 발생시키지 않는다는 것이다. 예를 들어, 부패하는 물건들이 더 높은 비율의 쓸모없는 재고 비용으로 부과되어야 하는 반면, 가치가 높은 품목은 더 높은 비율의 보험료를 부과한다는 것이다. 그러므로 더 좋은 방법은 품목당 보관비용을 계산하는 데에 활동기준 원가계산(ABC)법을 채택하는 것이다. 이 방법 하에서, 비용은 활동에 기준하여 축적되고 (운반 또는 출고 거래와 같이), 비용은 이러한 거래의 사용을 기본으로 하는 개별적인 SKU로 부과되어 나간다. ABC 실사법은 오래 걸리기는 하지만, 현재 가지고 있는 모든 SKU의 상당 부분이 회사의 최종 판매의 총 마진에서 그들이 벌어들이는 것보다 훨씬 많은 비용을 발생시킨다는 것이 일반적인 결과이다.

29. SKU당 평균 파렛트 재고

창고의 보관 조건을 계획할 때, 각 SKU에 필요한 파렛트 재고의 가능성을 미리 결정하여 그것을 대한 충분한 공간을 비축해 놓는 것은 매우 중요하다.

각 SKU에 필요한 파렛트 공간의 평균 양을 계산하려면, 우선 예상되는 매출을 각 SKU의 과거 또는 계획된 회전율로 나눈다. 이것은 매 시간 현재 가지고 있는 단위의 평균을 산출한다. 그리고 나서 이것을 파렛트당 품목의 수량으로 나누면, 현재의 파렛트의 평균 수량이 산출되게 된다. 공식은 다음과 같다.

$$\frac{(\text{예상하는 } SKU \text{ 단위 매출} \div \text{회전율})}{\text{파렛트당 단위}}$$

평균 파렛트 재고를 파렛트 보관 장소의 이용 가능한 보관 수량으로 나누어, 다음 단계로 나아갈 수 있는데, 이것은 평방피트당 보관 조건을 유도할 수 있다.

이 실사에는 세 가지의 문제점이 있다. (1) 이 실사는 마케팅 부서에서 나오는 정확한 예측 수치에 크게 의존한다. (2) 이 실사는 평균 재고 수준이 일 년 동안의 수요를 충분히 충족시킬 것이라고 가정하지만, 훨씬 더 높은 재고의 수준을 요구하는 상당히 급격한 수요의 상승이 있을 수 있다. (3) 자동적인 계산을 위한 컴퓨터상의 기본적인 데이터의 이용이 불가능할 경우, 이 실사는 제한된 계산 양을 요구할 수 있는 SKU 수준에서 사용되어야 한다.

30. 정지된, 구식화된, 그리고 잉여 재고 변경 비율

이 최고의 실무 실사법은 재고의 세 가지 형태를 언급하고 있다. (1) 예상 사용이 없는 부품(정지된), (2) 현재 제품에 더 이상 삽입되지 않는 부품(구식화된), 그리고 (3) 지나친 예상 사용량의 부품(잉여). 간단하게 IOS로써의 재고의 세가지 영역을 다루게 될 것이다.

회계 담당자는 IOS 재고에 대한 진행중인 구식화 준비금의 양을 실사하는 데 어려움을 겪게 될 것이다. 일반 회사에서 검토자들은 창고에서 정기적으로 특정한 품목들을 쓸모 없는 품목으로 지정하는데, 그 시점에서 회계 담당자는 판명된 쓸모 없는 재고의 총 수량과 일치시켜 구식화 준비금을 조정해야 한다. 이것은 예상 결과를 왜곡할 수 있는 급작스럽고 매우 큰 구식화 비용의 변화를 가져올 가능성이 있다. 구식화 준비금에 있어서 더 점진적인 조정을 하기 위해, 그리고 IOS의 월간 성장 비율을 근거로 점진적으로 증가하는 준비금에 대한 조정을 하기 위해 다음 공식을 사용할 수 있다.

$$\frac{(\text{현재 IOS 재고의 잔고}) - [(\text{처음 IOS 잔고}) - (\text{실제 그 시기의 상각})]}{\text{계산이 포함하고 있는 개월 수}}$$

이 방법은 구식화 준비금에 있어서 큰 변화를 가져오긴 하지만, 이러한 조정은 아직도 사용되고 있다. 이 공식은 구식화의 시간을 거스르는 변화에 근거를 두며, 제품의 유효기간과 같은 사항에 관련된 실질적인 평가절하를 포함하는 미래 지향적인 조정은 무시한다. 결과적으로, 구식화 축적에 있어서 증가하는 조정을 하기 위해 이 공식을 사용할 수 있지만, 이 실사를 쓸모없는 재고의 향후 비율을 예상 변화를 조정하는 데에는 사용할 수 없다.

31. 쓸모없는 재고의 비율

여러 가지 이유로, 회사는 쓸모없는 재고의 비율에 대해 알고 있어야 한다. 첫째, 외부 감사자들은 재고의 가치를 급격히 감소시키고, 현재 수익에 비용을 창출하는 이 품목들에 대한 구식화 준비금이 마련되어 있는지를 요구할 것이다. 둘째, 쓸모없는 재고 수준에 대한 계속적인 감독은 회사가 공급자에 대한 보상, 세금이 부과되는 기부, 그리고 고객으로의 할인 판매 등의 수단을 통해 재고를 없앨 수 있도록 해준다. 마지막으로, 쓸모없는 재고는 다른 용도로 사용될 수 있는 소중한 창고의 공간을 차지하고 있다. 쓸모없는 재고의 비율로 이것을 감독하는 것은 경영진이 공간의 필요에 의해 이 품목들을 제거할 수 있게 해준다.

현재 사용이 없는 모든 재고 품목 비용의 합계를 내고, 이것을 총 재고 평가로 나누도록 한다. 한 동안 사용되지 않았지만, 재고에 남아 있는 양을 결국 다 써버리게 될 가끔 씩의 이용이 있을지도 모르기 때문에, 분자에 사용되는 숫자는 몇 개의 해석의 대상이 될 것이다. 이 문제를 피할 수 있는 분자에 대한 대체 공식은 최근 생산된 품목의 자재 명세서에 나와 있지 않은 재고 품목들만을 포함시키는 것이다. 공식은 다음과 같다.

$$\frac{\text{최근 사용되지 않은 재고 품목의 원가}}{\text{총 재고 원가}}$$

높은 수준의 쓸모없는 재고는 높은 수준의 재고 회전의 유지를 책임지고 있는 물류 매니저에게는 잘 반영되지 않는다. 이 매니저가 계산에 어떤 영향을 줄 수 있다면, 아마 그는 "최근 사용"을 장기간 동안의 아무 품목으로 정의하거나 결국 재고가 사용되었다는 것을 증명하는 자재 명세서에 모든 재고 품목이 포함되도록 함으로써 분자에 나타난 숫자 변경을 시도할 것이다. 이 문제를 피하려면 이 실사는 물류 부서의 외부에 있는 누군가에게 주어져야 할 것이다.

32. XX일 이상 지난 재고의 비율

회사는 쓸모없는 재고를 가지고 있지 않을 수도 있지만, 향후 어떤 시점에 구식화될 수 있는 염려를 가진 충분한 양의 오래된 재고를 가지고 있을 것이다. 일정 고정 기간보다 오래된 재고들의 양을 결정함으로써, 물류 직원은 어떤 품목이 공급자에게 반환되어야 하고(다음 실사를 참고), 어떤 품목을 할인된 가격으로 팔아버려야 하는지에 대해 결정할 수 있게 된다.

어떤 재고가 처분의 조치를 요구할 만큼 충분히 오래되었다고 생각되는 날수를 결정하도록 한다. 그리고 나서, 이 날수를 초과한 모든 품목의 달러 가치를 결정한다. 그 총액을 재고의 총 달러가치로 나누도록 한다. 이 실사는 분자에 각 재고 품목의 세부적인 양과 장소를 열거하는 보고서를 수반하여, 물류 직원이 그것들을 구체적으로 검토

할 수 있게 해야 한다. 공식은 다음과 같다.

$$\frac{XX일\ 이상\ 지난\ 재고의\ 달러\ 가치}{재고의\ 총\ 달러\ 가치}$$

이 실사는 처분을 필요로 하는 재고의 총 수량에 대한 정보를 제공해 주지만, 향후 생산 운영에 있어서 원자재의 사용을 위한 계획이 잡혀야 하는 생산 스케줄에 있어서의 원자재의 사용 조건에 대한 관점을 제공해주지 않기 때문에, 이런 경우 이전의 재고 목록을 생산 조건 보고서와 비교해 보아야 할 것이다.

이 보고서가 오래된 완제품의 비율을 결정하는 데에 사용되면, 이것은 어떤 제품이 팔려야만 하는지에 대한 더 나은 정보를 주게 된다. 그러나 이것은 또한 목록에 있는 각 제품의 판매 시즌의 시기에 대한 지식을 요구하게 될 것이다. 예를 들어, 옷과 같은 품목은, 오래된 것처럼 여겨져도, 만약 그것의 최고 판매 시즌이 막 시작되었다면, 그것은 할인의 형태를 고려해 보기 전에 그것이 원래 소매가로 팔리고 있는지를 알아보기 위해 그 시즌 동안 그냥 내버려 두는 것이 이치에 맞을 수도 있다.

33. 반환할 수 있는 재고의 비율

시간에 걸쳐서, 회사는 사용할 수 있는 양보다 많거나, 더 이상 전혀 사용되지 않는 재고를 축적시키게 된다. 이 과잉축적은 지나치게 많은 구매 또는 원래 기대보다 낮은 생산, 또는 일부의 구성요소를 완전히 쓸모없게 만드는 제품 설계의 변화에 의해 발생될 수 있다. 이유가 무엇이든 얼마만큼의 비율이 현금이나 예금으로 공급자에게 반환 될 수 있는지를 결정할 수 있도록 재고를 정기적으로 검토하는 것이 매우 유용할 것이다.

현금이나 예금으로 공급자들이 반환해주겠다고 지시한 모든 재고 품목의 합계를 내도록 한다. 분자에는, 반환 가능한 품목의 장부 가격, 혹은 그 품목들을 반환함으로써 실제화 되는 현금의 순 액수를 이용한다(주로 공급자에 의해 부과된 재배치 비용이 포함된다). 첫 번째 변형은 회계 기록에서 제거할 수 있는 재고의 총량에 더 많은 관심을 보이는 회사에게 사용되는 반면, 두 번째 방법은 거래를 통해 현실화 될 수 있는 현금에 더 관심을 보이는 회사에 의해 사용된다. 분모는 전체 재고의 장부 가치이다. 공식은 다음과 같다.

$$\frac{\textit{반환 가능한 재고의 달러 가치}}{\textit{재고의 총 달러 가치}}$$

재고의 많은 비율이 초기에는 반환 가능한 것처럼 보일지라도, 가까운 시일의 생산 수요는 추가적인 화물을 창고로 불러들여 재고의 재구매를 필요로 할 수도 있다는 것을 고려해야 한다. 결과적으로, 어떤 품목이 반환될 수 있는지 뿐만 아니라 더 구체적으로 어떤 품목이 향후의 수요 없이 반환될 수 있는지를 확인하기 위해, 실사의 기초를 이루는 세부사항들의 검토가 필요할 것이다. 이 방법은 재주문 수량 계산의 도움을 받아, 물건을 반환하기 위해 공급자에게 제시한 비용이 정당한지를 알아보기 위해 물류직원들의 판단을 필요로 하게 될 것이다. 이 문제를 막아주는 이 실사의 축소 버전은 관련된 시간과 상관없이 향후 생산 수요를 필요로 하지 않는 재고 품목만을 분자에 포함시키는 것이다.

34. 재고 양식과 보고서

이 부분은 재고 기능에 관련된 세 개의 양식과 일곱 개의 보고서를 포함하고 있다. 수령 기록과 재고 태그와 같은 양식들은 재고의 물리적 존재를 추적하기 위해 사용된다. 표준-실제 원가 비교 보고서와 표준 원가 변경 보고서와 같은 다른 양식들은 재고의 비용에 더 많이 관여하고 있다. 어떤 양식와 보고서들이 재고 운영에 통합될 수 있는지 알아보기 위해 이 부분을 한번 훑어보는 것이 유용할 것이다. 적어도 기존의 양식과 보고서 포맷은 여기에 제공된 설계에 맞춰 개조될 수 있을 것이다.

회사가 수령 직원이 모든 수령을 직접적으로 입력할 수 있는 완전히 통합된 컴퓨터 시스템을 가지고 있다면, 수송되는 물품을 위한 다른 양식은 필요하지 않다. 하지만 그렇지 않을 경우, [표 5-1]과 같은 수령 기록이 사용 될 것이다. 그 보고서는 수령된 품목의 상태 등과 같은 수령 직원의 메모를 위한 추가의 공간을 포함하고 있어야 한다.

날짜, 공급자, 부품 번호, 또는 부품 설명 등으로 분류되는 정보가 수령 보고서에서 사용된다.

물리적인 재고 실사는 주로 각 로트에 부착될 태그를 사용하여 실시된다. 이 태그들은 미리 일련번호들이 주어지고, 태그의 일부가 재고에 남아있기 때문에, 모든 로트들이 계산될 수 있도록 확인하는 역할을 한다. 샘플 재고 태그는 [도표 5-2]에 나와 있다. 이것은 아래 부분이 합계를 위해 사용되는 2부분으로 구성된 태그이다. 느리게 이동하는 품목들이 정기실사에서 우선 계산될 수 있도록 하기 위해, 품목의 이동을 나타내는 공간이 반대쪽에 제공된다.

주기 실사는 회계 데이터베이스에서 나온 재고 기록을 창고의 물리적 실사와 비교하기 위해 주기 실사 담당자를 통해 이루어진다. [도표 5-3]에 나와있는 샘플 보고서는 주로 창고 위치 코드로 분류되어,

실사자가 작은 장소의 모든 품목들을 확인할 수 있도록 하고, 이것은 가장 효율적인 회계 방법이 된다. 이 보고서는 물리적 재고 실사를 기록하는 공간을 가지고 있는데, 부품 설명 또는 실사 단위에 관한 변경 사항을 기록해도 된다.

주기 실사 정보가 일단 수집되고 나면, 재고의 각 부품의 정확성이 추세선에 기록되어야 하고, 가능하면 벽에 붙이는 보드를 이용하는 것이 좋다. 이렇게 함으로써, 경영진은 이 정보가 매우 중요하다는 것을 알게 되어, 통계의 정확성 향상을 원하게 된다. 재고 정확성 보고서의 예는 [도표 5-4]에 나와 있다.

생산 현장에 사용되는 대부분의 재고는 자재 명세서에 의해 창고 직원이 키팅(kitting)하고, 생산 현장으로 가기 위해 파렛트로 옮겨진다. 그러나 자재 명세서에 제시된 양이 너무 적으면, 더 많은 재고가 창고로부터 요청될 것이다. 반대로 자재 명세서가 너무 많으면, 일부 재고들은 반환될 것이다. 만약 생산 현장에서 부품이 손상되었다면, 더 많은 재고가 요청될 것이다. 이러한 문제가 발생했을 경우, 창고 직원은 [표 5-5]에 나와 있듯이, 재고 사인아웃과 반환 양식과 같은 모든 관련 거래를 기록해야 한다. 이것은 재고 데이터베이스에 입력되어야 할 거래들의 문서 기록으로뿐 아니라, 오류가 있는 자재 명세서의 예상 수정의 기록으로서도 매우 유용하다.

생산 운영은 종종 폐기된 재고 또는 완성되기 전에 어떤 식으로든 재가공 되어야 할 재고를 발생시킨다. 회계 부서는 폐기물이 발생하자마자 그것을 알아내어, 관련 비용을 판매 제품의 원가에 상각시켜야 한다. 많은 회사들이 재가공을 필요로 하는 품목에 이와 같은 처리를 하고 있고, 그 품목들이 일단 고정되고 생산에 다시 투입되면, 비용을 다시 위임한다. [도표 5-6]에 나온 두 부분으로 된 양식은 하나는 재고에 부착되고 다른 하나는 회계 부에 전달함으로써, 폐기물이나 재가공품이 나오면 언제든지 생산 또는 자재 관리 직원에 의해 기입될 수 있다. 이 양식은 회계 직원이 제출된 모든 양식을 확인해야 할 경우를 대비해 미리 번호가 매겨져 있다. 만약 "폐기된"이 기입되어 있으면, 회계는 판매제품으로 재고 비용을 상각한다. 만약 "재가공으로 보냄"이라고 기입되어 있으면, 회계는 재고 데이터베이스의 재가공 재고 영역으로 관련재고를 전환시키면, 재가공 활동이 완료될 때까지 이것은 여기에 보관된다. 이 양식은 생산 또는 엔지니어링 매니저가 폐기물이나 재가공이 왜 발생했는지를 검토하고 싶어할 경우 그들에게 보내질 수 있다. 재고 평가를 위해 표준 원가가 사용되었을 경우, 판매 제품에 나타나는 편차를 만드는 표준과 실제원가 사이의 차이가 생길 수밖에 없다. 이 편차를 항목화하는 보고서가 [도표 5-7]에 나와 있다.

표준 원가는 실제 원가와 일치시키기 위해 시시때때로 변경될 수 있다. 변경이 발생하게 되면, 이 원가가 왜 변경되었는지에 대한 이유와 함께, 보고서에 변경사항을 보여주는 것이 좋다. 경영진이 특별히 표준 원가를 바꾸는 것에 대해 민감하다면, 변경에 대한 형식적인 승인을 기록하기 위해 보고서에 매니저 서명란을 추가할 수 있다. 이 보고서의 예는 [도표 5-8]에 나와 있다.

평소보다 더 필요한 보다 많은 부품은 생산 중인 다양한 품목을 완료하기 위해 재고에서 취해지게 되고, 이것은 기대하지 못한 재고 수준의 감소를 가져오며 판매 제품의 원가 증가를 발생시킨다. 재고 가치에 대한 이러한 잠재적인 영향을 고려했을 때, 이 문제는 [도표 5-9]에 나와있는 것과 같은 분리된 보고서를 필요로 하게 된다. 부품의 과잉 사용이 시간이 지나도 계속될 경우, 이 보고서는 품목의 잠재적인 자재 명세서의 변경에 대한 필요성의 증거로 사용될 수 있다.

쓸모없는 재고를 감지하는 가장 쉬운 방법 중 하나는, 더 이상의 사용되지 않는 재고품의 목록을 만드는 것이다. [도표 5-10]에 나와있는 버전은 전체 재고의 철회와 현재 수량을 비교하고 있다. 이것은 이 자체로서 쓸모없는 재고의 검토를 할 수 있는 충분한 정보가 될 것이다. 또한 이것은 MRP 시스템으로부터 계획적인 사용을 요청하여 목록을 만들고, 재고 품목의 처분을 막아주는 향후의 필요조건에 대한 정보를 제공할 것이다. 각 품목에 대해 늘어난 비용이 또한 표시되어, 어떤 품목이 쓸모없다고 판명될 경우 발생할 수 있는 상각에 대한 정보를 보고서 사용자에게 제공할 수 있다. 표를 보면, 하위 우퍼, 스피커 브래킷, 그리고 월 브래킷은 이전 사용에 근거하여 쓸모없다고 판정되었지만, 더 많은 월 브래킷의 계획된 사용은 이 품목이 처분되는 것을 막을 것이다.

[도표 5-1] 수령 기록

날짜	공급자	품목	운송 수량	입고 수량
9/10/05	Acme Acorn Co.	Pistachino Nuts	3 배럴	3 배럴
9/10/05	Acme Acorn Co.	Pine Nuts	2 배럴	2 배럴
9/10/05	Durango Nut Co.	Pine Cones	100 파운드	98 파운드

[도표 5-2] 재고 태그

[도표 5-3] 주기 실사 보고서

위치	품목 번호	설명	실사 단위	수량
A-10-C	Q1458	Switch, 120V, 20A	EA	
A-10-C	U1010	Bolt, Zinc, 3 x 1/4	EA	
A-10-C	M1458	S대변ew, Stainless Steel, 2 x 3/8	EA	

[도표 5-4] 재고 정확성 보고서

Aisles	책임자	2달 전	지난 달	1주	2주	3주	4주
A-B	Fred P.	82%	86%	85%	84%	82%	87%
C-D	Alain Q.	70%	72%	74%	76%	78%	80%
E-F	Davis L.	61%	64%	67%	70%	73%	76%
G-H	Jeff R	54%	58%	62%	66%	70%	74%
I-J	Alice R	12%	17%	22%	27%	32%	37%
K-L	Geroge W	81%	80%	79%	78%	77%	76%
M-N	Robert T.	50%	60%	65%	70%	80%	90%

[도표 5-5] 재고 사인-아웃 과 반환 양식

설명	부품 번호	생산 수량	반환 수량	작업 번호	날짜

[도표 5-6] 폐기물/재공품 거래 양식

날짜 :
품목 번호 :
설명 :

폐 기 물	재 공 품
폐기물 수량 : ________________	재공품 수량 : ________________
이유	이유
서명 :	서명 :

[도표 5-7] 표준/실제 원가 비교 보고서

부품 설명	표준 원가(달러)	실제 원가(달러)	차이(달러)	품목 수량	확장 차이(달러)
안테나	1.20	2.00	-0.80	500	$-400.00
스피커	0.50	0.70	-0.20	375	-75.00
배터리	2.80	3.10	-0.30	201	-60.30
플라스틱 케이스, 덮개	0.41	0.50	-0.09	14,000	-1,260.00
플라스틱 케이스, 받침	0.23	0.41	-0.18	11,000	-1,980.00
기본 단위	4.00	4.25	-0.25	820	-205.00
전선	0.90	0.91	-0.01	571	-5.71
회로기판	5.78	4.00	+1.78	1,804	+3,211.12
총 계	-	-			$-774.89

[도표 5-8] 표준 원가 변경 보고서

부품 설명	최초 표준 원가	비용 변화	최종 표준 원가	비고
전력단위	$820.00	+30.00	$850.00	가격증가
섬유	142.60		142.60	
페인트	127.54	-22.54	105.00	페인트형태의 변경
기구	93.14	-1.14	92.00	새로운 고도계
배기장치	34.17		34.17	
고무 그로밋	19.06	-.06	19.00	새로운 원자재
알루미늄 단조재	32.14	-2.00	30.14	단조재대치품
쿠 션	14.70		14.70	
총 계	$1,283.35	4.26	$1,287.61	

[도표 5-9] 초과 자재 사용 보고서

사용된 자재	표준 사용	실제 사용	초과 사용	단위 원가	총 초과 비용	비고
A	3,960	4,110	150	$4.75	$712.50	(a)
B	15,840	15,960	120	2.00	240.00	(b)
C	3,960	4,000	40	21.50	860.00	(c)
D	3,960	3,970	10	65.40	654.00	(d)
E	15,840	15,920	80	3.25	260.00	(e)
총 계	-	-	-	-	$2,726.50	

(a) 불량 부품
(b) 부주의한 제작
(c) 전력 비가동
(d) 스피드 드릴
(e) 유지보수 담당자 처분 건

[도표 5-10] 쓸모없는 재고 검토 보고서

설 명	품목 번호	위치	현재 수량	작년 사용량	예상 사용량	확장된 원가(달러)
하위 우퍼	0421	A-04-C	872	520	180	$9,503
스피커	1098	A-06-D	148	240	120	1,020
하위 우퍼	3421	D-12-A	293	14	0	24,724
회로기판	3600	B-01-A	500	5,090	1,580	2,500
스피커, 베이스	4280	C-10-C	621	2,480	578	49,200
스피커 브래킷	5391	C-10-C	14	0	0	92
월 브래킷	5080	B-03-B	400	0	120	2,800
금속 연결	6233	C-04-C	3,025	8,402	5,900	9,725
트위터	7552	C-05-B	725	6,740	2,040	5,630

06

재고 예산 편성

1. 개요

수많은 개별 품목과 계절적 특징의 영향, 구매 수량, 제품 고객화 및 그밖의 다른 요소들 때문에 재고는 대차대조표에서 예산을 편성하기가 매우 어려운 부분이다. 많은 회사들이 이 영역에 세심한 노력을 기울이지 않고, 대신 기존의 재고 회전율을 매출의 예상 수준에 적용시킴으로써 재고 예산으로 돌아가는 것을 선택한다.

이 방법이 일반적인 상식으로는 효과가 있을지도 모르지만, 재고에 대한 회사의 투자는 때때로 너무 많아지기 때문에, 더 구체적인 방법이 요구된다. 본 장은 다양한 예산 편성의 기술을 재고의 세 가지 주요 영역인 원자재, 재공품 및 완제품에 어떻게 적용하는지를 논한다.

2. 원자재 재고의 예산 편성

원자재 재고의 예산 편성을 개발하는 방법에는 두 가지가 있다. 첫째, 생산 계획에 근거하여 각 중요 재고 품목의 예산을 분리하여 편성한다. 둘째, 선택된 생산 요소에 근거하여 전체 자재의 예산을 편성하거나, 또는 자재의 등급들의 예산을 편성한다. 이 둘 중 하나가 훨씬 더 우수하다 하더라도, 실제로 모든 회사는 어느 정도까지는 이 두 가지 방법을 모두 사용해야 한다. 전자는 예산으로 잡히게 되는 수량을 더 정확하게 나타내기 때문에 실용적이라는 점에서 항상 선호된다.

원자재의 많은 개별 품목들의 예산 편성에서 다음과 같은 단계들을 밟아야 한다.

1. 예산 편성 시기 동안 생산에 필요한 각 제품의 품목에 필요한 자재의 물리적 단위를 결정한다.
2. 이것을 전체 생산 계획에 필요한 각 자재 품목의 총 물리적 단위에 누적시킨다.
3. 적절한 안정적 마진과 함께 생산계획을 정기적으로 충족시키기 위해 현재 있어야만 하는 각 자재 품목에 대한 수량을 결정한다.
4. 구매되어야 하는 총 수량을 확실히 하기 위해 예산 편성 시기의 시작점에서 필요할 것으로 예상되는 자재의 재고를 공제한다.
5. 수량이 필요한 시기에 수중에 있을 수 있도록 확인하는 구매 계획을 개발한다. 이 구매 계획은 경제적인 크기의 주문, 수송의 경제성, 그리고 지연에 대한 안전한 마진과 같은 요소들을 고려해야 한다.
6. 표준 회전율에 의해 예산으로 산출된 재고를 테스트 한다.
7. 자재의 예상 가격을 예산으로 잡힌 수량에 적용시킴으로써 재고와 구매 조건을 달러로 바꾼다.

실무에서는 사전에 계획을 집행하는 데에 있어서 많은 어려움이 발생한다. 실제로, 그 계획은 정기적으로 사용되고, 비교적 많은 양을 가지고 있는 중요한 자재 품목에만 적용하는 것이 바람직하다. 대부분의 제조 회사들은 그들이 수백 혹은 수 천 개의 각기 다른 원자재의 품목을 현실적으로 적용이 불가능한 이 계획으로 처리해야 한다는 것을 알게 된다. 게다가, 일부 회사들은 특정한 제품의 단위로 그들의 생산 계획을 표현할 수가 없다. 예를 들어, 이것은 물품이 부분적으로 또는 전체적으로 고객의 명세서로 만들어질 경우에는 사실이긴 하다. 이러한 경우, 개별적인 자재 품목 이동의 비율과 질서를 확인하고, 어떤 수량이 가지고 있는 최대 그리고 최소 수량을 결정하기 위해 과거의 경험을 살펴보는 것이 필요하다. 그리고 구매의 기초가 되는 자재 기록의 계속적인 검토와, 현재 수요에 적합한 수량을 유지하기 위한 최대 및 최소 한계의 정기적인 수정을 필요로 한다.

개별적으로 예산을 편성할 수 없는 원자재의 품목에 대한 예산은 총 노동 시간의 예산, 생산 시간, 표준 허용 시간, 소비된 자재 원가, 또는 제조된 제품의 원가와 같은 예상되는 생산 활동의 일반적인 요소들에 근거를 두고 있어야 한다. 소비된 자재 원가(개별적으로 예산이 편성되는 기초 자재보다는)가 100만 달러의 예산으로 편성되었고, 과거의 예산은 이 자재가 일 년에 5번의 재고회전이 되어야 한다고 가정하면, 20,000달러의 평균 재고가 예산으로 잡혀야 한다. 이것은 개별 자재 품목이 재고에 약 73일 동안(365일의 5분의 1) 잡혀있을 수 있다는 것을 의미한다. 이것은 평균 60일의 공급량을 유지하도록 관리자에게 지시하여 달성될 수 있을 것이다. 이 계획이 각 품목에 정확하게 적용될 수는 없지만, 개별 품목 관리의 유용한 지침을 제공해주고, 지나친 재고의 축적을 방지한다.

이 계획을 적용시킬 때, 다른 요소들 또한 반드시 고려되어야 한다. 재고와 선택된 생산활동의 요소들 간의 관계는 생산 활동의 정도에 따라 달라지게 된다. 그러므로 5번의 회전은 소비된 자재가 100만 달러의 수준일 경우는 만족스럽겠지만, 수준이 75만 달러일 경우에는 4번 정도로 낮출 필요가 있다. 반대로, 수준이 125만 달러로 올라가면 이것을 6번으로 잡는 것이 이상적이다. 또한 계절적 수요를 대비하여 몇 달 동안 자재와 공급 수량을 늘려야 할 필요가 있기 때문에, 이러한 계절적인 요인에 의해 여유수량이 필요하게 될 수도 있다. 다양한 생산활동 수준과 다른 계절에서 선택된 생산 요소에 대한 재고의 비율은 표준 관계가 성립될 때까지 계획되고 연구되어야 할 것이다. 전체적인 절차는 원자재 재고의 각각 다른 부분에 대한 다른 기준을 확립함으로써 어느 정도 개량될 수 있다.

이 계획은 일단 운영되고 나면, 실제/표준 비율을 매달 비교하여 엄격하게 확인되어야 한다. 재고 이동 비율이 기준보다 낮아지면, 느리게 이동하는 품목을 파악하기 위해 개별적인 원자재 품목의 활동 기록을 조사해 보도록 한다.

총 예상 구매 수량을 결정하는 데 있어서의 몇몇 문제점과 방법은 그림을 보면 더 잘 이해될 것이다. 예를 들어, 이 정보가 생산 예산을 검토한 후의 생산 요구량에 대해 이용 가능 하다고 가정해 보도록 한다.

	등 급			
	품목 수량		금 액	
기간	W	X	Y	Z
1월	400	500		
2월	300	600		
3월	500	400		
소계	1,200	1,500		
2사분기	1,500	1,200		
3사분기	1,200	1,500		
4사분기	1,000	1,700		
총계	4,900	5,900	10,000	$20,000

설명을 위한 목적으로, 다음 네 가지의 제품 등급을 가정한다.

등급 W 재고품목과 같이 명확한 양과 시간, 프로그램이 사전에 만들
어져야 하는 높은 가치 단위의 자재이다. 또한 재고는 예산을
목적으로 최소/최대 재고 기준으로 관리된다.

등급 X W 품목과 비슷하지만, 예산을 목적으로 최소/최대 제한을
사용하지 않는다.

등급 Y 예산 편성 시기에 명확한 수량이 성립되는 자재 품목이지
만, 특별한 주문과 같이, 명확한 시간 프로그램은 만들어
지지 않는다.

등급 Z 예산 편성 기간 동안 총 달러 구매로만 예산이 잡힌 잡다
한 자재 품목 집합

물론 실제 실무에서는, 생산 시간에 대한 결정은 Y 와 Z의 분류를
사용한 품목에 대해 이루어져야 한다. 그러나 본 장 뒤에서 설명될 기
준들은 생산 수준의 계획에 적용이 가능하다. 각 재고 등급에 대한 논
의는 다음과 같다.

(i) **등급 W.** 품목들이 최소/최대 기준으로 예산이 편성되는 곳으로,
재고 한도 내에 머무르면서, 생산 수요를 충족시키기 위해 감소되
어야 하는 구매내의 범위를 결정하는 것이 필요하다. 계산 방법은 다음
에 나와 있다.

	품 목	
	최소 재고	최대 재고
1월 생산 요구량	$400	$400
재고 한도	50	400
총계	450	800
초기 재고	200	200
수령 한도 (구매)	$250	$600

이 한도 내에서 구매될 수량은 단위 수송과 처리비용, 가격결정, 보관 공간, 자재 가용성, 자본 조건 등의 요인에 의해 영향을 받게 된다.

이와 유사한 결정은 각 원자재에 매달 이루어지며, 수령과 재고 스케줄은 아래와 같은 방법으로 준비될 것이다.

기간	초기재고	품목 수량	사용	기말재고	단위 가치	구매 예산
1월	200	$400	$400	200	$200	$80,000
2월	200	400	300	300		80,000
3월	300	400	500	200		80,000
소계		1,200	1,200			240,000
2사분기	200	1,350	1,500	50		270,000
3사분기	50	1,200	1,200	50		240,000
4사분기	50	1,200	1,000	250		240,000
총계		$4,950	$4,900			$990,000

(ii) 등급 X. 등급 X 자재는 필요한 때에 구매될 수 있는 것으로 고려된다. 이 형태의 품목에 대한 다른 관리들은 실용적이고, 다른 조달의 문제가 존재하기 때문에, 구매는 생산 요구량에 의해 결정된다. 이에 대한 간단한 확장은 예상 구매의 달러 가치를 결정하기 위해 필요한 모든 것이라고 할 수 있다.

기간	수량	단가	총계
1월	500	$10	$5,000
2월	600		6,000
3월	400		4,000
소계	1,500		15,000
2사분기	1,200		12,000
3사분기	1,500		15,000
4사분기	1,700		17,000
총계	5,900		$59,000

(iii) 등급 Y. 등급 Y 품목의 분석은 다음과 같이 가정될 수 있다.

품목	수량	단가	비용
Y-1	1,000	$1.00	$1,000
Y-2	2,000	1.10	2,200
Y-3	3,000	1.20	3,600
Y-4	4,000	1.30	5,200
총계	10,000		$12,000

명확한 배송 스케줄이 없고 그 외 사항이 고객에 의해 정해짐에도 불구하고, 구매시기에 대한 결정은 이루어져야 한다. 이러한 경우 비용과 수량의 분배는 과거의 경험 또는 예산이 편성된 기계 시간과 같은 예산이 편성된 생산요인들을 근거로 하여 이루어진다. 기간에 대한 할당은 다음과 같이 과거 경험에 따라 이루어진다.

기 간	유사품목에 대한 과거경험 제 조	품 목 Y-1	Y-2	Y-3	Y-4	가치(구매) 총 액	예 산
1월	10%	100	200	300	400	1,000	$1,200
2월	15	150	300	450	600	1,500	1,800
3월	10	100	200	300	400	1,000	1,200
소계	35	350	700	1,050	1,400	3,500	4,200
2사분기	30	300	600	900	1,200	3,000	3,600
3사분기	20	200	400	600	800	2,000	2,400
4사분기	15	150	300	450	600	1,500	1,800
총계	100%	1,000	2,000	3,000	4,000	10,000	$12,000

품목의 분류는 구매부서만을 위한 것이고, 비율들은 총비용에 대해 적용될 수 있으며, 개별적인 품목에 적용될 필요는 없다. 실무에서는 형태에 따른 수량이 매우 많고 가치가 낮다면, 각 수량은 예측치와 관련되어 결정되지 않을 수도 있다.

(iv) 등급 Z : 자재가 그룹화되고, 과거 경험이 그 시기의 예상 지출을 결정하는 수단이 된다. 생산시간을 근거로 하여, 등급 Z 품목의 분배는 다음과 같이 가정된다. (이러한 자재의 비용은 생산시간당 2달러로 가정된다.)

기간	생산시간	총액
1월	870	$1,740
2월	830	1,660
3월	870	1,740
소계	2,570	5,140
2사분기	2,600	5,200
3사분기	2,230	4,460
4사분기	2,600	5,200
총액	**10,000**	**$20,000**

모든 자재가 그룹화되고 조건이 결정되어 비용으로 전달되면, 자재예산은 [도표 6-1]과 같이 요약된다.

[도표 6-1]은 원자재와 관련이 있다. 이와 비슷한 방법이 제조공급의 측면에서 다루어질 수도 있다. 몇 개의 주요 품목들은 방금 언급한 등급 W 또는 등급 X 품목의 예산으로 잡힐 수도 있지만 대량 품목은 등급 Z 품목으로 처리될 것이다.

배송날짜로 실사된 이 조건이 일단 확실히 정해지면, 재무부서는 평균시차등을 통해 그 데이터를 현금 지급 수요로 전달할 필요가 있다.

[도표 6-1] 샘플구매 예산

The Blank Company

20xx년도 구매 예산

등급

기 간	W	X	Y	Z	총액
1월	$80,000	$5,000	$1,200	$1,740	$87,940
2월	80,000	6,000	1,800	1,660	89,460
3월	80,000	4,000	1,200	1,740	86,940
소계	240,000	15,000	4,200	5,140	264,340
2사분기	270,000	12,000	3,600	5,200	290,800
3사분기	240,000	15,000	2,400	4,460	261,860
4사분기	240,000	17,000	1,800	5,200	264,000
총계	**$990,000**	**$59,000**	**$12,000**	**$20,000**	**$1,081,000**

3. 재공품 재고를 위한 예산 편성

재고보유 지점 사이의 생산과정에 있는 재고는 표준 회전율을 생산예
산에 적용시킴으로써 가장 잘 실사될 수 있다. 이것은 생산단위 또는
달러로 표현되고 개별적인 과정과 부서 또는 공장전체를 위해 계산될
수 있는데, 전자의 경우가 더 정확하다. 이 과정을 설명하기 위해, 특정절
차 또는 부서의 다음과 같은 재고와 생산데이터를 가정해 보도록 한다.

1월에 예상된 재공재고 500 *단위* (a)

1월에 예정된 생산량 1200 *단위* (b)

월별 표준 회전율 4*번* (c)

이 과정에서의 제품의 단위당 평균 가치 $10

한 달에 네 번의 표준회전비율로 평균 재고는 300 품목이 되어야
한다. (1,200/4). 300개의 평균재고를 생산하기 위해서, 최종 재고는
100 품목이 되어야 한다 :

$$\frac{500+100}{2}=300$$

최종 재고로 잡히는 예산의 수량을 나타내기 위해 X 표를 사용하여, 다음과 같은 공식이 적용될 수 있다.

$$X=-\frac{2b}{c}\,a=\frac{2(1200)}{4}-500=100개$$

최종 재고의 가치는 1,000 달러 (100 × 10달러)

이 공식이 마이너스의 수량을 산출하면(최초 재고가 과잉이면, 그렇게 될 것이다), 이 경우는 개별적인 문제로 조사되어야 하고, 해당 절차 또는 부서에 대한 구체적인 평가가 있어야 한다.

이러한 재공품 재고에 대한 관리는 대부분의 경우 완전히 무시되고 있다. 자재가 공장으로 들어가서 완제품으로 나오는 사이의 시간은 종종 효율적인 생산을 위해 필요한 시간보다 훨씬 더 오래 걸린다. 자동차 타이어 산업에 대한 보다 확장된 조사는 다섯 개의 일류 제조업체 사이의 놀라운 시간 확장에 대해 밝혔는데, 그중 하나의 회사는 다른 회사의 6배의 재공품 재고를 가지고 있었다. 이 조사는 또한 재공품의 생산리드타임의 원인에 대한 분석에 의해, 생산의 효율성을 방해하지 않고 이 모든 다섯 개의 회사에서 실질적인 감소가 있었을 것이라고 밝혔다. 따라서 재공품 재고의 예산 편성은 저스트 인 타임(JIT ; just- in-time) 개념을 생산 과정에 집어넣는 프로그램을 통해 적극적인 재고 축소 활동 프로그램을 삽입하기 위한 훌륭한 영역이라고 할 수 있다.

실제로 재공재고에 대한 투자를 효율적인 생산과 일치하여 최소로 줄이는 것이 이상적이긴 하지만, 완성품 재고를 줄이기 위한 수단으로써 부품과 부분적인 완제품에 대한 상당량의 재고를 유지하는 것도 바람직하다.

일정 시점에 보관되어 있는 부품, 조립 부품, 처리된 재고, 또는 일정 형태의 재공품은 자재와 같은 방법으로 예산이 주어지고 관리되어야 한다. 다시 말해, 재고 수량은 생산 계획을 근거로 하여, 각 개별 품목을 위해 준비되어야 한다. 또는 재고 한도가 표준 회전율에 맞춰 준비되어 있어야 한다. 전자의 경우, 생산 계획의 집행을 통해 관리가 이루어져야 하고, 후자의 경우에는 최대 및 최소 수량이 확립되어 각 개별 품목에 대해 실시되어야 할 것이다.

자재 이용 예산에서 나온 재공품으로의 계획된 비용 입력, 직접 노동 예산, 제조비용 예산 및 제조에 의해 공급된 계획된 완제품의 수량과 함께, 회계 담당자는 [도표 6-2]에 보여지는 것처럼, 계획된 재공품의 시간대별 (요약된) 예산을 개발할 수 있다. 이 재고 예산 수준의 정당성은 과거의 재고 회전 수준과 비교하여 테스트를 거쳐야 할 것이다.

4. 완제품 재고의 예산 편성

완제품 재고의 예산(또는 거래에 관련된 물품)은 판매 예산에 근거를 두고 있어야 한다. 예를 들어, 500개의 품목 A가 예산 편성 시기에 팔릴 것이라면, 얼만큼의 단위가 이 판매 프로그램을 지원하기 위해 재고에 유지되어야 하는지를 확인해야 한다. 날마다 고객에게 요구되는 정확한 수량을 사전에 결정하는 것은 거의 불가능하다. 완제품에 대한 약간의 안전재고가 유지되어, 만족스러운 배송이 이루어져야 할 것이다. 안전재고 수준이 결정되면, 필요한 만큼의 재고가 공급될 수 있는 재고의 생산과 구매 프로그램의 개발이 가능하게 될 것이다.

[표 6-2] 재공품의 예산 편성

The Illuatrative Company

재공품의 예산 편성

20XX년 재공품 예산 편성 계획

(단위: 100달러)

재공품으로의 부과

월/분기		초기 재고	직접 자재	직접 노동	제조 비용	총계	완제품으로 이동	기말 재고
1월		$264,800	$110,000	$84,700	$105,900	$300,600	$307,100	$258,300
2월		258,300	120,000	92,400	115,500	327,900	314,400	271,800
3월		271,800	145,000	110,200	137,750	392,950	402,800	261,950
총액	1/4	794,900	375,000	287,300	359,150	1,021,450	1,024,300	261,950
	2/4	261,950	432,000	332,640	415,800	1,180,440	1,186,210	256,180
	3/4	256,180	353,000	271,800	338,700	963,500	969,100	250,580
	4/4	250,580	327,000	250,800	314,600	892,400	880,300	262,680
총 계		$264,800	$1,487,000	$1,142,540	$1,428,250	$4,057,790	$4,059,910	$262,680

(a) 개별 품목에 대한 완제품 예산 편성

두 가지의 일반적인 방법이 완제품 재고의 예산 편성에 사용될 수 있다. 첫 번째 방법 하에서, 각 품목에 대한 예산은 개별적으로 성립된다. 이것은 과거의 판매 기록과 각 품목의 판매 프로그램을 조사하고, 예산 편성 기간의 다양한 날짜(주로 월말 마감시기)에 수중에 있어야 할 수량을 결정함으로써 실시될 수 있다. 구체적인 생산 또는 구매 계획은 현재 판매 조건에 맞추어 그 수량을 제고함으로써 개발될 수 있다. 총 예산은 개별적인 품목의 예산을 합하여 산출하면 된다. 이 총 예산은 재고와 판매 사이의 만족스러운 관계가 유지될 것이고, 그것이 일반적인 재무 계획과 조화를 이룰 것이라는 증거로 이상적인 회전율에 의한 테스트를 거치게 될 것이다. 이 두 가지의 측면에서 실패하게 되면, 적절한 조정이 발생할 때까지 판매, 생산 또는 재무의 계획에 있어서의 수정이 이루어져야 한다.

이 계획 하에서, 재고에 대한 관리는 판매와 생산 계획의 실시 방법에 의해 영향을 받는다. 이 두 가지 중 하나가 예산에서 어느 정도 중요한 수준으로 변경되면, 또 다른 하나도 수정되어야 하고, 그에 따라 재고의 예산도 변경되어야 한다.

이것은 판매와 생산 계획이 적당한 확실성을 가지고 실시되는 곳에서 매우 선호되는 방법이다. 이것은 특히 상대적으로 작은 품목을 대량으로 제조하는 회사들에게 적당한 방법이다. 이 적용은 원칙상 최소/최대에 의한 예산 편성 방법으로 관리되는 원자재와 관련된 방법들과 유사하다고 할 수 있다.

(b) 완제품 총 수량과 가치 예산 편성

개별적 품목의 판매가 매우 변동적인 곳과 그러한 변동이 수백 또는 수천 개의 품목에 대해 감독되어야 하는 곳에서는, 두 번째 계획이 선호된다. 완제품과 판매 사이에 유지되어야 하는 관계에 관련된 기본적인 정책들이 여기 채택되어 있다. 이것은 전체적인 재고 또는 재고의 각각 다른 부분들에 대한 표준 회전율을 설정하여 이루어질 수 있다. 예를 들어, 연간 3회의 회전율 또는 재고투자가 특정 제품군에 대해 유지되어야 한다거나 다른 제품군에 대해서는 연간 판매원가의 4분의 1 이상으로 재고 투자가 되면 안 된다는 것으로 결정될 수도 있다. 예산은 이러한 관계에 근거를 두고, 적절한 관리자에게 발생하는 총 재고가 기본 표준 재고에 맞춰지도록 개별 품목의 수량을 관리하는 책임을 줄 수 있다.

기본 지침으로서의 이러한 표준 회전율로, 재고관리 담당자는 재고에 있는 각 품목을 조사해야 한다. 품목의 과거 이동 비율, 일정하지 않은 수요, 예상 수요 및 경제적인 생산 수량에 관한 정보를 수집하고, 최대/최소 수량과 주문할 수량을 확립해야 한다. 이러한 수량들이 설정되고 나면, 이러한 정보들은 재고가 적절하게 관리되고 있는지를 알기 위해 철저히 감시되고 자주 수정되어야 한다.

최대, 최소, 그리고 주문 수량의 확립과 사용은 그것이 재고관리 장치로서 효과적이어야 할 경우에, 순수한 서기식의 방법으로는 절대 해결될 수 없기 때문에, 이 계획을 적용하기 위해서는 확실한 관리적 판단이 필요하다. 예를 들어, 수량이 과거 판매에 근거를 두고 있다면, 판매 수요의 변화를 나타내주는 현재의 판매 경향으로 수정되어야 한다. 또한, 계절적인 수용에 대한 승인도 있어야 할 것이다. 이것은 가끔 다른 계절의 다른 한도의 처리에 의해 이루어지기도 한다.

이러한 재고관리 계획의 실패를 가져오는 가장 흔한 원인은 자질을 갖추지 않은 직원에게 계획을 위임하는 것과, 개별 품목과 관련된 판매 경험의 계속적인 검토 유지에 대한 실패라고 할 수 있다. 너무나 많은 이 경우들은 문제를 순수하게 서기적인 방법으로만 분석하고 그러한 업무만이 가능한 직원에게 이것을 위임한 것이다. 이에 대한 위험은 완성된 재고의 수천 개의 품목을 다루어, 쓸모 없어지고 느리게 이동하는 지나치게 많은 품목들이 재고에 쌓이게 되는 결과를 가져오는 회사에서 특히 더 크다. 재고관리 계획의 성공적인 수행은 끊임없는 연구와 조사, 개별 품목과 그 이동사항의 꼼꼼한 기록, 그리고 상당히 많은 개인적인 판단을 필요로 한다.

일단 운영되고 나면, 이 계획은 실제 회전율과 일반적인 예산 프로그램에서 지시한 사항들을 비교하면서 계속적으로 테스트를 실시해야 한다. 이 테스트가 완성된 재고의 개별적인 부분에 적용되면, 지시된 이동 비율을 충족하지 못하는 특별한 부분이 드러나게 될 것이고, 이 부분들에 수정 작업이 일어날 것이다.

완성된 재고관리의 계획은 단위로 환산되어 가능하면 언제라도 실시되어야 한다. 이것이 실행 가능하지 않을 경우, 달러를 기준으로 해도 좋다.

금전적인 용어로, 그리고 적절한 재고를 위해 필요하다고 간주되는 완제품의 수량에 근거하여(권한이 있는 관리인에 의해 제공된), 연간 비즈니스 계획을 준비하는 상황에서, 회계 담당자는 [도표 6-3]에 있는 간결한 형태로 완제품 재고에 대한 예산을 개발할 수 있다. 재고의 부분들의 총계가 밝혀지면, 회사의 총 재고 예산은 [도표 6-4]와 같이 요약될 수 있다. 이러한 요약은 경영진과 재고의 수준을 논의할 때 매우 유용하다. 관련된 모든 비율이 포함될 수 있다. 다시 한번 말하지만, 연간 비즈니스 계획의 타당성 테스트에서, 재고는 부분적으로 또는 전체적으로 회전율 또는 관리(또는 계획)의 목적을 가진 다른 장치를 통해 테스트되어야 한다.

[도표 6-3] 완제품 재고의 예산 편성

The Illustrative Company
20XX년 완제품 예산 편성 계획
(단위: 100달러)

월/분기	초기 재고	재공품에서의 이동	구매된 부품 (a)	판매제품 원가	기말 재고
1월	$329,600	$309,100	$71,000	$365,400	$342,300
2월	342,300	314,400	72,000	419,100	309,600
3월	309,600	402,800	80,000	472,500	319,900
1사분기	329,600	1,024,300	223,000	1,257,000	319,900
2사분기	319,900	1,186,210	64,500	1,243,700	326,910
3사분기	326,910	969,100	41,400	1,017,500	319,910
4사분기	319,910	880,300	49,600	932,900	316,910
총 계	$329,600	$4,059,910	$378,500	$4,451,10	$316,910

주 (a) : 특정 부품은 고객에게 판매를 위해 획득되어 재공품이 되지 않는다.

[도표 6-4] 예산 편성된 재고의 요약

The Illustrative Company
20XX년 완제품 예산 편성된 재고의 요약
(단위: 1000달러)

품목	원자재와 구매된 부품	재공품	완제품	총계
초기 재고	$186,400	$264,800	$329,600	$780,800
분기말 재고				
3월	183,400	261,950	319,900	765,250
6월	176,400	256,180	326,910	759,490
9월	169,400	250,580	319,910	739,890
연말 재고	$200,400	$262,680	$316,910	$779,990
연간총사용-예상	$1,487,000	$4,059,910	$4,451,100	
일간평균(255일)	$5,831	$15,921	$17,455	
현재사용 일수-연말	34.4	16.5	18.2	

07
LIFO, FIFO 및 평균 원가계산

1. 개요

재고 평가를 위해 사용되는 원가계산법의 형태는 재고 원가계산의 핵심이라 할 수 있다. 왜냐하면 여기에 사용되는 방법은 예상 수익에 엄청난 영향을 줄 수 있기 때문이다. 4장의 회계 조사 보고 43번의 진술 4번에 따르면, 선택된 방법이 정기적인 수익을 명백하게 보여줄 수 있는 한, 다양한 원가 흐름 가정을 통해 재고의 원가를 산출해낼 수 있다. 선택을 할 수 있는 원가 계산의 방법에는 여러 가지가 있다. 본 장에서는 후입 선출법(LIFO), 선입 선출법(FIFO), 달러 가치 선입 선출법, 링크 체인 및 가중 평균법을 사용하는 이유에 대해 다루고, 또한 이 방법들이 어떻게 실사되는지에 대한 실례를 제공한다. 또한 드물게 사용되는 구체적인 판별법에 대해서도 간단히 논의하기로 한다.

2. 선입 선출법(FIFO) 재고 평가

컴퓨터 제조업체라면 구매하는 구성 부품들은 구식화가 매우 빠르게 이루어지고, 때때로 한 달 혹은 두 달 후에 부품이 가치를 잃을 수도 있다는 것을 잘 알고 있다. 따라서 향후 빠른 시간 안에 폐기물로 처리해야 하는 위험을 감수하기보다는 재고에서 가장 오래된 품목들은 가장 먼저 사용해버려야 한다. 이러한 환경에서는 선입 선출법이 비용의 흐름을 다루기에 가장 이상적인 방법이다. 이 방법은 재고에서 가장 오래된 부품이 가장 먼저 사용되는 것으로, 그 부품들과 관련된 비용이 가장 먼저 사용되는 것을 의미하기도 한다.

이 개념은 [도표 7-1]에 나타난 예로 가장 잘 설명된다. 첫 번째 줄에, 단위당 원가가 10달러인 50 품목의 재고를 가져온 재고의 단일 층이 만들어져 있다. 이 재고의 확장 원가는 후입 선출법에서 보여지는 것과 같지만, 데이터의 두 번째 줄을 보면 원가가 달라진 것을 알 수 있다. 여기서 350 품목의 월별 재고 사용을 볼 수 있는데, 선입 선출법은 이전달 말에 남아있던 50 품목의 재고뿐 아니라 이번에 구매된 300 품목의 재고를 모두 사용할 것을 가정하고 있다. 이것은 재고의 첫 번째 층을 없애면서, 단위당 9.58달러의 원가를 가진 700 단위로 구성된 새로운 층을 만들어 낸다. 다시 첫 번째 줄의 재고로부터 나온, 세 번째 줄에는 400 단위의 사용이 있고, 이것은 300 단위로 축소된다. 그러나 추가의 재고가 같은 시기에 구매되었기 때문에, 10.65달러의 원가를 가진 250 단위로 구성된 추가적인 재고의 층이 생기게 된다. 표의 나머지 부분은 똑같은 선입 선출법의 계층 가정을 사용하여 진행된다.

선입 선출 원가 계산법을 실행하기 전에는 다음과 같은 몇 가지의 요소들을 고려해야 한다.

- **줄어든 재고층.** 선입 선출 시스템은 일반적으로 재고 데이터베이스에 더 적어진 층의 결과를 가져온다. 예를 들어, [도표 7-2]에 나와있는 후입 선출법은 원가 계산 데이터의 4개의 층을 포함하고 있는 반면,

완전히 똑같은 데이터를 사용한 [도표 7-1]에 나와있는 선입선출법은 2개의 재고의 층을 보여주고 있다. 재고의 수준이 떨어지지 않을 경우, 선입 선출 시스템은 오래된 원가의 층을 계속해서 없애 나가 중복되는 원가 계산의 층이 쌓이지 않게 하는 반면, 후입 선출 시스템은 오랫동안 전혀 다루어지지 않은 몇 개의 원가 층을 남겨 놓기 때문에, 이 결과는 일반적으로 이치에 맞는 것이라고 할 수 있다.

- 원가가 하락하는 기간에 대한 세금부담을 줄인다. 재고의 원가가 하락하는 것을 보는 것은 힘들지만, 공급자 간에 지독한 가격 경쟁이 있거나 원가 감소를 가져오는 매우 높은 비율의 기술 혁신이 있는 산업에서는 가끔 이런 일이 발생하기도 한다. 이러한 경우, 초기의 원가를 사용하는 것은 가능한 가장 높은 비용의 즉각적인 인식을 가져와 예상 수익 수준을 낮추고 세금부담을 줄이게 된다.

- 원가가 상승하는 기간에 더 많은 수익을 보인다. 이것은 가장 초기의 원가를 먼저 상각하기 때문에, 원가에 있어서 나타난 최근의 모든 상승은, 즉시 인식되기보다는 재고에 먼저 저장된다. 이것은 부수적인 소득세의 부담을 높이기도 하지만, 더 높은 수준의 예상 수익을 가져다 준다.

- 오래된 재고 원가의 더 적은 위험. 선입 선출법에서는 오래된 원가가 먼저 사용되기 때문에, 재고에 오래된 예전의 원가가 쌓일 수가 없다. 이것은 경영진이 예상 수익 수준에 있어서 재고 감소에 미치는 역작용과 판매 제품에 대한 지나치게 높거나 낮은 비용의 부과에 대한 걱정을 막아주는 역할을 한다. 또한 이것은 극적인 차이가 나는 판매 제품의 원가가 발생했을 때, 저스트 인 타임 시스템이 실행할 수 없는, 앞서 언급한 후입 선출법에서의 딜레마를 피할 수 있게 해준다.

   다시 말해, 선입 선출 원가 계층 시스템은 재고에서 가장 최근에 발생한 원가의 저장과 더 높은 예상 수입을 가져오는 경향이 있다. 이것은 소득세를 줄이기보다는 더 높은 예상 수익에 보다 높은 관심을 갖고 있는 회사들에게 가장 유용한 방법이라고 할 수 있다.

[도표 7-1] 선입 선출법 평가의 예

선입 선출 원가 계산법
부품 번호 BK 0043

1열	2열	3열	4열	5열	6열	7열	8열	9열
구매일	구매 수량	단위당 원가	월 사용량	남아있는 순 재고	첫 번째 재고층 원가	두 번째 재고층 원가	세 번째 재고층 원가	확장된 재고 원가
2003년 5월 3일	500	$10.00	450	50	(50 × $10.00)	–	–	$500
2003년 6월 4일	1,000	$9.58	350	700	(700 × $9.58)	–	–	$6,706
2003년 7월 11일	250	$10.65	400	550	(300 × $9.58)	(205 × $10.65)	–	$5,537
2003년 8월 1일	475	$10.25	350	675	(200 × $10.65)	(475 × $10.25)	–	$6,999
2003년 8월 30일	375	$10.40	400	650	(275 × $10.40)	(375 × $10.40)	–	$6,760
2003년 9월 9일	850	$9.50	700	800	(800 × $9.50)	–	–	$7,600
2003년 12월 12일	700	$9.75	900	600	(600 × $9.75)	–	–	$5,850
2004년 2월 8일	650	$9.85	800	450	(450 × $9.85)	–	–	$4,433
2004년 5월 7일	200	$10.80	0	650	(450 × $9.85)	(200 × $10.80)	–	$6,593
2004년 9월 23일	600	$9.85	750	500	(500 × $9.85)	–	–	$4,925

3. 후입 선출법(LIFO) 재고 평가

슈퍼마켓에서 선반들은 깊숙한 곳까지 제품으로 채워져 있다. 소비자는 선반을 지나가면서 가장 앞 줄에 있는 제품을 가져가게 된다. 부지런하지 못한 선반 담당자는 가장 오래된 제품을 맨 앞줄로 바꿔놓고, 새로운 제품을 뒤쪽에 놓기보다는 소비자가 방금 제품을 꺼내간 맨 앞줄에 제품을 다시 놓을 것이다. 이렇게 가장 새로운 제품을 먼저 가져가는 것을 후입 선출법(LIFO)이라고 부른다.

후입 선출법을 실행하기 전에 다음과 같은 요소를 반드시 고려해야 한다.

- **많은 계층.** 후입 선출의 원가 흐름 방법은 [도표 7-2]에서 나타나듯이 많은 재고층을 발생시킨다. 사용되는 많은 계층들을 자동으로 추적하는 컴퓨터화된 회계시스템이 있을 경우 이것은 그리 중요하지는 않지만, 직접 원가 층을 추적해야 하는 경우 이것은 매우 부담스러운 것이 된다.

- **재고 평가를 변경한다.** 제품의 원가에 있어 시간에 걸친 현저한 변화가 있을 경우, 최초 재고의 층은 현 시점의 시장 상태와는 매우 차이가 나는 비용을 가지게 될 수도 있는데, 이러한 비용 층이 사용되면, 불균형적으로 높거나 낮은 인식을 초래하게 된다. 또한 후입 선출 원가는 시장 원가보다 절대 낮아질 수 없으므로(8장 참조), 다양한 재고층에 있어서 불균형적으로 높은 가치를 유지하게 된다.

- **저스트 인 타임 시스템의 실행을 방해한다.** 이전 항목에서 언급했듯이, 후입 선출법은 최종 원가 층을 삭제해 버리기 때문에, 판매된 제품의 원가에는 불균형적인 수치가 발생한다. 이것이 예상 수익의 눈에 띄는 왜곡을 가져오게 되면, 회사의 경영자는 저스트 인

타임 시스템과 같이 재고의 수준을 감소시키거나 없애버리는 더 발전된 제조 개념의 실행에 반대되는 특수 상황에 직면하게 될 것이다.

- **원가 상승 기간에 세금부담을 줄인다.** 인플레이션의 상황에서, 발생하자마자 판매제품으로 상각되는 원가는 더 높은 판매 제품의 원가와 더 낮은 수익의 수준을 발생시키고, 이것은 또한 더 적은 세금부담을 가져온다. 이것이 대부분의 회사들이 후입 선출법을 사용하는 가장 큰 이유이다.

- **모든 보고에 있어서 계속적인 사용을 필요로 한다.** IRS의 규정하에서(13장 참조), 회사가 세금 보고를 목적으로 재고를 평가하기 위해 후입 선출법을 사용하고 있다면, 그 회사는 외부 재무 보고서를 만들 때에도 이와 똑같은 방법을 사용해야 한다. 이 규정은 회사가 세금을 목적으로 더 낮은 수익 그리고 그 밖의 목적으로 다른 대체적인 재고 평가법을 사용하여 더 높은 수익을 보고할 수 없도록 하기 위함이다. 그러나 재무 재표에 주석을 추가함으로써, 다른 방법을 사용했었더라면 어떤 수익이 발생했을 지에 대해 언급하는 것은 가능하다. 재무 보고서가 내부 경영진에게 보이기 위한 목적으로만 사용될 경우에는 모든 평가법의 이용이 가능하다.

다시 말해, 후입 선출법은 회사의 소득세 부담을 줄이기 위해 가장 많이 사용된다. 이러한 하나의 목적을 위한 방법은 매우 낮은 단위당 원가를 가진 재고 원가 계층의 인식이 높게 인식된 수익과 높은 세금 부담을 가져오기 때문에, 너무 많은 원가 계층, 지나치게 낮은 재고 가치, 그리고 재고 감소에 대한 두려움 등과 같은 문제의 원인이 될 수도 있다. 이러한 문제들을 고려했을 때, 후입 선출 원가 계산 시스템을 실행하기 전에는 세금회피의 사용에 대해 신중히 고려해야 할 것이다.

그 예로, [도표 7-2]에 열거되어 있는 The Magic Pen Company의 10번의 구매를 보도록 하자. 이 표에서, 회사는 2003년 5월 3일에 BK0043이라는 부품 번호를 갖고 있는 500 품목의 제품을 구입했고, 그 달에 450 품목을 사용하여 회사에는 50 품목이 남게 되었다. 이 50 품목은 모두 10달러의 원가로 팔렸고, 이것은 이 제품의 첫 번째 재고층으로 6열에 항목화되어 있다. 데이터의 다음 줄을 보면, 추가적인 1,000 품목이 2003년 6월 4일에 구매되었고, 그 중 350 품목만이 사용되었다. 이것은 9.58달러의 구매가를 가진 추가의 650 품목을 남겨놓았고, 이것은 7열에 두 번째 재고층에 나와 있다. 6열에 있는 최초의 계층은 추가된 첫 번째 원가 계층이고, 또 다른 모든 재고가 없어질 때까지 사용되지 않을 것이기 때문에, 다루어지지 않은 채 그대로 있게 된다. 이 표는 한 시점에서 네 개의 재고 원가 계층으로 증가하는 7개의 더 많은 거래로 계속 나아가게 된다.

4. 달러 가치 후입 선출 재고 평가

이 방법은 기준년도의 가격과 비교하여 연말 재고의 변환 가격 지수를 계산한다. 이 지수는 각 회사의 사업단위 별로 분리되어 실사된다. 이 변환 가격 지수는 이중 확장법을 통해 계산될 수 있다. 이 방법에 따라 총 확장된 재고의 비용은 기준년도 가격과 가장 최근의 가격에서 실사된다. 그 다음, 가장 최근의 가격에서의 총 재고 비용은 기준 가격에서의 총 재고 비용으로 나누어지고, 이것은 변환 가격 비율 또는 지수를 산출한다. 이 지수는 올해와 기준년도 사이의 전체적인 가격 변화를 반영한다. 이 지수는 후입 선출법이 사용된 곳에서 매년 실사되고 보유되어야 한다.

[도표 7-2] 후입 선출법 평가의 예

후입 선출 원가 계산법
부품 번호 BK0043

1열	2열	3열	4열	5열	6열	7열	8열	9열	10열
구매일	구매 수량	단위당 원가	월 사용량	남아있는 순 재고	첫 번째 층 원가	두 번째 층 원가	세 번째 층 원가	네 번째 층 원가	확장된 재고 원가
2003년 5월 3일	500	$10.00	450	50	(50 × $10.00)	–	–		$500
2003년 6월 4일	1,000	$9.58	350	700	(700 × $10.00)	(650 × $9.58)	–		$6,727
2003년 7월 11일	250	$10.65	400	550	(300 × $10.00)	(500 × $9.58)	–		$5,290
2003년 8월 1일	475	$10.25	350	675	(200 × $10.00)	(500 × $9.58)	(125 × $10.25)		$6,571
2003년 8월 31일	375	$10.40	400	650	(275 × $10.00)	(500 × $9.58)	(100 × $10.25)		$6,315
2003년 9월 9일	850	$9.50	700	800	(800 × $10.00)	(500 × $9.58)	(100 × $10.25)	(150 × $9.50)	$7,740
2003년 12월 12일	700	$9.75	900	600	(600 × $10.00)	(500 × $9.58)	(50 × $9.58)		$5,769
2004년 2월 8일	650	$9.85	800	450	(450 × $10.00)	(400 × $9.58)	–		$4,332
2004년 5월 7일	200	$10.80	0	650	(450 × $10.00)	(400 × $9.58)	(200 × $10.80)		$6,492
2004년 9월 23일	600	$9.85	750	500	(500 × $10.00)	(400 × $9.58)	(50 × $9.85)		$4,825

이중 확장 방법에는 두 가지 문제점이 있다. 첫째, 이 방법은 많은 재고 품목이 있을 경우, 너무 많은 계산을 필요로 한다는 것이다. 둘

째, 기준년도의 확립 이후 얼마나 많은 연도가 지나갔는지에 상관없이, 세금 규정은 이 지수의 계산을 목적으로 한 후입 선출 데이터베이스에 포함되는 기준년도 가격을 가지고 있다는 것이다. 이 가격은 기준년도 내에 존재하는 가격이어야 하고, 결정과 평가를 위해 매우 많은 조사를 필요로 할 것이다. 기준년도 가격을 결정하는 것이 불가능할 경우에만, 새로운 재고 품목의 현재 원가가 기준년도 가격으로 사용될 수 있다. 이러한 이유로, 이중 확장 재고 평가 방법은 대부분의 경우 잘 권장되지 않는다.

한 회사가 재고에 있는 단일 품목을 처리하는 것을 예로 들어 보자. 이 회사는 다음과 같이 이 품목에 대한 지난 4년 동안의 연말 정보를 보유하고 있다 :

연도	최종 품목 수량	최종 현재 가격	현재 연말 가격에서의 확장
1	3,500	$32.00	$112,000
2	7,000	34.50	241,500
3	5,500	36.00	198,000
4	7,250	37.50	271,875

첫 해는 이중 확장 지수가 향후 몇 년 동안 근거를 두게 될 기준년도다. 두 번째 연도에서는 기준년도 가격과 올해 가격으로 다음과 같이 총 연말 재고를 확장한다 :

연말 수량	기준년도 가격	기준년도 가격에서의 확장	최종 현재 가격	최종 현재 가격에서의 확장
7,000	$32.00	$224,000	$34.50	$241,500

두 번째 연도와 기준년도 사이의 지수를 산출하려면, 241,500달러로 확장된 최종 현재 가격을 224,000달러로 확장된 기준년도 가격으로 나누면 되고, 이것은 107.8%라는 비율을 산출한다.

다음 단계는 두 번째 연도에 추가된 재고의 증가량을 계산하는 것이다. 기준년도 가격을 이용하여 그 비용을 결정하고, 두 번째 연도의 후입 선출 계층의 산출을 위해, 여기에 107.8%라는 지수를 곱한다. 추가된 재고의 증가량은 7,000 품목의 연말 수량이고, 여기서 3,500 품목의 최초 잔고를 빼면, 3,500 단위가 산출된다. 기준년도 가격인 32달러를 곱하면, 112,000 달러라는 증가량에 도달하게 된다. 마지막으로, 두 번째 연도의 후입 선출 계층 비용인 120,736달러를 확인하기 위해 112,000달러에 가격 지수인 107.8%을 곱하면 된다.

따라서 두 번째 연도 말의 총 이중 확장 후입 선출 재고 가치는 112,000달러의 기준년도 평가에 120,736달러인 두 번째 연도의 평가 계층을 더한 232,736 달러로 산출된다.

세 번째 연도에는, 최종 재고의 수량이 전년보다 감소하였기 때문에, 새로운 계층의 실사가 요구된다. 대신, 이 한 해 동안 감소한 1,500 단위는 두 번째 연도의 재고층으로 처리되었다고 가정하자. 이러한 축소를 계산하려면, 두 번째 연도 계층에 남아있는 수량에(기준년도 수량인 3,500 단위를 뺀 5,500단위, 또는 2000단위) 32달러인 최종 기준년도 가격과 두 번째 연도 지수인 107.8%를 곱하면 된다. 이 계산은 새로운 두 번째 연도 계층에 68,992달러라는 결과를 가져온다.

따라서 세 번째 연도 말에 총 이중 확장 후입 선출 재고 가치는 기준년도의 112,000달러에 감소된 두 번째 연도 계층인 68,992달러를 합한 180,992달러가 된다.

네 번째 연도에는 재고의 증가가 있어서 다음의 표를 사용해 새로운 계층을 계산할 수 있다 :

연말 수량	기준년도 가격	기준년도 가격에서의 확장	최종 현재 가격	최종 현재 가격에서의 확장
7,250	$32.00	$232,000	$37.50	$271,875

다시 말하지만, 271,875달러인 확장된 최종 현재 가격을 화장된 기준년도 가격인 232,000달러로 나누면, 117.2%라는 지수가 산출된다. 계산을 끝내기 위해, 세 번째 연도에 증가한 재고의 증가량인 1,750 단위를 곱하고, 단위당 32달러인 기준년도 가격을 곱한 다음, 이 결과에 새로운 지수인 117.2%를 또 곱하면, 네 번째 연도의 후입 선출 계층인 65,632달러가 산출된다.

그러므로 재고층 실사의 4년 후에는, 이중 확장 후입 선출 가치는 다음과 같은 3개의 계층을 가지게 된다 :

계층 형태	계층 가치	계층 지수
기준년도	$112,000	0.0%
두 번째 연도 계층	68,992	107.8%
세 번째 연도 계층	65,632	117.2%
총계	$246,624	–

5. 링크 체인(link-chain) 재고 평가

달러 가치 후입 선출 재고를 실사하는 또 하나의 방법은 링크 체인법을 사용하는 것이다. 이것은 재고에 추가되는 각 새로운 품목의 기준년도 가격을 결정해야 하는 이중 확장 실사법에서 직면할 수 있는 문제들을 피하기 위해 만들어진 방법이다. 그러나 세금 규정은 재고에 포함되는 품목들이 심하게 변동하여 다른 모든 달러 가치의 후입 선출 계산법의 적용이 불가능하다는 것을 확실하게 보여줄 경우, 세금 보고만을 목적으로 링크 체인 계산법을 사용할 수 있도록 허용한다.

링크 체인법은 연말 가격을 각 연도의 최초 가격과 비교해 재고층을 만들고, 이로 인해 기준년도와의 비교에서 나오는 문제들을 피할 수 있게 해준다. 이것은 이전 연도에서 산출된 지수와 연결되어 순환하는 누진적인 지수를 가져온다. 세금 규정에 따르면 총 재고 가치의 적어도 반을 구성해야 하는 총 재고 가치를 반영하는 샘플을 사용하여 이 지수를 만들 수 있다. 다시 말해, 링크 체인 실사법은 올해의 가격 지수를 산출하기 위해 재고 비용을 연초와 연말 가격에서 확장하여 실사한다. 그런 다음, 가장 최근의 새로운 재고층의 가격을 내기 위해 사용되는 새로운 누적지수를 산출하기 위해 이 지수에 전년도에서 현재로 누진된 지수를 곱한다. 다음과 같은 링크 체인법의 예는 이중 확장의 예에서 사용된 똑같은 재고 정보의 사용을 가정으로 한다. 그러나 각 연도에 대한 최초 재고 비용이 언급되었고, 각 연도에 대한 확장된 최초 재고 비용이 포함되어, 링크 체인법 실사를 더 순조롭게 한다.

연도	최종단위수량	연초 당위당 비용	연말 확장된 단위당 비용	연초 확장된 가격	연말가격
1	3,500	$___	$32.00	$___	$112,000
2	7,000	32.00	34.50	224,000	241,500
3	5,500	34.50	36.00	189,750	198,000
4	7,250	36.00	37.50	261,000	271,875

이중 확장법의 경우처럼, 기준년도인 첫 번째 연도에는 지수가 존재하지 않는다. 두 번째 연도에서, 지수는 241,500달러인 연말가격으로 확장될 것이고, 확장된 연초 가격인 224,000달러 또는 107.8%로 나누어진다. 연초 가격은 이중 확장 법에서 사용된 기준 가격과 같기 때문에, 이것은 이중 확장법의 두 번째 연도에서 실사된 비율과 같다.

그 다음, 224,026달러인 기준년도 가격에 고쳐 써진 재고 가치를 산출하기 위해 확장된 연말 가격인 241,500달러를 누적지수 107.8%로 나누어 두 번째 연도 재고층의 가치를 결정한다. 그리고 나서, 첫 번째 연도의 기준 계층인 112,000달러를 224,026달러에서 빼면, 112,026달러라는 기준년도 가격에서의 새로운 계층이 산출되고, 다시 올해 가격을 만들기 위해 누적지수 107.8%를 곱한다. 이것은

120,764달러라는 두 번째 연도의 재고층을 만들어 낸다. 이 시점에서의 재고층은 다음과 같다 :

계층 형태	기준년도 가치	후입 선출 계층 가치	누적지수
기준년도	$112,000	$112,000	0.0%
두 번째 연도	112,026	120,764	107.8%
총계	$224,026	$232,764	–

세 번째 연도에서 지수는 확장된 연초 가격인 189,750달러로 나누어진 198,000달러의 확장된 연말 가격이 될 것이다. 이것은 연초 가격을 수집하기 위해 기준년도가 사용되지 않은 첫 번째 연도이기 때문에, 지난해 누적지수인 107.8%에 세 번째 연도의 새로운 지수인 104.3%을 곱하여, 새로운 누적지수인 112.4%의 누적지수를 먼저 구해야 한다. 세 번째 연도의 확장된 연말 재고인 198,000달러를 이 지수로 나누면, 176,157달러인 기준년도 가격에서의 재고 가격에 도달할 수 있다.

이것은 두 번째 연도에 기록된 액수보다 적기 때문에 재고층은 존재하지 않는다. 대신, 두 번째 연도에 기록된 재고층을 줄여야 할 것이다. 112,000달러인 기준년도 가격을 176,157달러에서 빼면, 기준년도 가격에서 줄어든 두 번째 연도의 계층인 64,157달러가 산출된다. 64,157달러에 107.8%인 두 번째 연도의 누진 지수를 곱하면, 69,161달러라는 두 번째 연도 계층의 재고 가치가 나오게 된다. 재고층과 이와 관련된 누진 지수는 다음과 같다 :

계층 형태	기준년도 가치	후입 선출 계층 가치	누적지수
기준년도	$112,000	$112,000	0.0%
두 번째 연도	64,157	69,161	107.8%
세 번째 연도	–	–	112.4%
총 계	$176,157	$181,161	–

네 번째 연도에서 지수는 확장된 연초 가격인 261,000달러 혹은 104.2%로 나누어져 271,875달러인 확장된 연말 가격이 될 것이다. 그 다음, 이전 연도의 누진 지수인 112.4%를 네 번째 연도의 지수인 104.2%와 곱하면, 117.1%라는 새로운 지수가 산출된다. 네 번째 연도의 확장 연말 재고인 271,875달러를 이 누진 지수로 나누면, 기준년도 가격에서 232,173달러라는 재고 가격이 구해진다. 그 다음, 176,157달러인 모든 이전 계층에 대한 이전 기준년도의 재고 가치를 **빼면** 56,016달러가 산출된다. 마지막으로, 56,016달러에 네 번째 연도의 누진 지수인 117.1%를 곱하면, 네 번째 연도의 계층의 재고 가치인 62,575달러에 도달할 수 있다. 이 시점에서의 재고층은 다음과 같다 :

계층 형태	기준년도 가치	후입 선출 계층 가치	누적지수
기준년도	$112,000	$112,000	0.0%
두 번째 연도	64,157	69,161	107.8%
세 번째 연도	–	–	112.4%
네 번째 연도	56,016	62,575	117.1%
총계	$232,173	$243,736	–

이 계산의 결과를 이중 확장법의 결과와 비교해 보도록 한다. 지수들은 마지막 후입 선출 계층의 가치에서와 마찬가지로 동일하다. 이 두 방법 사이의 큰 차이점은 현재 가격을 대신 사용하여 재고에 계속적으로 추가되는 새로운 품목에 대한 기준년도 가격 결정을 피하는 것이라 할 수 있겠다.

6. 가중 평균 재고 평가

가중 평균 원가 계산법은 이 방법의 이름 그대로 계산된다. 이것은 말 그대로 재고의 비용의 가중된 평균을 말한다. 이것은 재고들이 획득되는 각각 다른 비용에서 있을 수 있는 많은 재고의 잠재층을 항목화하는 데이터베이스를 필요로 하지 않는다는 하나의 장점을 가지고 있다. 대신, 재고에 있는 모든 단위의 가중된 평균이 결정되고, 그 시점에서 재고에 있는 모든 단위가 가중된 평균 가치에 일치해야 한다. 재고로부터 부품이 사용되면, 그 부품들은 똑같은 가중 평균 비용으로 발생된다. 새로운 단위가 재고에 추가되었을 경우, 그 추가품의 비용은 재고에 존재하는 모든 품목의 가중된 평균으로 추가되어, 재고에 있는 모든 부품에 대한 약간 수정된 새로운 가중 평균이 발생한다 (이전 부품과 새로운 부품 모두).

이 시스템은 증가 또는 감소하는 비용의 추세를 기본으로 하는 소득의 인식을 왜곡하지 않기 때문에, 이것은 소득세와 관련해서는 특별한 도움이 되지 않는다. 이것은 세금에 대한 계획을 다루지 않는 회사들에게 적절한 선택이 된다. 또한 이것은 후입 선출법이나 선입 선출법이 사용되었다 하더라도, 수입의 수준에 현저한 변화가 보이지 않는 적은 재고의 평가에도 매우 유용하다.

[도표 7-3]은 재고의 10가지 구매를 이용하는 재고 가치의 가중 평가법을 설명하고 있다. 매월 최대 한 번의 구매가 있고, 모든 달에 사용(재고의 감소)이 일어난다. 표의 각 열은 각 구매와 사용 거래 이후에 평균 비용이 어떻게 실사되는 지에 대해 보여주고 있다.

계산의 첫 번째 줄에서부터 설명을 시작해보면, 2003년 5월 3일에 BK0043 품목의 500 단위를 구입하였음을 알 수 있다. 이것은 단위당 10달러이다. 품목이 구입된 같은 달 동안, 450 단위가 생산으로 보내져서 재고에는 50 단위가 남게 된다. 여기까지 한 번의 구매만이 있었기 때문에, 7열에 보이듯이 단위 가격이 10달러(7열)를 재고에 남아 있는 수량(5열)과 곱하여 쉽게 500달러라는 총 재고 가치를 계산해낼 수 있다. 여기까지, 단위당 가치는 10달러이다.

그 다음 표의 두 번째 줄로 넘어가면, 2003년 6월 4일에 BK0043

품목을 1,000단위 더 구매한 것을 볼 수 있다. 구매 수량이 더 많아졌기 때문에, 단위당 비용은 9.58달러가 되어, 더 저렴해 진 것을 알 수 있다. 350 단위만이 이 달에 생산으로 보내져서, 현재 재고에는 700 단위가 남아있고, 그 중 650 단위가 가장 최근 구매로 인해 추가되었다. 총 재고의 새로운 가중 평균 비용을 결정하기 위해, 우선 재고로의 이 새로운 추가분의 확장된 가격을 알아야 한다. 7열에 나와 있듯이, 3열의 가치와 6열의 가치를 곱하여 6,227달러라는 가격이 나왔다. 그런 다음, 이것을 기존 총 재고 가치(6,227달러+500달러)에 더하면, 8열에 나와 있듯이 6,727달로 새롭게 확장된 재고 가격이 산출된다. 마지막으로, 8열에 있는 이 새롭게 확장된 비용을 5열에 나와있는 현재 재고에 있는 총 단위의 수량으로 나누면, 새로운 단위당 비용인 9.61달러에 도달하게 된다.

세 번째 줄은 2003년 7월 11일에 구매한 250단위의 추가적인 재고를 보여주고 있다. 하지만, 같은 달에 구매된 것 보다 더 많은 단위들이 생산에 보내졌기 때문에 재고에 있는 총 단위의 수량은 550단위로 하락하였다(5열). 이 재고의 감소는 후입 선출법이나 선입 선출법의 경우에서와 같이, 재고층의 검토를 필요로 하지는 않는다. 그 대신, 150 단위의 감소를 평균 단위당 비용인 9.61달러 상각시키면 된다. 결과적으로, 동일한 단위당 가격 9.61달러와 함께, 최종 재고 가치는 5,286달러로 하락하였다. 그러므로, 평균 원가 계산법 하의 재고 수량에 있어서의 감소는 계산을 별로 요구하지 않고, 단지 현재 평균 비용에서 필요한 단위의 수량을 상각시키면 된다.

표의 남아있는 줄들은 방금 언급한 개념의 반복이고, 교대로 재고에서 단위를 더하거나 빼거나를 반복하게 된다. 이 표에는 반드시 잘 조사해봐야 하는 몇 가지의 열들이 있기는 하지만, 이것들은 이해하고 다루는 데 있어서 매우 쉬운 개념들이다. 컴퓨터화된 일반적인 시스템들은 이러한 계산을 자동적으로 실행할 수 있다.

[도표 7-3] 가중 평균 원가계산법의 예

평균 원가계산법
부품 번호 BK0043

1열	2열	3열	4열	5열	6열	7열	8열	9열
구매일	구매 수량	단위당 원가	월 사용 량	남아있 는 순 재고	해당 시기 재고의 순 변화	새로운 재고층 확장된 비용	확장된 재고 비용	단위당 평균 재고 비용
2003년 5월 3일	500	$10.00	450	50	50	$500	$500	$10.00
2003년 6월 4일	1,000	$9.58	350	700	650	$6,227	$6,727	$9.61
2003년 7월 11일	250	$10.65	400	550	-150	$0	$5,286	$9.61
2003년 8월 1일	475	$10.25	350	675	125	$1,281	$6,567	$9.73
2003년 8월 31일	375	$10.40	400	650	-25	$0	$6,324	$9.73
2003년 9월 9일	850	$9.50	700	800	150	$1,425	$7,749	$9.69
2003년 12월 12일	700	$9.75	900	600	-200	$0	$5,811	$9.69
2004년 2월 8일	650	$9.85	800	450	-150	$0	$4,359	$9.69
2004년 5월 7일	200	$10.80	0	650	200	$2,160	$6,519	$10.03
2004년 9월 23일	600	$9.85	750	500	-150	$0	$5,014	$10.03

7. 구체적인 판별 방법

재고의 각 개별 품목이 명백하게 판별될 경우, 일반적인 재고 형태에 의한 비용의 집계보다는 각각에 대한 재고 원가계산 기록을 창출하는 것이 가능해진다. 문서작업의 양과 단위 비용을 개발하는 데에 관련된 수고가 다른 모든 평가 방법들보다 훨씬 많기 때문에, 이 방법은 잘 사용되지는 않는다. 이것은 추적할 재고가 거의 없고, 각 품목이 매우 독특한 주택 건설과 같은 사업에 가장 적합하다고 할 수 있다.

08 저 가 법

1. 개요

재고 가치를 발생시키는 핵심적인 부분은 저가법의 개념이다. 이 개념 하에서, 회사는 재고 유지비 이하로 떨어진 재고의 대체비용(일정 규제 하의)에 대한 매출원가 원가의 추가적인 지출을 인식할 필요가 있다. 재고의 시장 가치가 계속해서 원래 유지비 이상으로 올라갈 경우, 그 재고의 예상 가치는 원래 유지비로 다시 올라갈 수 없다.

이 개념에 대한 기본은 4장의 회계 조사 보고 43번의 진술 5에서부터 진술 7에 포함되어 있다. 표 5는 물건의 사용(손상, 구식화 등으로 나타난)이 그 예상 비용 밑으로 하락하면, 현 시기에 그 차이의 전액에 대한 손실을 인식해야만 한다는 것을 언급하고 있다. 진술 6은 산출되는 시장 가격은 그 품목의 정상 수익 마진을 뺀 현금화 할 수 있는 가치보다 낮으면 안되고, 완성 또는 처분 비용을 뺀 현금화할 수 있는 순수 가치를 초과하면 안된다는 것을 제외하고는, "시장"은 재고 품목의 현행 대체 원가라고 정의하였다.

진술 7은 저가법은 개별 품목, 재고의 집합, 또는 재고 전체에 적용할 수 있다는 것과, 선택된 적용은 가장 정기적 수입에 가장 근소한 결과를 나타내야 한다고 언급한다. 많은 재고 집합에 대한 이 방법의 적용은, 동일한 재고 집합 안에서 사용이 증가한 품목에 의해 생긴 수익에 대한 사용이 감소한 품목의 손실을 회사가 상쇄할 수 있다는 가능성(이 진술에 대한 논의 사항 12에서 허용)을 보여주었고, 이것은 상쇄하는 품목이 "안정된" 수량을 가지는 한, 총 재고 가치의 평가 절하를 가져오기 않기 때문에, 진술 7은 매우 많은 해석의 원인이 되어 왔다. 그러나 실제에서는, 저가법에 대한 재고 집합의 사용은 일반적이지 않으며, 본 장에서도 더 이상 다루어지지 않는다. 논의 사항 7이 수반하는 14 또한 저가법의 적용으로 인한 많은 수량의 평가 절하는 손익계산서에서 판매 제품의 비용으로 분리되어 항목화될 수 있다.

본 장의 나머지 부분은 저가법의 실제적인 적용에 대해 검토한다.

2. 저가법의 적용

저가법(LCM) 실사는 재고의 원가가 공개 시장에서 그 대체 비용보다 높아지면 안되는 것을 의미한다. 대체 비용은 처분 비용을 제한, 그 재고의 최종 판매 가격까지가 그 최고점이 되고, 정상 이익 율을 제한, 그 가격보다 낮게 기록되어서는 안 된다. 이 개념은 다음의 예에 나와있는 네 가지의 시나리오를 통해 가장 잘 나타낼 수 있다 :

품목	판매 가격	완성/판매 비용	상위 가격 한계	정상 이익	하위 가격 한계	기존 재고 원가	대체 비용(1)	시장 가치(2)	저가법
A	$15.00	$4.00	$11.0	$2.20	$8.80	$8.00	$12.50	$11.00	$8.00
B	40.15	6.00	34.15	5.75	28.40	35.00	34.50	34.15	34.15
C	20.00	6.50	13.50	3.00	10.50	17.00	12.00	12.00	12.00
D	10.50	2.35	8.15	2.25	5.90	8.00	5.25	5.90	5.90

(1) 재고 품목이 개방 시장에서 구매되는 가격
(2) 상위 그리고 하위 가격 한계에 의해 분류되는 대체 비용

아래의 예에서, 첫 번째 여섯 개의 열에 있는 숫자들은 저가법 실사에 사용되는 시장 가치의 상위 그리고 하위 가격 한계를 유도하기 위해 사용된다. 완성 그리고 판매 가격을 각 제품의 판매 가격에서 빼면, 시장 가격 실사의 상위 가격 한계(뚜렷한)를 성립할 수 있다. 그 다음, 각 제품의 상위 가격 한계에서 정상 이익을 빼면, 하위 가격 한계가 성립된다. 이 정보를 사용한 나열된 각 제품들의 저가법 실사는 다음과 같다 :

- **제품** A, 기존 재고 원가보다 대체 비용이 더 높다. 시장 가격은 상위 한계인 11달러를 초과할 수 없고, 이것은 기존 재고 원가인 8달러보다도 높다. 따라서 저가법은 기존 재고 원가와 동일하다.

- **제품** B, 대체 비용이 기존 재고 원가보다 더 낮지만, 상위 가격 한계보다 높다. 34.50달러인 대체 비용은 34.15달러인 상위 가격 한계를 초과하여, 시장 가격은 34.15달러로 결정되었다. 이것은 기존 재고 원가보다 낮으므로, 저가법은 34.15달러가 된다.

- **제품** C, 대체 비용이 기존 재고 비용보다 낮고, 가격 한계 내에 있다. 12달러인 대체 비용은 상위/하위 한계 내에 있고, 시장 가격을 사용하고 있다. 이것은 기존 재고 원가인 17달러보다 낮으므로, 저가법은 12달러가 된다.

- **제품** D, 대체 비용은 기존 재고 비용보다 낮고, 하위 가격 한계보다도 낮다. 대체비용은 5.25달러로 5.90달러인 하위 가격 한계 아래에 있기 때문에, 시장 가치는 5.90달러로 결정되었다. 이것은 기존 재고 원가인 8달러 보다 낮으므로, 저가법은 5.90달러가 된다.

언제라도 실사된 재고의 평가 절하가 있을 경우에는, 가치의 하락을 기록하기 위해 다음과 같은 분개 기입을 사용하도록 한다. 이 손실은 일반 판매 제품 계정에 기록되지만, 매우 큰 저가법 손실은 그러한 방법으로 분실될 수 있으므로, 이 정보에 대한 더 뚜렷한 기록을 위해 "재고 가치의 손실"계정을 이용하도록 한다.

	차변	대변
재고 가치의 손실	×××	
원자재 재고		×××
재공품 재고		×××
완제품 재고		×××

샘플 분개 기입은 특정 재고 계정에 대한 대변을 보여주고 있지만, 이 대신에 대변에 재고 가치 계정을 사용해도 괜찮다.

3. 저가법 규정의 강조

저가법 시행 하에서 손실 여부를 확인하기 위해 요구되는 엄청난 양의 수동적인 계산을 고려했을 때, 이러한 지시를 규칙적으로 따르는 것에 흥미가 있는 회계사는 거의 없다. 이것의 실행을 위한 보다 나은 방법은 이사회가 적어도 일년에 한번 저가법 검토를 요구하는 회사 규정을 형식적으로 승인하고, 이 규정을 재고 회계사의 업무 분장에 포함시키는 것이다. 가능한 규정 내용의 예는 다음과 같다.

저가법 실사는 적어도 일년에 한 번 전체 재고를 대상으로 실시한다.

이 규정은 다양한 재고 품목에 대한 시장 율의 변동에 근거하여, 더 잦은 검토를 요구하기 위해 수정될 수 있다.

이러한 규정이 이미 시행되고 있더라도, 저가법 실사는 재고 회계사가 이 실사가 과거에 어떻게 진행되었는지 잊어버려서, 드문 간격으로 실행될 가능성이 있다. 그러므로, 실사가 매 시기마다 다르게 실행될 위험이 크고, 이것은 불균등한 결과를 가져오게 된다. 이 문제를 피하기 위해 회계 절차 매뉴얼에 시행되어야 하는 실사의 분명한 정의를 포함해야 할 것이다. 샘플 절차가 [도표 8-1]에 나와있다.

[도표 8-1] 저가법 절차

시장 가치가 그 예상 비용 이하로 하락한 품목들에 대한 재고 가치를 정기적으로 수정하기 위해 이 절차를 사용한다.

1. 확장된 재고 가치 보고서를 전자 스프레드시트로 내보낸다. 확장된 달러 비용을 감소시켜 이것을 분류하고, 재고 가치의 상위 20%를 구성하지 않는 80%의 재고를 삭제한다. 나머지 20%의 재고 품목을 부품 번호 또는 품목 설명으로 분류한다. 보고서를 인쇄한다.
2. 목록에 있는 각 품목의 단위 비용을 시장 가격과 비교하도록 하는 지시와 함께 보고서의 사본을 자재 매니저에게 보내고, 그 검토의 만기일에 대해 수동으로 동의하는 것을 명심한다.
3. 자재 관리 직원이 검토를 끝내면, 결과를 검토하고 주된 수정에 대해 논하기 위해 자재 매니저와의 만남을 갖는다. 자재 관리 직원들이 선택된 재고 품목의 가치를 비용이 시장 가치를 초과한 재고 데이터베이스에 받아 적도록 한다.
4. 회계 직원이 평가 절하의 가치를 회계 기록에 부과시키도록 한다.
5. 저가법 실사의 결과를 구체적으로 설명하는 메모를 적는다. 이 사본을 가치를 적는 분개 기입에 첨부하고, 다른 사본을 만들어 자재 매니저에게 보낸다.

09

재고로의 간접비 적용

1. 개요

대부분의 회사의 비용 구조는 작은 비중을 차지하는 변동비들과 간접비로 다루어지는 무수히 많은 기타 비용들을 포함하고 있다. 회사가 변동 비용의 세 배 또는 그 이상의 간접비를 갖게 되는 것은 흔한 일이다. 왜냐하면 GAAP는 간접비의 일부가 재고에 할당되게 하여, 재고 회계사는 간접비에 어떤 비용을 포함시키고, 이 비용들을 재고에 어떻게 할당해야 하는지의 이중의 업무를 가지게 된다. 후자의 작업은 특히 더 어렵다. 왜냐하면 할당의 기초가 원래부터 직접 노동이었고, 이것은 주로 제품 원가의 작은 부분만을 구성하여 특정 재고 품목에 대한 간접비의 계산 착오를 가져오게 되기 때문이다.

본 장에서는 간접비 할당을 통해 재고로 할당되는 비용의 형태, 원자재로의 간접비 할당, 이러한 활동들의 청구 내용 및 가장 정확한 간접비 할당을 유도하기 위한 활동 기준비용의 사용 등에 대해 검토하도록 한다.

2. 간접비 감정과 재고로의 할당

일부 간접비는 매출원가 또는 해당 시기 내의 다른 비용의 범주의 일부로 인식되기보다는 재고로 상각된다. 이러한 비용들의 적절한 할당은 그 어떤 시점에서건 예상 수익에 엄청난 영향을 줄 수 있기 때문에, 재고 회계사는 최종 할당을 위해 어떤 비용이 비용 풀로 전환되어야 하는지와 어떻게 이 할당을 달성해야 하는지에 대해 완벽하게 이해하는 것이 매우 중요하다. 첫 번째 질문은 어떤 비용이 비용 풀로 전환되어야 하는지를 정확하게 항목화하고 있는 [도표 9-1]이 대답해주고 있다. 유일하게 불확실한 비용 범주는 재가공 노동, 폐기물, 그리고 손상품 등이다. 이 표는 이 비용들이 어느 쪽으로든 상각될 수 있음을 보여준다. 이 경우의 규정은 정상적인 수준 이내에서는 모든 재가공, 폐기물 또는 손상품은 할당을 위해 비용 풀로 부과될 수 있는 반면, 비정상적인 수준은 즉시 상각되어야 한다는 것이다. 이것은 이 비용들의 경향을 드러내주고, 양 쪽 범주의 비용으로의 부과를 증명하는 기초로써 사용될 수 있는 시간적인 기록이 유지되어야만 하는 매우 주관적인 영역인 것은 확실하다.

[도표 9-1]을 가지고 정확한 비용이 할당된 간접비로써 향후 재고로의 분배를 위해 축적되는 비용 풀을 쉽게 만들 수 있다. 그 다음의 문제는 이 할당을 어떻게 착수하는가이다. 이 문제는 다음과 같은 네 가지의 사항들로 구성되어 있다.

- 비용 풀의 갑작스런 변동을 어떻게 수습할 것인가. 비용 풀에 축적되어 있는 비용의 급격한 증가 혹은 감소를 일으켜 할당되는 단위당 비용에 있어서 시기적으로 엄청난 차이를 가져오는 특수한 지출을 경험하는 것은 흔한 일이다. 이것은 기간별로 매우 큰 간접비의 변동을 가져온다. 또한 GAAP의 측면에서 완벽하게 받아들여질

지라도, 시기별로 더 순조롭게 진행되는 비용을 바라게 될 것이다. 그렇다면, 동일한 시기에 잠재적인 재고가 실제적으로 존재하는 한, 몇 달에 걸쳐 비용 풀에 있는 비용들의 평균을 내는 것은 가능하다. 예를 들어, 재고가 일년에 4번 순환한다면, 이전 3개월의 비용의 순환적 평균에 근거하여 각 달의 간접비를 할당할 수 있다.

- **비용을 할당할 때 어떤 근거를 사용할 것인가.** 회계 관련 연구결과들에서는 수년 동안 직접 노동에 근거한 비용 할당에 대해 유감을 가지고 있었다. 이러한 의견의 이유는 직접 노동은 제품의 총 비용의 매우 작은 부분을 구성하는데, 이 작은 직접 노동의 변동은 이에 상응하는 훨씬 더 큰 간접비 할당의 변동을 가져올 수 있기 때문이다. 이 문제를 막기 위해, 다른 활동 단위가 총 제품 비용의 많은 부분을 차지할 뿐만 아니라, 간접비의 발생에 관련하는 할당의 기초로 사용되어야 할 것이다. 종종 무시되는 다른 기준은, 회계 또는 제조 시스템은 이 실사 활동 에 대한 누적된 정보를 가지고 있어, 재고 회계사가 잠재적인 데이터를 수동적으로 수집하는 데에 추가적인 시간을 소비하지 않도록 해야 한다는 것이다. 일반적으로 이 세 가지의 기준을 만족시키는 실사 활동의 예는 기계 시간인데, 이것은 표준 기계 시간은 각 제품의 자재 명세서 또는 노동 루팅을 사용 가능하기 때문에, 많은 간접비는 기계사용과 관련되어 있고, 제품 당 기계의 작업량의 일부는 직접 노동보다 훨씬 많다고 할 수 있다.

- **할당의 근거로써 기계 시간의 사용보다 훨씬 더 좋은 대안법(또는 일부 유사한 단일 실사)은 다중 활동 실사와 관련된 다중 비용 풀이다.** 이것은 회사가(예를 들어) 각 제품에 들어간 평방피트를 근거로 한 건축 비용, 사용된 기계의 가동 시간을 근거로 한 기계 비용, 사용된 직접 노동시간에 근거한 노동 비용 등의 할당을 가능하

게 해준다. 이 방법을 사용할 때 알아야 할 가장 핵심적 사항은, 재무제표가 적시에 만들어져, 할당하는 데 너무 많은 시간을 요하는 많은 비용 풀을 사용하게 되는 일이 없어야 한다는 것이다. 이 주제에 대해 철저히 검토하기 위해, 본 장의 조금 뒤에 나오는 활동 기준 원가계산에 대한 논의를 신중하게 검토하기 바란다.

• **간접비의 할당을 어떻게 계산하는가.** 간접비를 할당할 때는, 이 비용들은 단순하게 월말에 총계로 현재 있는 재고에 상각되지 않는다. 이러한 결과는 현재 재고에 저장되어 절대 일어나면 안 되는 끊임없는 간접비의 증가를 발생시킬 수도 있기 때문이다. 반대로, 간접비의 상당량은 매출원가와 관련되어 있다. 재고와 판매 제품 사이의 비용의 적당한 할당을 위해 재고 회계사는 보고 시기 동안에 발생하는 각 활동 기준의 총 수량을 결정하고, 이것을 비용 풀에 있는 간접비의 총액으로 나누어 각 활동 단위당 간접비를 산출해야 한다. 그런 다음, 이것을 연말 재고와 관련된 활동 기준의 총액으로 곱하여, 재고에 부과되어야 하는 간접비의 총액을 결정한다. 그리고 나서, 새롭게 할당되는 간접비 수치에 도달하기 위해 추가적인 간접비를 더해야 하는지, 아니면 **빼야** 하는지를 알아보기 위해 이것을 이전 보고 시기에 재고에 이미 부과된 간접비와 비교한다. 모든 기타 간접비는 기복적으로 매출원가로 부과된다. 예를 들어, 할당되는 100,000달러의 비용 풀이 있고, 총 25,000의 기계 시간이 그 시기에 사용되었을 경우, 기계 시간의 시간당 간접비는 4달러가 된다. 재고에 있는 모든 재고 품목의 표준 노동 루팅에 따르면, 현재 재고에 저장된 품목을 만들기 위해서는 17,250의 기계 가동 시간이 필요하다. 현재 4달러인 기계 가동 비용을 이용하면, 69,000달러(17,250 시간 × 시간당 4달러)가 재고에 할당되게 된다.

그러나 재고 간접비 계정은 이미 지난 시기에 부과된 52,000달러의 간접비를 포함하고 있으므로, 17,000달러가 재고의 간접비 계정으로 차변에 기입되고, 83,000달러인 남아있는 간접비에 대한 매출원가가 차변에 기입되어, 비용 풀은 100,000달러로 대변에 기입된다.

- 할당되지 않았거나 초과 할당된 비용은 어떻게 조정하는지. 몇 달에 걸쳐 순환하는 비용의 평균을 내어 회사의 간접비 풀의 총액을 원만하게 만드는 방법에 대한 것은 이미 본 장 앞부분에서 권고되었다. 이 방법의 유일한 문제점은 각 달에 할당된 비용의 양이 비용 풀에 저장된 실제 비용과 다소 차이가 난다는 것이다. 그렇다면 이 차이를 어떻게 조정해야 할 것인가? 연간 재무제표는 실제 간접비와 할당된 간접비 사이의 차이를 포함하고 있으면 안되므로, 그 차액은 일반적인 할당 기준을 사용하여, 재고와 그 시기의 판매 제품 사이에 할당되어야 한다. 만약 주주 보고가 이것보다 더 자주 일어난다면(3개월에 한 번 정도로), 재고 회계사는 동일한 조정을 더 자주 해야 할 것이다. 그러나 해당 금액은 재무제표 결과에 물질적인 영향을 끼치지 않게 되면, 이 조정은 회계 연도 말에 한 번만 실행해도 괜찮다.

[도표 9-1] 비용 풀과 경비 계정 사이의 비용 할당

정 의	비용 풀	지출
광고 비용		×××
파업 관련 비용		×××
감가상각비와 소모비	×××	
공장 관리 비용	×××	
전체적인 운영에 관한 일반 행정 비용		×××
소득세		×××
간접 노동과 생산 감독 급여	×××	
간접 자재와 비품	×××	
이자		×××
유지 보수	×××	
마케팅 비용		×××
생산 서비스와 관련된 관리자의 급여	×××	
그 밖의 유통 비용		×××
과거 서비스에 대한 기여 연금		×××
생산 직원들의 복리후생	×××	
품질관리와 검사	×××	
임대	×××	
수리 비용	×××	
연구와 실험 비용		×××
재가공 노동, 폐기물 그리고 손상품	×××	×××
전체적인 관리 담당자의 급여		×××
판매 비용		×××
생산 자산에 대한 소득세 이외의 세금	×××	
자본화되지 않는 공구와 장비	×××	
공과금	×××	

3. 원자재에 대한 간접비 할당

간접비는 일반적으로 원자재에 적용되지 않지만, 다음과 같은 두 가지의 의견에 대한 논쟁이 있다.

- 내부 수송비. 공장으로 가는 비용이 특정한 자재, 또는 로트로 감정이 가능한 곳에서, 비용은 원자재에 적절하게 추가된다. 이러한 할당이 실무적으로 가능하지 않다면, 이것은 아마 제조 간접비의 일부로 간주된다.

- **구매 부서의 지출.** 구매 부서의 지출은 일반적으로 수령과 관계없이 매 시기마다 동일한 수준을 유지할 것이다. 그러므로 원자재에 비용을 할당하는 것은 지출을 소비된 수고와 맞추는 데 적절하지 않다. 이 비용은 다른 형태의 재고와 매출원가로 적용하는 제조 간접비로 다루어지는 것이 더 적절하다.

4. 전통적인 비용 할당 시스템들의 결점

활동 기준 원가 계산은 전통적인 비용 할당 시스템의 결함에 대응하기 위해 개발되었다. 이러한 시스템의 주된 문제점은 이들이 간접비의 실제 사용을 반영하는 방식으로 간접비를 할당하지 않는다는 것이었다. 이것은 모든 간접비를 하나의 큰 간접비로 풀로 몰아넣고, 제품에 대한 비용 풀을 확장하려는 부적절한 실사의 사용에 의해 발생했다. 결국 이것은 재고의 원가 계산을 부정확하게 하여, 이것에 근거를 두는 잘못된 결정들을 발생시키게 된다.

이러한 문제는 간접비 풀이 주로 직접 노동이라는 할당 실사의 크기를 매우 많이 초과하였을 경우에 더 명백하게 드러난다. 엄청난 양의 기계와 엔지니어링 직원들을 수반하는 일부 산업에서는(자동차, 제약, 그리고 상공 산업 등), 할당 실사에 대한 간접비의 비율은 주로 300% 에서 400%의 범위 내에 있다. 이것은 직접 노동에서의 아주 작은 변화가 제품에 대한 불균형적인 추가 간접비의 적용을 일으켜, 간접비가 부과되는 제품의 사용 패턴 변동으로는 어떤 상황에서도 설명될 수 없다는 것을 의미한다.

또 다른 문제는 간접비 풀은 오직 하나의 할당 실사를 근거로 할당되다는 것이다. 간접비 풀에 있는 많은 비용들은 할당 실사와는 아주 작은 관련성도 갖고 있지 않기 때문에, 그것에 근거를 두고 할당되어서는 안 된다. 여기 가장 흔한 할당 실사인 직접 노동과 전혀 관련이 없는 간접비 풀로 저장되는 몇 개의 비용들이 있다.

- 건물 임대. 더 좋은 할당은 제품 라인과 관련된 기계와 재고 저장 장소가 사용되는 시설의 평방피트에 근거를 두는 것이다.
- 건물 보험. 더 좋은 할당은 평방피트다.
- 산업 기술자들의 급여. 더 좋은 할당은 제품 라인의 수명에 걸쳐서 생산되어야 하는 단위의 총 수량이다.
- 기계 감가 상각비. 보다 나은 할당은 사용된 기계의 가동 시간이다.
- 기계 보험. 더 좋은 할당은 사용된 기계의 가동 시간이다.
- 유지 보수 비용. 보다 나은 할당은 사용된 기계의 가동 시간이다.
- 생산 스케줄 급여. 보다 나은 할당은 회계 기간 동안 계획된 작업의 총 수량이다.
- 구매 급여. 보다 나은 할당은 제품의 부품 수량 또는 부품이 구매되는 제품의 공급자의 수이다.
- 공과금. 보다 나은 할당은 사용된 기계의 가동 시간이다.
- 창고 급여. 제품에 관계된 수령 또는 선적의 수량, 또는 그들의 부품 수량과 같은 여러 가지 더 나은 할당이 있다.

이 목록에서 대부분의 간접비는 직접 노동과 관련이 거의 없으며, 좋은 비용 할당은 하나의 원리에 의존하기보다는 간접비의 각 요소의 실제 사용을 현실적으로 그려내기 위해 여러 원리가 필요하다는 것을 알 수 있다.

또 하나의 문제는 전통적인 비용 할당 시스템은 오해의 소지가 있을 정도로 낮은 간접비를 높은 자동화의 수준으로 만들어진 제품들에 반영하는 경향이 있다는 것이다. 이것은 다음의 예로 가장 잘 설명될 수 있다. 만약 최신 기술을 가진 회사가 더 많은 자동화를 생산 라인에 도입한다고 하면, 그 회사는 로봇을 추가하여 직접 노동을 기계 가동시간으로 교체할 것이다. 이것은 할당 원리인 직접 노동을 축소시키고 간접비 풀의 크기를 증가시켜 로봇과 관련된 감가 상각비, 공과금 및 유지보수 비용 등을 포함하게 된다. 간접비 할당이 형성될 때는, 간접비는 축소된 직접 노동에 근거하여 부과되기 때문에, 더 작은 양의 간접비가 자동화된 생산 라인에 부과되게 된다. 이것은 자동화된 라인을 통해 가동되는 제품들을 실제보다 더 저렴하게 만든다. 게다가, 다른 제품 라인들이 새로운 간접비와 전혀 관련이 없다 해도, 증가한 간접비 풀은 많은 직접 노동이 들어간 생산 라인으로 부과되게 된다. 결국 이것은 자동화로 제조된 제품들이 실제보다 저렴해 보이고, 수작업으로 만들어진 제품들이 실제보다 비싸 보이게 되는 엄청나게 왜곡된 예상 비용을 가져오게 된다.

또 다른 문제는 전통적인 비용 할당 시스템들은 가장 높은 수익을 가진 낮은 수준의 제품들을 나타낸다는 것이다. 이 문제는 총 간접비의 많은 양을 차지하는 배치(batch) 설치 및 분해와 관련된, 간접비가 많고 작은 생산량을 가진 제품에 무차별적으로 할당된다는 것이다. 이와 관련된 특정 배치(batch) 비용의 특별히 짧은 생산 운영에 대한 할당은 없다. 이것은 짧은 생산 운영 제품의 축소비용과 긴 생산 운영 제품의 확대비용이라는 결과를 가져온다. 이것은 가장 빈번히 일어나는 원가 계산 방법 중 하나이고, 짧은 가동 작업의 판매를 늘리고 긴 작업의 판매를 줄이는 잘못된 경영진의 결정을 불러와, 회사의 자원이 가장 낮은 수익의 제품에 집중하게 되는 수익의 감소를 초래한다.

이러한 예를 근거로 전통적인 비용 할당 시스템에는 심각한 문제들이 많이 있다는 것을 확실히 알 수 있다. 이것은 간접비를 정확하게 할당하지 않으며, 우연적으로만 정확하고, 실제적인 데이터를 근거로 하지 않는 경영진의 결정을 가져온다. 활동 기준 원가 계산법은 이러한 결점들을 수정하기 위해 개발되었다.

5. 활동 기준 원가계산의 개요

활동 기준 원가계산(ABC) 시스템은 프로젝트의 범위를 결정하기 위해 시작되었다. 모든 기업의 자회사의 모든 부서의 모든 측면을 다루는 ABC 시스템을 만들어 내는 것은 엄청난 양의 시간과 자원을 필요로 하고, 몇 년에 걸친 소중한 결과들을 나타내지 못하기 때문에, 이것은 매우 중요한 사항이라 할 수 있다. 이 문제를 관리하기 위해, ABC 시스템이 포함하는 활동의 범위를 정해야 하고, 이 시스템으로부터 원하는 결과를 확립해야 한다. 이미 분리되어 보고되고 있는 비용과 같이 간단한 절차에 대한 ABC 시스템을 만들어야 할 필요는 없다. 대신에, ABC 시스템에 포함될 만한 가치를 가진 활동은 많은 기계들을 포함하고, 복잡한 절차를 수반하고, 자동화를 이용하고, 많은 기계의 설치를 요구하고, 또는 다양한 제품 라인을 포함하고 있는 것들이다. 비용을 제품이나 다른 비용 대상에 뚜렷하고 명백하게 할당하는 것은 매우 어려운 영역이다. 이러한 영역들을 포함하는 시스템의 범위를 결정할 때는, 실험 프로젝트를 기본으로 하여 단지 몇 가지만을 포함시켜, 설치 팀과 관련 직원들이 새로운 시스템에 익숙해지도록 하는 것이 가장 좋다. 이 범위는 이 시스템의 사용을 명확히 하기 위해 충분한 복잡성을 가진 다른 영역들을 포함하여 향후에 확장될 것이다.

이 범위는 또한 시스템이 생산해야 하는 구체적인 수준의 정보를 포함하기 위해 확장되어야 한다. 예를 들어, 전략적인 분석만을 위해 고안된 ABC 시스템은 높은 수준의 정보를 생산할 경우 매우 높이 평가될 것이다. 이 시스템은 전술적 수준의 제품의 원가계산, 활동, 또는 고객을 위해 사용되는 시스템보다 훨씬 더 낮은 수준의 구체적인 정보 처리와 실사를 필요로 한다. 따라서 프로젝트의 범위 내에서 설계된 구체적인 정보 분석의 수준은 결과로 나오는 정보의 사용에 따라 전적으로 달라진다고 할 수 있다.

또 다른 범위의 문제는 ABC 시스템이 기존 회계 시스템에 어느 정도까지 통합되는가이다. 만약 프로젝트가 회계 시스템에 들어오자마자 자동으로 업데이트되는 것이 아니라 정기적인 재 실사에 기초하여 처리된다면, 모든 연결은 기존 정보를 분리된 ABC 시스템에 수동으로 다시 타자를 쳐서 입력하는 것과 마찬가지가 된다. 그러나 완벽하게 통합된 ABC 시스템은 이 두 시스템 간에 보다 확장된 코드 소프트웨어 인터페이스를 필요로 할 것이고, 이것은 시간이 많이 걸림과 동시에 비용도 많이 들어가게 된다. 이러한 변화들은 회사의 계정 차트, 비용의 중앙구조, 그리고 지불계정과 청구 기능으로 사용되는 비용과 수입 분배의 개편을 필요로 할 것이다. 이러한 많은 변화들 때문에, 시스템 통합 수준은 이 범위를 논하는 데 있어서 많은 부분을 차지하게 된다.

마지막 범위의 문제는 비생산 영역의 얼마만큼의 비용이 이 시스템에 포함되어야 하느냐이다. 상대적으로 많은 생산 부서를 가지고 있는 회사들에 있어 이것은 별 문제가 되지 않는다. 하지만 서비스 회사 또는 많은 개발 부서가 있는 회사들은 이러한 기타 비용들이 총 비용에서 매우 많은 부분을 차지하기 때문에, 이것을 ABC 시스템에 포함시켜야 할 것이다. 이 비용들은 연구 개발 부서, 제품 설계, 마케팅, 유통, 컴퓨터 서비스, 경비 및 행정 기능과 같이 다양한 분야에서 나오게 된다. 각 새로운 기능 분야의 추가는 ABC 시스템의 관리 비용을 증가시켜 범위 결정의 핵심은 각 기능 분야의 비용이 ABC 시스템에 의해 실사되는 활동 비용에 영향을 미치기에 충분한지를 확인하는 것이 된다. 여기서 소극적인 영향을 미치는 비용들은 배제되어야 한다.

일단 범위를 결정하고 나면, 모든 직접 자재와 노동 비용을 분리하고, 한쪽으로 그들을 모아야 한다. 이러한 비용은 대부분의 회계 시스템에 의해 이미 정해져 있으므로, 비용이 저장되어 있는 원장 계정을 확인하고 분리하는 것은 매우 간단하다. 원장 계정에 남아있는 비용이 할당되어야 하는 비용이 된다.

다음으로, 이 프로젝트의 범위를 사용하여 ABC 시스템을 통해 할당되어야 하는 원장 계정의 비용들을 확인할 수 있다. 예를 들어, 새로운 시스템의 주요 사항이 각 제품 판매에 대한 노력의 비용을 결정하는 것이라면, 그 다음으로는 판매와 마케팅 비용을 구하는 것이 주요 사항이 될 것이다. 만약 ABC 시스템의 목적이 단위당 유통 비용을 구하는 것이라면, 그 다음으로 창고, 운송 및 화물과 관련된 비용들이 구해져야 할 것이다.

현재 배정된 간접비와 함께 저장 비용, 2차, 또는 자원, 비용 풀 등으로 계속 나아가 보도록 한다. 2차적인 비용 풀은 제품과 서비스를 만드는 그 어떤 활동에 직접적으로 서비스를 제공하지 않으면서 다른 회사의 기능들에 서비스를 제공하는 것을 말한다. 자원 비용의 예들은 관리 급여, 건물 관리, 그리고 컴퓨터 서비스와 같은 것들이다. 이러한 비용 풀에 저장된 비용들은 다양한 활동 실사를 통해 다른 비용 풀에 부과되어, 유사한 할당 실사들로 할당되는 분리된 풀에 저장될 것이다. 예를 들어, 컴퓨터 서비스 비용은 사용되는 개인 컴퓨터의 수량에 근거하여 다른 비용 풀에 할당되고, 사용되는 개인 컴퓨터의 수량을 근거로 하여 합리적이고 논리적으로 할당되는 모든 비용은 동일한 자원 비용 풀에 저장되어야 할 것이다.

유사한 방법으로, 모든 남아있는 간접비는 가장 중요한 비용 풀에 저장한다. 유사한 비용을 저장하는 매우 많은 코스트 풀이 있을지도 모르는데, ABC 시스템을(완전 자동화라는 드문 경우를 제외하고) 관리하는 비용은 추가되는 각 비용 풀에 따라 증가한다는 것을 고려해야만 한다. 따라서, 10개 이하의 비용 풀을 유지하는 것이 가장 좋다. 대부분의 회사에서는 다음과 같은 표준 비용 풀의 정의가 사용된다.

- **배치(batch) 관련 비용 풀.** 구매, 수령, 생산관리, 생산 현장 관리, 공구 세공, 설치노동, 감독, 교육, 자재 처리 및 품질관리와 같은 대부분의 비용은 생산 배치(batch)의 길이와 관련되어 있다.

- **제품 라인 관련 비용 풀.** 제품의 집합은 동일한 연구 개발, 광고, 구매, 그리고 유통 비용을 가져온다. 만약 각각 다른 유통 경로를 가지고 있고, 그 경로의 비용이 서로 많은 차이를 가진다면, 이러한 범주들을 분리된 비용 풀로 나눌 필요가 있다.

- **설비 관련 비용 풀.** 일부 비용들은 특정 제품에 직접적으로 할당될 수 없다. 왜냐하면 그 비용들은 전체 설비에 더 밀접하게 관련되어 있기 때문이다. 이 비용들은 건물 보험, 건물 관리, 그리고 설비 감가 상각비를 포함하고 있다.

만약 정확성이 현저하게 개선되었거나, 추가적인 비용 풀이 프로젝트의 초기에 설정한 목표와 범위를 달성하는 결과를 가져온다면, 다른 비용 풀은 이 세가지 기본 비용 풀에 추가될 수 있다. 특히, 배치(batch) 관련 비용 풀은 시설 안에 있는 다른 운영의 숫자에 따라 몇 개의 더 작은 비용 풀로 세분화될 수 있다. 예를 들어, 사탕을 만드는

공장은 쿠커의 라인을 가지고 있을 것이고, 그 쿠커의 가격은 하나의
비용 풀에 포함되는 반면, 사탕 압출기의 비용은 분리된 비용 풀로 나
누어지고, 또 사탕의 셀로판 포장 기계는 또 다른 비용 풀로 들어가게
될 것이다. 비용은 사용되는 기계에 따라 다르게 할당되기 때문에, 이
범주를 더 작은 비용 풀로 분리하는 것은 이치에 맞는 것이다. 제품
비용의 다양한 자원은 [도표 9-2]에 나타나 있다.

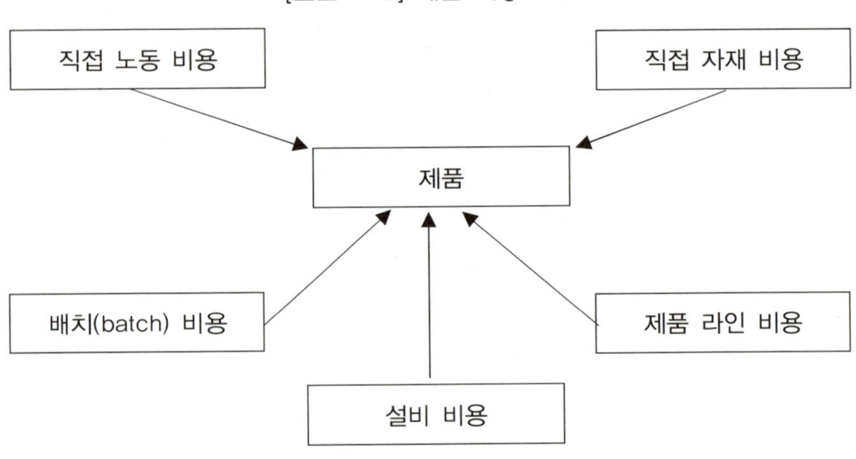

[도표 9-2] 제품 비용 자원들

비용은 원장 계정에서 비용 풀로 직접적으로 그려질 수는 없다. 대
신에, 원장 계정을 각각 다른 비용 풀로 분리하는 것에는 타당한 이유
가 있다. 그러려면, 이 비용들을 논리적으로 분리시키는 할당 방법이
있어야만 하는 데, 이 방법을 자원 드라이버(resource driver)라고
부른다. 자원 드라이버의 예로는 생산되는 제품의 수량, 직접 노동 시
간, 그리고 사용되는 생산 주문의 수량을 들 수 있다. 어떤 형태의 자
원 드라이버가 선택된다 하더라도, 그것은 원장 계정에서 비용 풀로
비용을 전환시키는 논리적이고 믿을 만한 수단을 제공해야 한다. 이
것을 축적하기 위해서는 시간과 노력이 요구되기 때문에, 자원 드라

이버의 최소 수량이 존재해야 할 것이다. 실무에서는, 형식적인 자원 드라이버를 사용하기보다는 비용 풀로 할당되는 각 계정의 비율을 산출하기 위해, 대부분의 회사들은 경영진의 판단을 따르게 될 것이다. 예를 들어, 컴퓨터의 감가상각비는 2차적인 비용 풀로 50%를 할당하고, 배치(batch) 관련 주요 비용 풀로 40%, 그리고 설비 관련 주요 비용 풀로 10%가 할당될 것이다. 이 비율들은 시설 내의 다양한 곳에 있는 개인 컴퓨터의 수량을 대충 반영하고 있고, 이것은 각각 다른 비용 풀 사이의 확대되는 비용들에 대한 정당한 수단으로 고려되기 때문이다.

비용을 비용 풀로 할당하는 데 사용할 수 있는 구체적인 분석에는 매우 다양한 수준이 존재한다. 분석의 수준은 계속적으로 세부화되는 정보의 필요에 큰 영향을 받아 발생한다. 만약 정확성의 필요성이 적으면, 더 저렴한 방법이 사용된다. 예를 들어, 구매 부서의 급여가 저장될 수 있는 세 개의 비용 풀이 있다면, 행해지는 실제 활동에 근거하여 가장 쉽고, 가장 정확성이 낮은 방법은 각 풀에 보내지는 총 비용의 일정한 비율을 경영진이 판단하여 결정하는 것이다. 마지막으로, 가장 높은 정확성은 수집되는 모든 시간 기록을 새롭게 실사하도록 하는 직원에 의한 추적 작업의 시간을 필요로 할 것이다. 필요한 정확성의 수준, 할당되는 비용의 크기, 그리고 데이터 수집과 관련된 비용은 계속해서 더 높은 수준의 정확성에 대한 정보를 수집하기 위한 결정을 이끌어 낼 것이다.

다음 단계는 2차적인 비용 풀에 저장되어 있는 모든 비용을 주요 비용 풀로 할당하는 것이다. 이것은 이제 잠깐 설명하게 될 활동 드라이버에 의해 행해진다. 이 비용 풀을 주요 비용 풀로 할당함으로써, 비용의 재분배가 일어나고, 이것은 다시 매우 정확한 비율로 주요 비용 풀에서 원가 대상으로 할당된다. 자원 비용의 핵심으로부터 주요 비용 핵심으로의 이 비용 할당의 세분화된 단계는 원장 계정으로부터 주요 비용 풀로 모든 비용을 직접 보냄으로써 막을 수는 있지만, 몇몇 연구는 이와같은 더 직접적인 방법은 비용을 정확하게 할당하는 데에 있어서 그리 좋은 방법은 아니라는 것을 보여주었다. 자원 비용 핵심의 더 정확한 사용은 비용이 회사를 통해 어떻게 흐르고 있는지를 반영해 준다. 컴퓨터 서비스와 같은 자원 활동들이 원가 대상을 만들기 위해 사용되는 활동들에 집중하는 다른 부서로 이동하는 것처럼 말이다.

모든 비용이 주요 비용 풀에 할당되었으므로, 이 비용들을 비용의 사용자가 되는 원가 대상에 정확하게 부과하는 방법을 알아내야 한다. 원가 대상의 예로는 제품과 고객을 들 수 있다. 이 할당은 **활동 드라이버**(activity driver)를 사용하여 실행한다. 이것은 비용 풀로부터의 비용의 소비를 설명해주는 변화이다. 비용 풀과 활동 사이에는 명확하게 정의된 인과관계가 성립되어, 특정한 활동 드라이버를 사용하는 확실하고 방어적인 이유를 설명해 주어야 한다. 특정한 활동 드라이버의 사용은 원가 대상에 부과되는 비용의 양을 변화시켜 그 원가 대상을 책임지는 매니저들의 분노를 자극하기 때문에 이것은 매우 중요한 영역이라 할 수 있다. [도표 9-3]이 비용의 특정 형태와 연관된 몇 개의 활동 드라이버를 항목화 해준다.

[도표 9-3]에 나와 있는 활동들의 목록은 결코 포괄적인 개념은 아니다. 각 회사는 여기에 나와 있는 것처럼 다양한 다른 활동 드라이버를 가져오는 독특한 절차와 비용을 가지고 있다. 활동 드라이버를 선택할 때에는 다음의 핵심 사항들을 고려해야 한다.

[도표 9-3] 특정 형태의 비용에 대한 활동 드라이버

비용 형태	관련된 활동 드라이버
설비 비용	사용되는 공간의 양
제조 비용	직접 시간의 양
제조 비용	현장 지원 방문의 양
제조 비용	계획된 작업의 수량
제조 비용	기계 가동 시간의 양
제조 비용	기계 설치의 양
제조 비용	유지 보수 작업 주문의 양
제조 비용	제품 부품의 수량
제조 비용	재고에 있는 부품의 수량
제조 비용	가격 협상의 수량
제조 비용	구매 주문의 양
제조 비용	스케줄 변화의 양
제조 비용	선적의 양
품질 보증 비용	검사의 수량
품질 보증 비용	공급자 검토의 수량
저장 시간(감가상각비, 세금)	재고 순환
저장 거래(수령)	처리된 횟수

- **데이터 수집을 최소화한다.** 매우 소수의 활동 드라이버들은 이미 기존의 회계 시스템을 통해 추적되었는데, 그 이유는 그 중 비용과 관련된 것이 거의 없기 때문이다. 대신에, 공급자의 숫자 또는 처리 되는 고객 주문의 수량과 같은 활동에 더 많은 관련을 가지고 있다. 이것은 기존의 시스템 어디에서도 추적될 수 없기 때문에, 수집하 는 데에 있어서 추가적인 노력이 필요하다. 결과적으로, 몇 개의 잠재적인 활동 드라이버들 사이에 차이점이 거의 없다면, 이미 사 용되고 있는 것을 선택하여 ABC 시스템의 유지를 위한 관리작업 을 절약하도록 한다.

- **저비용 실사를 선택한다.** 모든 다른 사항이 동일할 경우, 유일하게 가능한 활동 실사가 찾아서 수집되어야 하는 것이 분명하다면, 가장 낮은 데이터 수집 비용을 가진 것을 택하도록 한다. 이것은 ABC 프로젝트가 매우 엄격한 예산으로 운영되고 있거나, 새로운 시스템이 너무 많은 자원을 차지하고 있다는 직원들의 걱정이 있을 경우 매우 중요한 고려사항이 된다.

- **인과 관계를 점검한다.** 활동 드라이버는 코스트 풀에 있는 비용의 발생에 대한 직접적인 관련을 가지고 있어야만 한다. 이것을 시험하기 위해, 회귀 분석을 실시해 보도록 한다. 이 회귀분석이 활동 드라이버의 변화가 비용 풀의 크기에 있어서 직접적이고 상당한 영향을 미친다고 밝히면, 이것은 사용하기에 좋은 드라이버가 된다. 또한 잠재적 활동 드라이버가 개선의 변화의 요소로 사용될 경우 매우 유용하다. 예를 들어, 경영진이 회사의 주의를 활동 드라이버의 양을 줄이는 데에 기울인다면, 이것은 더 작은 코스트 풀을 가져오게 될 것이다.

일단 활동 드라이버가 각 비용 풀에 선택되면, 활동의 단위당 비용을 산출하기 위해, 회계 기간 동안의 각 활동의 총 수량을 각 비용 풀에 축적된 총 비용으로 나눈다. 예를 들어, 활동 실사가 처리된 보험 청구서 숫자이고, 그 시기에 이것이 350개였다면, 이것으로 인적 자원 혜택의 비용 풀인 192,000달러를 나누면, 처리된 청구서당 비용은 549달러가 된다.

다음 단계는 원가 대상에 의해 사용되는 각 활동의 양을 구하는 것이다. 이를 위해서는 각 원가 대상을 위해 사용되는 활동 드라이버의 양을 축적하는 실사 시스템이 필요하다. 이 실사는 아직 존재하지 않지만, ABC 시스템을 위해 반드시 특별하게 만들어져야 할 것이다.

추가된 데이터 수집의 비용이 상당하다면, 활동 드라이버의 수량을 줄여야 하는 상당한 압력이 있을 것이고, 이것은 정확성과 시스템 비용 사이의 거래를 반영하게 된다.

마지막으로, 간접비를 원가 대상에 정확하게 할당하는 목표에 도달해야 한다. 그러려면, 활동의 단위당 비용에 원가 대상을 위해 사용된 각 활동의 수량을 곱한다. 이것은 비용 풀에 있는 모든 비용을 내보내어, 이것을 그 전체의 간접비에 할당해야 한다. 이렇게 함으로써, 이해 가능할 뿐만 아니라 더 중요한 방식으로 간접비를 할당하는 방어적인 방법과, 매니저들이 그 간접비를 줄이기 위해 사용할 수 있는 방법을 찾아낼 수 있다. 예를 들어, 구매 기능의 비용과 관련된 간접비의 활동 실사가 각 제품을 위한 각기 다른 주문들의 수량이라면, 매니저는 각 제품에 포함된 다른 부품들의 수량의 감소를 수반하는 활동 실사를 줄이는 것에 집중하게 될 것이다. 그러면 구매 간접비의 양은 하락하게 되는데, 그 이유는 이것은 활동 드라이버와 직접적으로 연관되고, 또 그것에 의한 영향을 받기 때문이다. 그러므로 ABC 시스템은 제거할 수 있는 비용에 초점을 맞출 수 있는 매우 훌륭한 방법이라고 할 수 있다.

ABC의 설명은 매우 장황하기 때문에, 여기서는 간단하게 요약하도록 한다. ABC 시스템의 범위를 설정하고 나면, 자원 드라이버를 사용하여 원장 계정에서의 비용을 2차적이고 주요한 비용 풀에 할당한다. 그리고 나서, 각 비용 풀에 밀접하게 관련된 활동 드라이버를 만든 다음, 활동의 단위당 비용을 유도한다. 그 다음, 각 원가 대상(제품 또는 고객)에 사용된 각 활동의 단위의 수량을 축적시키고, 이 단위의 수량에 활동 드라이버당 비용을 곱한다. 이 과정은 정당하고 논리적인 방법으로 모든 간접비를 원가 대상에 완전하게 할당시킨다. 이 과정에 대한 전체적 개요는 [도표 9-4]에 나와있다.

[도표 9-4] ABC 활당 프로세스

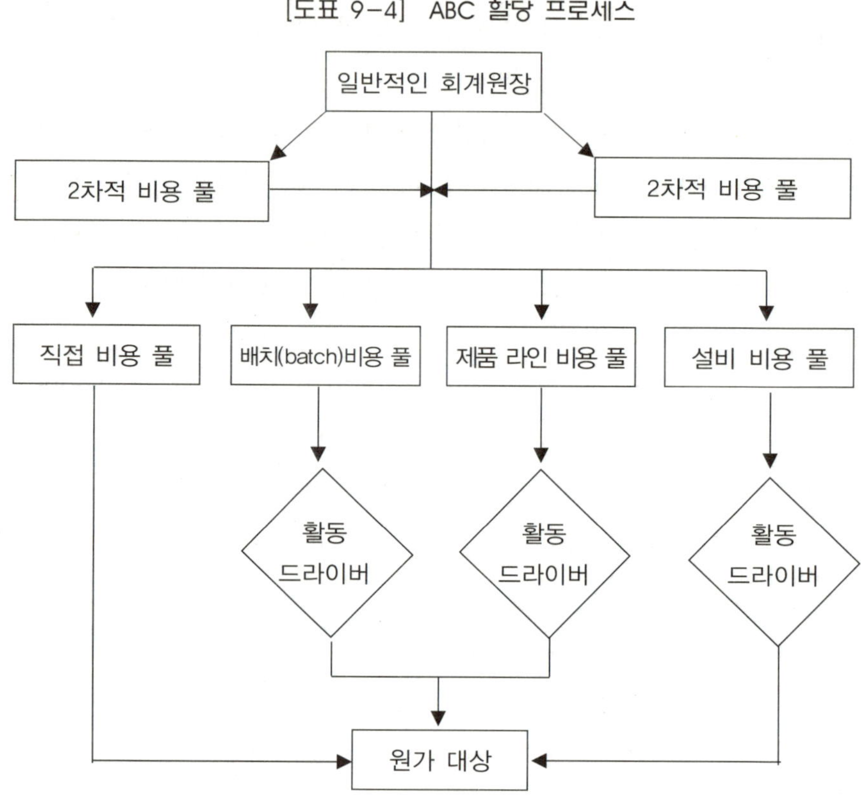

6. 활동 명세서

개별적인 논의의 가치가 있는 ABC 시스템의 핵심 성과는 활동 명세서(BOA)이다. 이것은 자재 명세서(BOM)과 유사한 개념으로, 그 안에는 하나의 제품의 모든 구성 요소들이 항목화 되어있지만, 자재 명세서에서 가장 많이 나타나는 직접 자재와 노동 비용보다는 ABC 시스템을 통해 정의되는 간접비의 구성요소의 목록을 나열해 준다.

이것이 자재 명세서에 있는 비용과 결합될 경우, 활동 명세서는 제품과 관련된 모든 비용의 구체적인 수준을 나타낼 수 있다. 이 두 개의 문서는 제품에 관여하는 거의 모든 비용 기준 분석의 핵심이 된다. 예를 들어, 제품의 총 원가계산에 적용하기 위한 정확한 간접비의 결정을 위해 활동 명세서를 사용할 수 있고, 또한 검토되고 있는 분석 항목에 따라, 확실한 비용 풀에 근거한 비용을 할당 하는 것도 가능하다. 생산 단위당 개발 비용에 관한 의문점이 있을 경우, 활동 명세서가 그 정보를 가지고 있고, 매니저들이 배치(batch)당 간접비에 관한 의문 사항이 있을 경우, 활동 명세서가 또한 그 정보를 가지고 있다.

활동 명세서의 예는 [도표 9-5]에서 볼 수 있다. 배치(batch) 수준, 제품 라인 수준, 그리고 설비 수준 활동에 근거하는 간접비를 뚜렷하게 구분해 주기 위해, 각 비용 풀에 대한 각각 다른 줄이 있는 것을 주의하도록 한다. 또한, 비용 풀의 양은 그 풀들과 관련된 활동의 양에 의해 나누어지는 것을 확인하도록 한다(예를 들어, 제품 기술 비용 풀은 제품의 수명에 걸쳐서 생산될 것으로 예상되는 총 단위의 수량으로 나누어지는데, 그 이유는 이 수량이 이 제품을 만드는 데에 필요한 연구 개발 비용과의 타당한 관계를 가지고 있기 때문이다).

[도표 9-5] 활동 명세서

간접비 풀	총 풀 비용	활동 실사	관련 수량	단위당 비용
제품 엔지니어링	$300,000	생산된 단위	50,000/수명주기	$6.00
공정 계획	175,000	생산된 단위	50,000/수명주기	3.50
배치(batch) 관련	90,000	배치(batch) 사이즈	12,000/배치	7.50
마케팅과 유통	120,000	연간 수량	10,000/연간	12.00
총 계	–	–	–	$29.00

10

결합상품과 부산물 원가계산

1. 개요

회사가 생산초기 단계에 명확하게 규정할 수 없는 하나 이상의 제품을 생산하는 단일 생산 공정을 운영하는 사례가 많다. 이러한 합병된 생산의 예들은 벌목된 나무들이 엄청나게 다양한 최종 제품이 되는 원목 제품 산업과, 가축이 다양한 완제품으로 처리되는 고기 통조림 산업에서 볼 수 있다. 개별적인 제품들이 생산과정에서 확실하게 규정되는 시점까지는, 제품에 비용을 할당할 수 있는 확실한 방법은 없다. 이 항목들에 비용을 할당하기 위해 일관된 방법을 가지고 있어야 하는 재고 회계사에게 있어서 이 사항은 매우 중요하다고 할 수 있다. 본 장은 몇 가지 비용 할당 방법에 대해 논할 것이고, 또한 이 할당 방법들의 유용성(또는 부족함)에 대해 언급할 것이다.

본 장에서 강조하는 핵심 요점은 이 장에 논의된 모든 방법을 통한 비용 할당은 사실상 임의의 것이라는 점이다. 이것은 결합 제품 또는 부산물에 할당되는 임의의 비용을 발생시키지만, 이 비용들은 경영진의 결정을 위한 것이 아니라 재무 또는 세금 보고를 목적으로만 유용하다는 것이다.

2. 결합 비용의 특성

결합 비용과 부산물을 이해하기 위해서는 우선 분리시점에 대해 확실히 파악하고 있어야 한다. 이것은 최종 제품의 특성이 규정되는 생산 과정의 시점을 말한다. 그 시점까지 생산과정에서 발생하는 모든 비용(간접비와 직접비 모두)은 분리 시점에서 발생하는 제품으로 어느 정도 할당되어야만 한다. 그 이후에 발생하는 모든 비용은 정상적인 방법으로 특정 제품에 부과될 수 있다. 그러므로 이러한 과정에서 나오는 제품은 분리시점 이전에 할당된 비용과 분리시점으로 직접적으로 추적되어, 그 이후에 발생하는 비용으로 구성될 것이다.

이와 관련된 용어가 **부산물**이다. 이것은 생산 과정에서 발생하는 하나 또는 그 이상의 추가적인 제품인데, 이 제품들의 잠재적 판매 가치는 동일한 과정에서 발생하는 주요 결합 제품의 가치보다 훨씬 더 낮다. 앞으로 보게 되겠지만, 부산물에 대한 회계는 다소 어려울 수도 있다.

결합 비용 개념에 대한 복잡성은 하나 이상의 분리시점이 있을 수도 있다는 것에서 나온다. [도표 10-1]을 보면, 과정의 초기에 부산물을 만들어 내며 내장이 제거되는 도살장의 처리과정을 나와 있다. 이것이 첫 번째 분리시점이다. 그 다음, 몸통에서 갈비뼈가 분리되는데, 이것이 두 번째 분리시점이다. 이 갈비들은 포장되어 바로 팔리게 되거나, 미리 포장된 바비큐 갈비와 같이 추가적인 제품을 만들기 위해 처리될 것이다. 이 예에서, 첫 번째 분리시점에서 발생한 일부 비용은 내장 부산물에 할당될 것이고, 첫 번째 분리시점과 두 번째 분리시점 사이에서 발생한 비용은 더 이상 내장에 할당되지 않고, 몸통에서 나오는 남아있는 제품들에 할당되어야 한다. 마지막으로, 갈비뼈를 최종 제품으로 바꾸기 위해 반드시 발생해야 하는 비용은 그 제품

으로 직접적으로 할당될 것이다. 이것이 결합 상품과 부산물의 기본
적인 비용 흐름이다.

[도표 10-1] 결합상품과 부산물의 다양한 분리시점

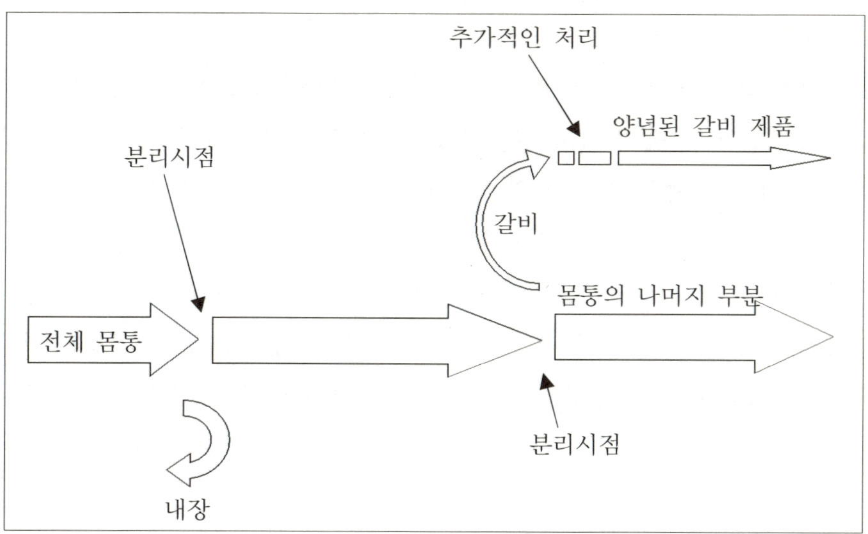

3. 결합상품과 부산물 원가계산의 이론

　다음 부분에서 볼 수 있겠지만, 분리시점에서의 제품에 대한 비용
할당은 사실상 임의의 것이다. 두 개의 기준 이론이 사용되고는 있지
만, 이 두 가지 모두 경영진의 결정에 있어서 유용한 정보의 결과를 가져
다주지 않는다. 그렇다면, 왜 재고 회계사는 결합상품과 부산물에 대한
적절한 비용 할당 방법론에 관여해야만 할까?

　그 이유는 그렇게 해야만 하는 회계와 법적 근거가 있기 때문이다.
일반적으로 받아들여지는 회계 원칙(GAAP)은 재고의 가치 평가를
목적으로 비용이 제품에 할당되는 것을 요구하고 있다. 분리시점까지
의 생산과정에 의해 발생한 비용이 단일 제품에 확실하게 할당될 수

없다 하더라도, 회계법을 따르기 위해, 그것을 위한 정당한 할당 방법을 찾아야만 한다. 그렇지 않으면, 분리시점까지 발생한 모든 비용은 간접비로써 직접적으로 판매 제품의 원가로 정당하게 상각되어, 엄청난 양의 간접비와 매우 적은 직접비를 발생시킨다(분리시점 이후에 발생한 비용).

결합 상품과 부산물에 비용을 할당하기 위해 사용된 논리는 과학적으로 유도된 할당 방법보다는 정당하게 방어적인 비용을 할당하는 빠르고 쉬운 방법을 찾는 것과 더 관련이 있다(다음 부분에서 보게 되겠지만). 간단한 방법을 사용하는 이유는 GAAP의 공포자들은 손익분기점의 결정, 최적 가격의 설정, 또는 개별 상품의 정확한 수익을 알아내는 것 등에 할당된 결합비용이 사용될 수 없으므로, 이것은 실제 경영진이 사용할 수 없다는 것을 알고 있기 때문이다. 대신에, 이 비용들은 사실상 더 관리적인 다음과 같은 목적으로 사용된다 :

- 재고 평가. 재고에 저장된 제품들에 대한 결합 비용 할당을 전환함으로써 재고 수준(그리고 수익의 예상 수준 또한)을 조정하는 것이 가능하다. 이것은 운영 상태와는 전혀 관련이 없는 수익의 변화를 가져오기 때문에 권장되지는 않는다. 그렇지만, 재고의 평가를 변경하는 할당 방법의 신중한 사용을 주의해야 할 것이다.

- 수입 보고. 많은 회사들은 손익계산서를 제품 라인이나 보다 개별적인 제품에 따른 수익에 대해 보고하는 더 세분화된 수준으로 분리하곤 한다. 그러려면, 결합비용은 총 생산 비용의 매우 많은 부분을 차지하게 될 것이고, 그것이 특정 제품이나 제품 라인에 할당되지 않는 한, 이러한 손익계산서는 생산 비용의 대부분을 포함하지 않을 것이다.

- **이동 가격**. 회사는 많은 사업부 사이에서 제품을 판매하는 시점에서 그 가격을 변경하여, 높은 세금을 내야 하는 사업부에 높은 가격을 부과시킬 수 있고, 이것은 높은 세율이 적용되는 소득세의 수준을 낮출 수 있다. 신중한 재고 회계 직원은 결합비용 할당 방법을 선택하여, 그러한 위치로 보내지는 제품들에 할당되는 결합비용을 가장 높게 만들 것이다.(그리고 낮은 세율의 영역에는 반대의 방법으로.)

- **상여금 계산**. 매니저의 상여금은 특정 제품에 대한 예상 수익에 따라 결정되고, 이것은 거기에 할당되는 결합비용의 부분적인 수준에도 근거하고 있다. 그러므로, 매니저들은 비용을 할당하기 위해 사용되는 실사에 매우 많은 관심을 보이게 되고, 특히 각각 다른 매니저들이 책임지는 제품으로 일부 결합비용이 몰리는 지에 관심을 보이게 된다.

- **원가 가산 계약 실사**. 많은 정부 계약은 회사의 비용의 환급과 예상 마진에 근거하고 있다. 이런 경우에, 가능한 많은 부분의 결합비용이 고객에 의해 환급되는 작업에 할당되는지를 결정하는 것이 회사의 최고 관심사가 될 것이다. 이것은 고객에게도 똑같은 관심사이지만, 고객은 결합비용으로의 할당이 **줄어들기**를 바랄 것이다.

- **보험 환급**. 회사가 생산 또는 재고 부분의 손실로 어려움을 겪고 있을 경우, 일부 완제품 또는 재공품 재고 또한 손상되거나 처분될 수 있다. 그렇게 되면, 가능한 많은 결합비용을 손상되거나 처분된 재고에 전적으로 할당하는 것이 회사의 관심사가 되어, 회사의 보험 제공자로부터 많은 양의 환급을 받을 수 있게 된다.

다음으로, 제품에 결합비용을 할당하는 가장 많이 사용되는 두 가지의 방법을 살펴보겠다. 이 방법 중 하나는 제품의 수익에 근거하고 있고, 다른 하나는 총 마진에 근거하고 있다.

4. 비용 할당 방법

많은 비용 할당 방법들이 회계학에서 제안되어 왔지만, 오직 두 가지의 방법만이 넓게 받아들여졌다. 첫 번째 방법은 분리시점에서의 모든 결합비용의 판매 가치를 기본으로 한다. 이것을 계산하기 위해, 회계 담당자는 분리시점까지 생산 과정에 축적된 모든 비용을 수집한 다음, 제품의 상대적 가치에 근거한 제품으로 이 비용을 할당한다. 결합 생산 과정과 관련된 부산물은 그것의 판매로 얻어진 수익이 결합상품의 판매 제품으로 부과된다 해도, 비용 할당의 가치로는 크게 고려되지 않는다. 이것이 가장 간단한 결합 비용 할당 방법이고, 재고 회계사가 분리시점 이후에 발생하는 그 어떤 생산 처리 단계에 대한 지식을 필요로 하지 않는다는 데에서 특히 더 흥미로운 방법이라고 할 수 있다.

부산물과 관련된 이 비용과 수익의 각각 다른 처리는 제품 수준에서 수익의 변형을 가져오기도 한다. 문제는 어떤 제품이 부산물인지 아닌지를 결정하는 것이 주관적일 수 있다는 것이다. 어떤 회사에서는 결합 상품의 수익이 전체 벌어들인 수익의 10%가 되지 않을 경우, 이것은 부산물이 되는 반면, 다른 회사에서는 10% 대신에 1%라는 수치를 사용할 수도 있다. 이러한 회계 용어의 애매함 때문에 어떤 회사는 총 수익의 불균형적인 비율로 모든 비용을 결합 상품에 할당하여 모든 기타 제품들의 가치를 0으로 기록할 수도 있다. 이러한 부산물의 많은 수량이 0의 가치로 재고에 잡혀있으면, 부산물을 구성하는 그들의 정의 때문에, 전체 재고의 가치가 다른 회사보다 낮아지게 된다.

이러한 비용 할당 시나리오에서의 부산물 처리의 두 번째 문제는, 부산물이 몇 달에 한 번씩만 일어나는 배치(batch)로만 팔릴 수도 있다는 것이다. 이 수익은 비용에서 제해지기 때문에, 몇 달 동안의 판매 시점에서 결합 상품 원가의 갑작스런 감소를 가져오게 된다. 반대로, 부산물의 판매가 없는 시기에 결합 상품 원가는 너무 증가한 것처럼 보일 수도 있다. 그러므로 부산물의 판매의 시점에 통해 제품 원가를 변경하는 것이 가능하다.

부산물과 관련된 세 번째 문제는 판매에서 실현된 수익이 시장 수요에 따라 심하게 변할 수도 있다는 것이다. 그렇게 되면, 이 변경된 수익은 원래 수익에 대한 결합 상품의 원가에 있어서 갑작스런 변화를 가져오게 된다. 이것은 관련 없는 제품의 가격이 왜 변경되어 결합 상품의 원가의 변화를 가져왔는지에 대한 이유를 보여주는 재고 회계사의 설명을 요구하게 될 것이 분명하다! 이것은 회계사가 아닌 일반인들은 이해하기 어려운 부분이다.

방금 언급한 세 가지의 문제를 피하는 가장 좋은 방법은 모든 제품이 부산물로 지정되는 것을 막는 것이다. 대신에, 모든 결합 상품은 총 잠재 수익(아무리 작더라도)에 근거하여 분리시점에 발생한 총 비용의 일부 비율로 할당되어야 하고, 결과적인 수익은 다른 제품 원가를 상쇄하는 데 사용되어서는 안 된다. 결합 상품이 다른 제품 범주로 분리되는 것을 막음으로써 다양한 원가계산의 변형을 막을 수 있다.

두 번째 할당 방법은 생산되는 각 결합 상품의 예상 최종 총 마진을 기본으로 한다. 총 마진의 계산은 전체 생산과정의 끝에 각 제품이 벌어들이는 것에서 분리시점에서 판매시점 사이에 발생하는 모든 처리 비용을 빼면 구해질 수 있다. 이것은 재고 회계사에게 생산 과정을 통해 추가적인 비용을 축적하도록 요구하고, 생산 과정이 어떻게 진행되는지, 그리고 어디에서 비용이 발생하는지에 대한 지식을 요구하기 때문에, 이것은 좀더 복잡한 방법이라고 할 수 있겠다. 이것은 실사하는 데에 있어서 조금 더 어렵긴 하지만, 하나 또는 그 이상의 결합 상품의 최종 판매 가격이 분리시점에서(첫 번째 위치 방법에서 요구된 것처럼) 결정될 수 없어서 다른 할당 방법들이 소용이 없어지는 곳에서는 필수적으로 사용되는 방법이다.

예상 최종 총 마진에 근거한 결합 비용을 할당하는 것의 최대 문제는 분리시점과 판매시점 사이에 많은 양의 고객화된 작업이 남아있을 경우 그 계산이 매우 어려워진다는 것이다. 그렇게 되면, 남아있는 생산과정 동안 발생하는 정확한 비용을 미리 결정하는 것이 불가능하게 된다. 이러한 경우, 유일한 대안은 발생하게 될 예상비용을 미리 평가하고, 이 정보에 근거하여 총 마진 계산을 구한 뒤, 실제 발생하는 비용에 근거하여 발생하는 결합 비용 할당의 증명이 불가능 하다는 사실을 받아들이는 것이다.

여기에 설명된 두 가지의 할당 방법은 [도표 10-2]에 나와 있는 예를 보면 쉽게 이해할 수 있다. 도표에서 분리시점까지 결합 비용에는 250달러가 발생했다는 것을 알 수 있다. 발생하는 결합 상품의 최종 판매 가격에 근거를 두고 있는 첫 번째 할당 방법은 분리시점 밑에 보여지고 있다. 거기에, 부산물의 판매 가격은 무시되고, 제품 A와 B사이에서 수익의 분리는 각각 59%와 49%이다. 이 과정의 결합비용은 이 비율에 근거한 두 개의 제품 사이에 할당된다.

각 제품에 의해 얻어진 최종 총 마진에 근거를 두는 두 번째 방법은 분리시점의 오른쪽에 나와있다. 이 계산은 이전 계산에서 부산물로 나눠져 무시된 제품 C의 판매에 대한 총 마진을 포함하고 있다. 이 계산은 제품 A, B, C 사이에서 각각 39%, 58%, 그리고 3%의 분배로 첫 번째 할당 방법에 비해 다양한 제품들 사이의 결합비용이 실질적으로 다른 분배를 발생시키는 것을 보여준다. 이 두 가지 방법 사이의 큰 변동의 할당량은 첫 번째는 수익에, 두 번째는 총 마진에 근거를 두는 다른 할당의 근거 때문에 발생한다.

[도표 10-2] 결합비용 할당 방법의 예

발생한 총 비용=250,000달러-분리시점-최종 판매 시점

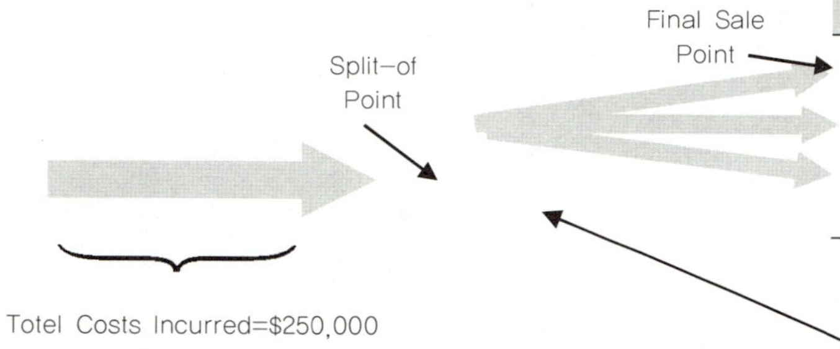

	최종 수익	분리시점 이후 비용	분리시점 이후 마진	총수익 비율	비용 할당
제품 A	$12.00	$8.50	$3.50	39%	$97.22
제품 B	8.25	3.00	5.25	58%	145.83
제품 C	0.25	—	0.25	3%	6.94
	$20.50	$11.50	$9.00	100%	$250.00

분리시점에서의 매상 총이익에 근거를 결합 비용 할당

이름	형태	최종수익	총수익비율	비율할당
제품 A	Joint	$12.00	59%	$148.15
제품 B	Joint	8.25	41%	101.85
제품 C	Byproduct	—	0%	-
		$20.25	100%	$250.00

분리시점에서의 예상 판매 가치에 근거를 결합 비용 할당

5. 결합 상품과 부산물의 가격 결정

결합 비용 할당이 무시되어야 하는 핵심적인 운영상 문제는 결합비용과 부산물의 가격 결정에 있다. 여기서 이 문제는 특정 제품의 원가를 할당하는 데 사용되는 할당이 제품을 생산하기 위해 발생하는 실제 비용과 전혀 관련이 없다는 것이다. 마지막 부분에 언급했듯이, 다양한 제품을 분리하는 어느 쪽 방법도 제품에 정확한 비용을 할당한다고 증명할 수는 없다. 대신, 어떤 제품의 결합이 일어나서, 어떤 제품의 결합이 분리시점에서 판매되는지에 상관없이 분리시점까지 발생하는 모든 비용은 발생하게 될 매몰원가라는 것을 알고 있어야 한다.

분리시점 이전의 모든 것은 매몰원가로 고려되기 때문에, 가격결정은 분리시점 이후에 발생한 비용에만 관여한다. 이 비용들은 개별 제품으로 직접적인 추적이 가능하기 때문이다. 다시 말해, 가격에서의 증가하는 변화는 분리시점 이후에 제품으로 쌓이는 비용의 점진적 증가에 근거를 두어야 한다. 이것은 불균형적으로 낮은 제품에 할당되는 비용을 발생시키는데, 그 이유는 분리시점 이후에는 비용이 거의 발생하지 않기 때문이다. 이것은 경쟁적인 압력에 대한 대응이 될 수도 있고, 또는 분리시점 이후에 점진적인 비용에 적당한 인상폭의 비율을 추가하는 것이 필요하기 때문일 수도 있다. 만약 이 가격이 너무 낮다면, 전체 생산과정에서 발생하는 수익은 회사가 이익을 남기기에 충분히 높지는 않을 것이다.

회사가 이익을 남기기 충분한 가격을 책정하는 가장 좋은 방법은 각 제품 라인에 가격 책정 모델을 만드는 것이다. [도표 10-3]에서 보듯이, 이 모델은 제품의 형태와 가능한 판매 시점, 그리고 분리시점 이후에 그것들에 할당될 수 있는 다양한 비용들을 항목화한다. 여기까지, 이 표는 모든 결합상품과 부산물 판매에서 얻어진 총 마진을 발생시킨다. 그리고 나서, 분리시점 이전에 발생한 모든 매몰원가의 총액을 구하여, 이것을 총 마진에서 뺀다. 발생한 수익이 너무 낮으면,

가격을 설정한 사람은 전체 제품의 수익성을 높이기 위해 개별 제품의 가격을 변경해야 한다는 것을 알게 될 것이다. 또한, 단일 생산 과정에 관련된 모든 판매량과 가격 시점을 불러와, 이상적인 가격수준을 달성하기 위해 가격이 어디에서 조정되어야 하는지를 쉽게 확인할 수 있다. 예를 보면, 손실을 막기 위해 총 수익을 3.68달러로 증가시켜야 한다. 표를 빨리 훑어봐도, 내장과 뇌하수체의 두 제품이 이러한 손실을 막아줄 충분한 양의 처리량을 발생시키지 못한 것을 알 수 있다. 따라서 판매 직원은 운영상의 손실을 없애기 위해 나머지 세 제품에 엄청난 주의를 기울여야 한다.

이 포맷은 단일적 생산단위(마지막 표의 경우와 같이)보다는 전체 보고 기간 또는 생산 운영에 사용을 위해 쉽게 채택될 수 있다. 그러기 위해서는 결합상품 또는 단위당 부산물의 총 단위와 이 시기에 제조되는 총 단위를 곱한 다음, [도표 10-3]에서 방금 사용된 동일한 포맷의 맨 오른쪽 열에 입력하면 된다. 이렇게 좀 더 종합적인 접근을 했을 때의 이점은 생산 계획자가 가능한 가장 큰 처리량을 발생시키기 위해, 어떤 제품을 생산 운영에(하나 이상의 제품이 사용 가능하다는 것을 가정하고) 포함시켜야 할지를 결정할 수 있다는 것이다.

[도표 10-3] 결합상품과 부산물의 가격결정 모델

제품이름	단위당 가격	증가한 단위당 비용	단위당 처리량	판매단위 수량	총 처리량
내장	$0.40	$0.10	$.30	1	$0.30
바비큐 립	3.00	1.80	1.20	4	4.80
옆구리살 스테이크	5.50	1.05	4.35	2	8.70
쿼터 스테이크	4.25	1.25	3.00	4	12.00
뇌하수체선	1.00	0.48	0.52	1	0.52
				총 처리량	$26.32
				총 매몰원가	$30.00
				순수익/손실	-$3.68

11

쓸모없는 재고

1. 개요

쓸모없는 재고는 제조 또는 고객으로의 직접 판매에 의해 더 이상 사용되지 않는 모든 재고를 말한다. 일반적으로 받아들여지는 회계 원칙(GAAP)은 쓸모없는 재고는 규정되자마자 상각되어야 한다고 언급한다. "쓸모없는 재고"로 지정될 수 있는 해석의 현실적인 수준을 고려해봤을 때, 이 주제의 영역은 수익성에 엄청난 부정적 영향을 줄 수 있다. 본 장에서는 쓸모없는 재고를 찾는 방법, 수익적으로 가장 유리한 방법으로 이 재고를 처리하는 방법, 인식해야 하는 비용의 양 및 이것의 발생을 막는 방법 등에 대해 논의할 것이다.

2. 쓸모없는 재고의 배치

본 단원에서 논의한 바와 같이, 쓸모없는 재고를 배치하는 방법에는 여러 가지가 있다. 그러나 우선적으로 이 조사에 대한 경영진의 위임을 얻어야 함을 명심하도록 한다. 그렇지 않으면 결과적인 비용의 범위(실제적인)는 발견되자마자 즉시 상각되어야 하는 많은 쓸모없는 재고가 어떻게 회사에 남아있는지에 대해 회사의 끊임없는 질문을 받게 될 것이다. 쓸모없는 재고 조사의 실시는 경영진이 뚜렷한 수익을 근거로 하여 상여금을 받는 제도인 경우에는, 상당한 방해를 받게 될 것이다. 그렇다면 기존의 쓸모없는 재고를 해결하지 못하더라도 들어오는 쓸모없는 재고의 예방법을 고려하여 장기간에 걸쳐 재고 수준을 줄이도록 한다.

매니저가 쓸모없는 재고를 없애는 것을 보는 것은 확실히 고무적인 일이지만, 빈번하게 일어나는 문제는 단기석 생산의 필요를 위해서나 장기적 서비스 부품 또는 다른 품목의 대체를 위해 실제적으로 필요한 재고의 품목을 처분하는 것이다. 이러한 경우에, 재고를 처분하는 담당자는 물류 직원이 해결해야 하는 원인적 문제에 의해 징계를 받을 가능성이 크다. 이에 대한 좋은 해결책은 자재검토위원회(MRB : Material Review Board)를 조직하는 것이다. 자재검토위원회는 회계, 기술, 물류 및 생산 부서와 같이 재고 관련 사항을 교류하는 모든 부서의 대표들로 이루어져 있다. 예를 들어, 기술부 직원들이 새로운 설계에 추가하고자 계획하는 일부 품목을 보유할 필요가 있을 경우, 희귀한 부품을 구하기 힘들다는 것을 알고 있는 물류 부서의 직원들은 서비스 부품으로 사용하기 위해 재고에 남겨둔 몇 개의 품목을 주지 않고 갖고 있을 것이다.

쓸모없는 재고의 검토를 위해 이렇게 서로 다른 집단을 하나로 모으는 것은 어려운 일이기 때문에, 경영진 중 한 사람이 의무적인 회의의 소집에 책임을 지고 정기적인 재고 검토 회의에 대한 계획을 사전에 세워놓아야 한다. 회의 기록은 반드시 작성되어 모든 그룹의 멤버들에게 배분되어야 하고, 이것을 통해 어떤 재고가 상호적으로 구식화되었다고 보고되었는지를 규명해야 한다. 만일 품목들이 부적절하게 처리되었다고 비난을 받게 될 경우, 그 그룹은 어떠한 처분이 이루어지기 전에 각 자재검토위원회 멤버에 의해 행해져야 하는 마지막 승인에 호소할 수 있다. 그러나 일련의 최종 승인을 얻는 것은 오랫동안 지연되거나 승인 양식이 분실되기가 쉽기 때문에, 결국 권장되는 방법은 아니다. 보다 간단한 방법은 자재검토위원회 멤버가 반대하지 않는 한, 부정적 승인 절차를 사용하여 일정 날짜에 품목이 처분되도록 하는 것이다. 저스트 인 타임 환경에서 일어날 수 있는 낮은 수준의 재고 환경에서 자재검토위원회는 권장되지 않는다. 빠르게 움직이는 저스트 인 타임 시스템에 익숙한 직원들에게 자재검토위원회는 너무 느리게 움직이기 때문이다.

컴퓨터 시스템의 도움 없이 쓸모없는 재고를 찾아내는 가장 단순한 장기적 방법은 연간 물리 실사의 완료 후에 모든 재고 품목에 물리적 재고실사 태그를 부착하는 것이다. 다음 연도에 사용될 모든 품목에 부착된 태그는 사용 시점이 지나면 버려지고, 가장 오래되어 사용되지 않은 품목만이 연말까지 태그를 붙이고 있게 될 것이다. 그러면, 창고를 순회하고 이 품목들에 대한 구식화 준비금이 마련되어 있는지에 대해 알기 위해 자재검토위원회와 논의할 수 있을 것이다. 그러나 태그는 재고 품목에서 떨어지거나 찢길 수가 있고, 특히 근처의 상자들이 많이 이동할 경우에 더 그러할 것이다. 테이프를 더 붙이는 것이 이 문제를 줄일 수 있지만, 시간에 걸쳐 태그의 손상은 일어날 가능성이 많다.

아주 원시적인 컴퓨터 재고 추적 시스템도 생산 또는 판매를 위해 창고에서 처분된 특정 부품번호의 마지막 일시를 기록할 수 있다. 그렇다면 이러한 정보를 뽑아내고 분류하기 위해 기록 입력기를 사용하여 가장 오래된 "마지막으로 사용된" 일시의 제품을 시작으로 모든 재고의 목록을 열거하는 보고서를 만드는 것은 매우 쉬운 일이다. 가장 오래된 마지막 사용일을 가진 보고서를 먼저 분류하여, 잠재적인 구식화에 대한 조사를 필요로 하는 품목의 목록을 쉽게 만들 수 있다.

그러나 이 방법은 이 품목이 다시는 사용되지 않을 것이라는 충분한 증거를 제시해 줄 수는 없다. 왜냐하면, 그 품목은 오랜 시간 동안 생산 계획이 잡히지 않은 매우 필수적인 구성요소일수도 있고, 수요가 낮은 서비스 부품일지도 모르기 때문이다.

마지막으로 사용된 보고서의 더 발전된 형태는 [도표 11-1]에 제시되어 있다. 이것은 총 재고 출고를 현재 있는 재고의 양과 비교하여 구식화 재고의 검토를 하는데 있어서 충분한 정보가 되고 있다. 또한 이것은 자재 소요 계획 시스템으로부터 정보를 요청하는 계획된 사용을 나열하고, 자재검토위원회가 품목을 처분하는 것을 막아주는 다음 번 조건에 대한 정보를 준다. 각 품목에 대한 확장된 비용 또한 나열되어, 보고서 사용자에게 품목이 구식화로 규정되었을 경우에 발생하는 상각에 대한 정보를 제공한다. 표에서, 하위 우퍼, 스피커 브래킷 및 월 브래킷은 이전 사용에 근거했을 때, 구식화가 될 것처럼 보이지만, 더 많은 월 브래킷의 계획된 사용은 이 품목이 처분되는 것을 막을 것이다.

컴퓨터 시스템이 자재명세서를 포함하고 있을 경우, 그것은 "어디에 사용되는지"에 대한 보고서를 만들어, 재고 품목이 사용되는 모든 자재명세서의 목록을 만들 것이다. 품목에 대한 보고서에 "어디에 사용되는지"의 목록이 없다면, 부품이 더 이상 필요하지 않다는 것을 의미할 것이다. 이 보고서는 자재명세서가 컴퓨터 시스템에서 삭제되었거나, 시장에서 제품이 판매중지되자마자 제거되었을 때 더욱 효과적이다. 이 방법은 더 이상 쓸모없는 재고 품목을 더 확실하게 보여준다.

부품이 구식화되었는지 아닌지를 결정하기 위한 추가적인 방법은 설계변경 변화 주문을 검토하는 것이다. 이 문서는 다른 부품으로 교체되는 부품들과 생산의 변화가 언제 일어날지에 대해 보여준다. 그리고 나서 교체된 부품의 얼만큼이 아직 재고에 있는지를 알아보기 위해 재고 데이터베이스를 조사하여 총계를 낸 다음, 현재 수중에 있는 쓸모없는 재고량의 또 다른 변화를 산출할 수 있다.

[도표 11-1] 재고 구식화 검토 보고서

설명	품목번호	위치	현재수량	작년 사용량	계획된 사용량	확장된 비용
하위우퍼 케이스	0421	A-04-C	872	520	180	$9,053
스피커 케이스	1098	A-06-D	148	240	120	$1,030
하위우퍼	3421	D-12-A	293	14	0	$24,724
회로기판	3600	B-01-A	500	5,090	1,580	$2,500
스피커, 베이스	4280	C-10-C	621	2,480	578	$49,200
스피커 브래킷	5391	C-10-C	14	0	0	$92
월 브래킷	5080	B-03-B	400	0	120	$2,800
금속 연결	6233	C-04-A	3,025	8,042	5,900	$9,725
트위터	7552	C-05-B	725	6,740	2,040	$5,630

정보의 마지막 자원은 이전 시기의 쓸모없는 재고에 대한 보고서이다. 최고의 자재검토위원회라도 가끔은 규정된 구식화 품목을 처분하는 데에 있어 실패하게 된다. 회계 담당자는 품목을 계속 추적하여 이러한 품목들에 대한 처분 활동이 없다는 것을 경영진에게 계속해서 통보해야 한다.

이러한 모든 검토 시스템이 효과적으로 이루어지게 하기 위해서는 진행 중인 계획된 검토 일시뿐만 아니라, 이에 대한 규정과 절차를 만들어 놓을 필요가 있다. 그렇게 함으로써 쓸모없는 재고 검토가 회사의 정기적인 업무가 되도록 해야 한다. 특히, 적어도 분기별로 쓸모없는 재고를 검토하는 위원회에서 규정을 만들어, 너무 늦기 전에 경영진이 합리적인 가격으로 재고를 판매할 수 있도록 품목을 배치하는 기회를 제공해야 한다. 또한 수용할 수 없는 수준의 품질을 지닌 재공품 또는 완제품을 적극적으로 수색하여 처분해야 함을 명시하는 위원회 규정을 만들어야 한다. 이것은 그러한 제품들이 처음부터 창고에 입고되는 것을 막아, 차후에 자재검토위원회가 다시 그것을 다룰 필요가 없을 것이다.

3. 쓸모없는 재고의 처분

GAAP는 쓸모없는 재고가 확인되자마자 즉시 상각할 것을 지시한다. 그러나 이것은 재고의 복구 불가능한 부분에만 적용되므로, 재고 처분으로부터의 보상을 얻기 위해서는 엄청난 노력을 해야할 것이다. 이 부분은 정가 판매를 시작으로 점차 낮은 반환을 갖는 옵션들로 이동하면서 몇 가지 처분 가능성에 대해 개괄적으로 설명할 것이다.

몇몇 상황에서는 과잉 품목을 대체 부품으로써 기존의 고객에게 팔아 줄 것을 서비스 부서에 요청하여 그 품목의 거의 모든 비용을 되찾을 수도 있다. 이 방법은 과잉 품목이 고객들이 다른 곳에서 구할 수 없는 전문화된 부품일 경우에 특히 더 유용하다. 이것은 고객들에게 향후 오랫동안 구할 수 없을지도 모르는 귀한 대체 상품으로 보여지기 때문이다. 반대로, 일용품이나 빨리 구식화되기 쉬운 품목 또는 보관수명이 짧은 품목들일 경우에는 유용성이 가장 낮아진다.

일부 부품들이 보증 제품으로 팔리거나 무료로 배분되기 위해 몇 년 동안 재고로 보관되는 것은 가능하다. 이것은 구식화 비용을 줄여주고 회사가 서비스와 수리의 의무를 충족시키기 위해 향후에 부품을 조달하거나 다시 제조하는 것을 막아줄 수도 있다. 이 서비스/수리 범주로 잡히는 재고 수량은 유사 제품 또는 충분히 오랫동안 팔려온 현재의 재고에 대한 회사의 경험에 근거하여 개략적으로 실사할 수 있다. 그 다음, 서비스/수리 부품의 예상 총 수량을 초과한 현재의 추가적인 재고는 처리된다. 특히 관심이 되는 것은 서비스/수리 범주에 부품을 보관을 예측하는 시기의 문제이다. 회사가 시간적으로 부품이 필요한 것을 알아내는 데는 5년 혹은 10년의 시간이 걸리게 된다. 미리 예측한 이 시기가 일단 끝나면, 제품 마스터 파일의 플래그는 남아있는 부품들이 삭제되어도 된다는 것을 나타내는 메시지를 보낸다. 그 전에 경영진은 서비스/수리 기간이 연장되어야 하는지 혹은 남아있는 재고를 지금 삭제해도 안전한지를 알아보기 위해 최근 거래의 경험을 검토해야 한다.

또 다른 가능성은 물품을 원래의 공급자에게 반환하는 것이다. 그렇게 하면, 재고 15%에서 20%의 재고 재보관비용이 발생하게 되고, 이것은 결국 쓸모없는 물품에 대해 오히려 남는 장사가 된다. 현금으로 부품을 다시 구매하기보다, 많은 공급자들은 향후 구매에 대한 신용장을 발행한다. 회사가 오랫동안 물품을 소유하고 있을 경우에 이 옵션을 선택하는 확률이 낮아지는데, 그 이유는 공급자는 더 이상 그 물품들을 보관할 필요가 없어졌기 때문이다. 물론, 공급자가 신용장만을 발행하고 회사가 공급자의 다른 부품을 필요로 하지 않을 경우에는 이 방법은 실패하게 된다.

경매 서비스를 통해 온라인으로 물품을 판매하는 것도 가능하다. www.salvagesale.com 같이 과잉 물품의 처분만을 위해 전문적으로 만들어진 다른 사이트도 많지만, 이베이(eBay)가 가장 잘 알려진 사이트라고 할 수 있다. 이 사이트들은 특정한 일용품 범위 내에서 잠재적인 구매자와의 접촉을 유지하는 데 있어서 사전 준비가 매우 강하고, 때때로 매우 높은 재판매 가격을 발생시키기도 한다.

폐품 수집업자들에게 과잉 재고를 팔아 없애는 열악한 방법은, 수집업자들이 그들에게 확실하게 수익을 가져오는 품목만을 선택함으로써 판매 물품을 직접 고르도록 하는 것이다. 그렇게 하면, 수집업자들이 가고 난 후에도 엄청난 과잉 재고 수량이 그대로 창고에 남아있게 될 것이다. 이렇게 하는 대신, 재고를 가치있는 품목을 포함하고 있는 배치(batch)로 나누어, 수집업자가 원하는 품목의 일부를 획득하기 위해 반드시 구매해야만 하도록 한다. 그리고 나서 수집업자들이 각 배치에 대해 값을 부르도록 한다. 현실화되는 자금은 수집업자가 재고를 직접 골라갈 때보다 훨씬 더 낮을 수도 있지만, 그들은 창고에서 재고를 제거하는 부담을 가져가고, 이로 인해 회사가 처분 비용을 줄일 수 있게 될 것이다.

회사가 자선단체에 과잉 재고를 기부할 수 있는 예도 있다. 그렇게 함으로써 회사는 기부된 품목의 장부가치에 대한 세금의 공제를 주장할 수도 있다. 회사가 보고할 수 있는 수입이 없을 경우, 어떠한 현금 유통도 발생시키지 않지만, 공제는 각각 다른 세금 보고 기간으로 들어갈 수 있는 순수 운영 손실의 이월에 기여를 하게 될 수도 있다. 이 방법이 실용적으로 보일 경우, 재고를 받는 업체로부터 비영리 신분의 사본을 요청하여 국세청법의 세금코드의 501조 C항 3번에 따라, 비영리 신분으로 재고가 보내졌다는 것을 증명하면 된다.

마지막으로, 쓸모없는 재고에 대해 어떤 보상을 받을 수 있는 희망이 없다 하더라도, 그러한 재고를 쓰레기통에 버리는 것을 강력히 고려하도록 한다. 그렇게 함으로써, 창고에는 더 많은 보관공간이 생기게 되고, 그 공간은 다른 용도로 할당될 것이다. 덧붙여, 재고 보험의 보상범위의 금액은 줄어들어, 더 낮은 연간 보험료를 발생시킬 것이다. 지방 세금 관할에 따라 처분된 재고에 대한 재산세의 납부를 피할 수도 있다. 뿐만 아니라, 창고 데이터베이스에서 추적되는 재고 품목들의 수량이 줄어, 정기적으로 전체 재고를 검토하기 위해 매일 요구되는 주기적 재고실사 시간도 감소할 것이다.

4. 쓸모없는 재고에 대한 비용 인식

다시 말해, 쓸모없는 재고에 대한 적절한 비용의 인식 과정은 목표로 정해진 품목의 가장 높은 잠재적 처분 가치를 결정하기 위한 것이다. 이 가치를 쓸모없는 재고의 장부 가치에서 뺀 다음, 그 차액을 준비금으로 비축해 놓도록 한다. 쓸모없는 재고는 실제적으로 처분되거나 처분 가치 변화에서 추정되기 때문에, 이러한 변경사항을 반영하기 위해 준비금 계정을 조정하도록 한다.

예를 들어, Presto Computer Company의 재고 검토는 판매할 수 없는 100,000달러의 노트북 컴퓨터의 하드 드라이브를 가지고 있다고 밝혔다. 그러나 회사는 아프리카에 있는 재구매자들에게 이 드라이브를 20,000달러의 판매 가격으로 판매 할 수 있는 시장이 있다는 것을 알고 있었다. 따라서 회사 감사자는 다음과 같은 분개기입으로 80,000달러의 준비금을 인식하였다.

	차변	대변
판매 제품의 원가	$80,000	
쓸모없는 재고를 위한 준비금		$80,000

아프리카의 재구매자와 협의를 마친 후의 실제 판매 가격은 19,000달러였고, 감사자는 추가 1,000달러의 비용을 인식하여 다음과 같은 기입으로 거래를 완성하였다.

	차변	대변
쓸모없는 재고를 위한 준비금	$80,000	
판매 제품의 원가	$1,000	
재고		$81,000

매우 간단한 기계적인 절차로 보이지 않는가? 그렇지 않다. 첫 번째 문제는 실제 처분의 시기를 변경함으로써 회사의 예상 재무 결과를 부적절하게 변경할 수 있다는 것이다. 예를 들어, 매니저가 오래된 재고를 판매하여 예상가격보다 더 높은 가격을 받을 수 있다는 것을 안다면, 그는 추가적인 결과가 필요한 보고 시기에 일부 수익을 감소시키기 위해 판매를 가속화하거나 지연시킬 것이다. 준비금이 작을 경우, 이것은 그리 큰 문제가 되지는 않지만 반대의 경우에는 실제적인 위험으로 작용할 수 있다. 이에 대한 예로, Presto Computer Company가 노트북 컴퓨터 환풍기의 구식화의 준비금으로 25,000달러를 비축해 놓은 것을 들 수 있다. 그러나 1월에 구매 매니저는 환풍기의 재판매 가격이 폭락한 것을 알게 되었다. 따라서 실제 준비금은 35,000달러가 되어야 하고, 이것은 추가적인 10,000달러의 지출의 즉각적인 인식을 필요로 하게 된다. 그러나 이것은 이 회사의 1월의 재무결과에 있어서 전체적인 손실을 가져왔기 때문에, 매니저는 이 회사에 수익이 생기는 4월까지 기다려서 그 시기에 판매를 완료하여, 이것에 의해 추가적인 구식화의 손실을 판매 시점까지 지연해야 한다.

두 번째 문제는 많은 비용 준비금을 재무제표에 갑작스럽게 감소시켜 외부의 투자자들과 채권자들을 방해하는 경영진의 못마땅한 태도이다. 매니저들은 대신 작은 증가량을 인식하는 경향이 있고, 이것은 재고의 구식화가 마치 사소한 문제인 것처럼 보이게 만든다. GAAP가 모든 쓸모없는 재고는 즉시 상각되어야 한다고 규정하고 있기 때문에, 이에 대한 즉각적인 해결책은 없다. 경력을 쌓고 있는 과정에서 이러한 문제로 경영진에 대항하여 싸우는 회계사는 거의 없을 것이다.

세 번째 문제는 구식화 검토가 오랫동안 실시되지 않았을 경우, 줄어든 비용 인식의 크기이다. 검토는 주로 회계연도 말에 이루어지고, 이 형태의 재고가 조사되고 상각되어야 하는 시기에 보통 감사자의 검토와 결합 또는 물리적 실사와 함께 실시된다. 만약 이 상각이 전년도에 행해지지 않았다면, 누적 수량은 엄청날 것이고, 이 문제를 이미 알고 있어야 했던 자재취급 매니저 및 현장 감사자의 해고를 초래할 것이다. 큰 상각의 발생을 방지하는 세 가지 방법이 있다. 첫째, 대량의 상각이 쌓이는 것을 막기 위해 자주 구식화 검토를 한다. 둘째, 연간 예산의 일부로 구식화 비용 준비금을 만들고 자재검토위원회가 그것을 모두 사용할 것을 권장한다. 이 방법을 통해 새로운 예산이 효력을 발생하는 첫째 날에 창고 매니저가 최대한 가능한 수량의 재고를 버리는 것을 기대할 수 있다. 셋째, 재고가 구식화되는 것을 막기 위해 다음 단원에서 설명하게 될 방법들을 실행한다.

마지막 비용 인식의 문제는 고위 경영진은 그들이 매우 높은 구식화 준비금에 도달했을 때, 자재 관리 위원회의 말을 듣지 않고, 제안되는 비용 인식을 거부할 것이라는 것이다. 그들이 당연하다고 여기는 사업의 지식은 그렇게나 많은 재고의 일부가 더 이상 사용될 수 없다는 것을 받아들이지 못할 것이다. 이러한 경우에, 재고의 독립적인 평가를 실시하는 외부의 컨설턴트를 불러들이는 것을 고려하도록 한다. 고위 매니저들은 많은 양의 구식화 준비금을 승인하기 전에 제2의 의견을 필요로 할 수도 있다.

5. 쓸모없는 재고의 방지

지금까지는 쓸모없는 재고를 배치하고, 처분하고, 그리고 처리하는 다양한 방법만을 살펴보았다. 애초에 재고의 구식화를 만들지 않음으로써 이 모든 문제를 피하는 것이 진짜 비결이다. 이 단원은 이러한 목표를 달성하기 위한 몇 가지의 방법들에 대해 논할 것이다.

쓸모없는 재고의 주요 근원은 너무 많은 양을 구매하는 것이다. 구매부서는 작은 양에 대한 다양한 구매 주문서의 발행에서 오는 문제들에서 벗어나기 위해서 또는 대량으로 구매함으로써 낮은 가격을 얻을 수 있기 때문에 대량의 주문을 구매하게 될 것이다. 이 문제는 자재 소요 계획 시스템으로 승인된 품목만을 구매하거나, 자재 관리 부서에 높은 재고 회전을 설정하는 저스트 인 타임 구매 실무를 통해 방지될 수 있다.

잘 운영되는 구매부서는 제품을 만드는 데 필요한 부품을 결정하기 위해 자재명세서를 사용하고, 명세서에 명기된 수량에 따라 물품을 주문할 것이다. 하지만, 자재명세서가 부정확하다면, 구매되는 품목들은 잘못된 것이건 옳은 것이건 간에 수량이 부정확할 것이다. 이러한 문제를 해결하기 위해, 자재명세서는 정기적으로 정확성의 감사를 받아야 한다. 자재명세서를 수정하는 또 다른 방법은 묶음 포장된 품목들이 왜 사용되지 않은 채로 반환되었는지를 조사하거나, 생산 직원에 의해 왜 추가 물품이 요청되었는지를 조사하는 것이다. 이렇게 추가된 거래는 주로 잘못된 자재명세서로 인해 발생하게 된다.

부품이 어디에 있는지 아무도 모른다면, 그 부품은 구식화되기 쉽다. 만약 그것이 창고의 외딴 곳에 파묻혀 있다면, 그 부품이 사용될 수 있는 기회가 적어진다. 이 문제를 피하기 위해, 재고 데이터베이스에 모든 부품에 대한 위치 코드가 있어야 하고, 이와 함께 이 위치가 정확하다는 것을 확인할 수 있는 계속적인 주기적 재고실사를 행해야 할 것이다. 위치 코드에 대한 정기적인 감사는 경영진에게 이 정보에 대한 뚜렷한 전망을 제시할 수 있을 것이다.

마케팅 부서가 판매로부터 제품을 철회하는 가능성을 조사할 때, 완제품과 그 구성 부품들의 재고가 현재 얼마나 남아있는지를 확인하지 않는 경우가 많다. 마케팅 직원의 최대 관심은 과잉의 완제품을 어떻게 처리하느냐일 것이고, 그 이유는 이것은 즉시 규정될 수 있기 때문이다. 철회된 제품의 제조에만 사용되는 이 특수한 부품들은 먼지와 함께 창고에 남게 되고, 결국 상당한 시간이 지난 후에 폐기물로써 팔리게 될 것이다.

이러한 상황을 피하기 위해, 기술, 마케팅, 생산 및 회계 매니저들은 얼만큼의 재고가 제안된 취소 날짜에 걸려 있는지를 확인하기 위해, 모든 제안된 제품의 취소를 검토해 보아야 할 것이다. 결과는 우선 남아있는 모든 재고를 처리하기 위해 계획된 만기일을 수정하는 것이 될 것이다.

이와 관련된 문제는 열악한 기술 변화의 관리이다. 기술 부서가 새로운 부품이 제품에 설치되기 전에 오래된 부품들이 완전히 다 사용되었는지를 확인하지 않으면, 오래된 부품들의 남아있는 수량들은 구식화로 규정되어 버린다. 이러한 시나리오를 막기 위해, 회계, 생산, 그리고 기술 매니저들이 오래된 재고들을 최소화하는 변화가 발생하는 최적의 시간을 결정해야 한다. 뿐만 아니라, 컴퓨터 시스템 안에 자동 주문 플래그가 있을 경우, 기술 변화 주문을 통해 사용으로부터 철회되는 모든 품목을 위해 그것을 차단해야만 한다. 그렇지 않으면, 시스템은 의도적으로 재주문 시점 밑으로 떨어진 부품을 재주문하게 될 것이다.

일부 제품들은 한정된 수명을 가지고 있고, 일정 시기 동안 사용되지 않을 경우 버려져야 한다. 이것은 확실히 모든 음식 상품에 적용되고, 시간이 지나면서 소모되는 개스킷이나 인지와 같은 제품에서도 문제가 될 수 있다. 수천 개의 재고품목과 적은 양의 이러한 한정된 수명을 가진 제품이 있는 큰 창고에서는, 이 모두를 특별하게 추적하고 이들이 유통기간 전에 사용될 것이라고 확신하는 것은 어려운 일이다.

적절한 수명의 관리를 위해 변경의 결합이 실행되어야 한다. 첫째, 컴퓨터 시스템은 반드시 창고에 있는 모든 품목의 최종 수명 시기를 기록해야만 한다. 이것은 많은 기존의 재고 시스템이 가지고 있지 않은 재고 기록의 특별한 필드를 필요로 하므로, 이러한 기능을 갖춘 소프트웨어를 구입하거나, 이러한 기능이 가능하도록 기존의 데이터베이스를 개조해야 할 것이다. 수령 직원은 제한된 수명을 가진 품목이 도착하자마자 컴퓨터 시스템에 의해 경고를 받아야 하며, 플래그 또한 이러한 목적으로 품목의 마스터 파일에서 사용 가능해야 할 것이다. 이 모두의 소프트웨어의 개조와 함께, 특정 품목에 대한 임박한 제품 구식화를 경고하는 데 이 컴퓨터 시스템을 사용할 수 있을 것이다. 더 간단한 변형은 품목 마스터 파일에 있는 플래그가 한정된 수명을 가진 품목의 도착을 경고하도록 하고, 그 다음에 창고 직원이 수동으로 그 시점에서부터의 쓸모없는 재고를 추적하는 것이다. 이것은 각 품목의 한정 수명을 확실하게 태그로 붙여놓아, 재고를 고르는 어느 누구라도 어떤 품목이 먼저 출고되어야 하는지 확실히 알 수 있다. 이 해결책은 훨씬 저렴하긴 하지만, 가장 오래된 재고가 우선 사용되어야 하는 것을 확실히 하기 위해 수령 직원과 재고 출고 담당자 모두에게 의존해야 하는 문제점이 있다.

세 번째 변형은 중력 플로우 랙(gravity flow rack)을 사용하는 것이다. 이것은 출고자를 향해 약간 아래쪽을 향하는 각도의 랙킹(racking) 시스템을 말하고, 롤러를 포함하고 있다. 도착하는 물품들의 상자들은 선반의 뒤쪽에 실어지고, 더 오래된 상자들을 포함하고 있는 상자 뒤에 줄을 짓게 된다. 그리고 나서 출고자는 맨 앞 선반으로부터 가장 오래된 품목들을 가져간다. 이렇게 뒤쪽을 먼저 채우고, 앞에서 가져가는 식의 환경 때문에 재고는 항상 선입 선출의 방법으로 사용되어, 가장 오래된 품목들이 항상 제일 먼저 사용되도록 한다. 가장 오래된 품목을 사용하기 위해 품목 하나를 고르고 또 다른 품목을 고를 때 의식적으로 생각할 필요가 없기 때문에, 이것은 품목의 보관 수명을 관리하는 매우 훌륭한 방법이다. 파렛트 크기의 물품에 대한 이와 유사한 랙킹 시스템의 사용이 가능하다. 그러나 이 시스템은 품목들이 보관 수명을 다하기 전에 사용될 수 있다는 것을 보장해주진 못한다. 만약 중력 플로우 선반에 있는 품목 앞에 많은 품목들이 있을 경우, 또는 수요가 매우 적을 경우에는, 더 오래된 품목들이 적시에 사용되지 않을 지도 모른다.

구식화의 원인으로 이러한 문제들이 나타날 경우, 각 문제들의 비용의 양을 구하고, 그것을 삭제할 수 있는 가능한 모든 변경을 강력하게 실행해야 할 것이다.

12

재고 거래

1. 개요

본 장은 가장 자주 사용되는 재고 관련 분개기입에 대해 설명한다. 첫 번째 부분은 원자재의 수령으로 시작하여 다양한 형태의 재고를 통한 과정, 그리고 고객에게 가는 최종 판매까지의 수송 중인 제품의 기입 내용을 포함하고 있다. 두 번째 부분은 구식화, 물리적 실사, 그리고 비정상적인 폐기물을 포함하는 재고에 대한 일반적인 조정을 열거하는 기입 내용을 포함한다. 기입의 마지막 부분은 다양한 종류의 간접적인 비용들을 간접비 풀로 어떻게 전환하는지, 그리고 이 비용들을 판매 제품이나 재고로 어떻게 다시 할당하는지를 보여준다. 각 분개기입에 대한 샘플 설명과 기입 안에서 사용되는 가장 유용한 계정의 차변과 대변이 나와있다.

2. 수송 중인 물품

- **인수물품기록.** 공급자 배달의 결과로써 재고의 수준을 늘리는 경우

	차변	대변
원자재 재고	×××	
외상매입 계정		×××

- **재공품 재고로의 이동.** 원자재에서 완제품으로 변화시키는 생산이 일단 시작되고 난 후에 재공품 범주로 재고의 비용을 전환하기 위한 경우.

	차변	대변
재공품 재고	×××	
원자재 재고		×××

- **완제품으로의 더 많은 재고.** 재공품 재고에서 완제품 재고로 완성된 재고의 비용을 전환하기 위한 경우.

	차변	대변
완제품 재고	×××	
재공품 재고		×××

- **재고의 판매.** 제품 판매의 결과로써 재고 자산의 삭제를 기록하기 위해 자산을 비용으로 전환하고 또한 제품의 판매에 대해 고객이 지불하지 않은 잔고를 반영하기 위해 수취 계정의 창출을 기록한다.

	차변	대변
매출원가	×××	
완제품 재고		×××
외상매출계정	×××	
수익		×××

3. 재고 조정

- **구식화된 품목에 대한 재고 조정.** 매출원가에 대한 비용으로써 쓸 모없는 재고에 부과되는(첫 번째 기입) 준비금의 잔고를 늘리는 경우.

  이 두 번째 기입은 준비금에 대해 특정 재고 품목을 상각한다.

	차변	대변
매출원가	×××	
구식화준비금		×××
구식화 준비금	×××	
원자재 재고		×××
재공품 재고		×××
완제품 재고		×××

- **저가법에 맞춘 재고 조정.** 회사 기록에 입력된 비용보다 낮은 시장 가격으로 재고의 가치를 낮추기 위한 경우. 두 번째 분개기입은 대변이 재고 평가 계정에 만들어져 향후에 특정 상각이 완료되는 대안법을 보여주고 있다.

	차변	대변
재고 가치의 손실	×××	
원자재 재고		×××
재공품 재고		×××
완제품 재고		×××
재고 가치의 손실	×××	×××
재고 가치의 감소에 대한 준비금		×××

- **물리적 실사에 맞춘 재고를 조정.** 물리적 실사 동안에 기록된 재고 수량에 있어서의 변경의 결과로써, 재고의 잔고를 위 또는 아래로

조정하기 위한 경우. 다음의 기입은 재고의 잔고에 증가가 있었음을 가정하고 있다. 재고의 잔고에 감소가 있을 경우, 차변과 대변이 바뀌게 된다.

	차변	대변
원자재 재고	××××	
재공품 재고	××××	
완제품 재고	××××	
매출원가		××××

• **비정상적인 폐기물/손상품 상각.** 예상하지 못한, 일회성의 폐기물이나 손상품의 비용을 매출원가로 직접 전환하기 위해, 해당 시기의 이 수량들을 효과적으로 상각한다.

	차변	대변
매출원가	××××	
재공품 재고		××××

4. 재고의 평가

• **정상 폐기물/손상품 기록.** 정상적인 예상 수량의 폐기물과 손상품의 비용을 간접비 풀에 전환하고, 재고에 대한 간접비의 일부로 할당한다.

	차변	대변
간접비 풀	××××	
재공품 재고		××××

• **비용을 간접비 풀로 이동.** 향후 재고와 매출원가로의 할당을 위해 제조 비용을 하나 또는 그 이상의 간접비 풀로 이동시킨다.

	차변	대변
간접비 풀	×××	
유지 보수 비용		×××
제조 비품		×××
임대, 제조 과련		×××
수리, 제조 관련		×××
급여, 제조 부서		×××
급여, 관리 부서		×××
급여, 자재 처리 부서		×××
급여, 생산 관리 부서		×××
급여, 구매부서		×××
급여, 품질 관리 부서		×××
급여, 감독		×××
폐기물, 정상		×××
공과금		×××
감가상각비-여러 가지 계정		×××

- **간접비를 재고에 할당.** 간접비 풀에 쌓인 비용을 재공품과 완제품 재고 범주 및 해당 시기에 팔린 모든 재고에 대한 매출원가로 전환한다.

	차변	대변
판매 제품의 원가	×××	
재공품 재고	×××	
완제품 재고	×××	
간접비 풀		×××

- **제조 비용을 결합 상품으로 할당.** 사용되는 비용 할당 방법에 근거하여, 제조 비용 풀을 완료된 결합 상품에 할당하기 위한 경우.

	차변	대변
완제품 재고	×××	
간접비 풀		×××

13

IRS(Internal Revenue Serive : 국세청) 재고법

1. 개요

재고회계 담당자는 주로 일반적으로 받아들여지는 회계 원칙(Generally Accepted Accounting Principles : GAAP)의 정책아래에 부합되는 회계 기록을 작성하는 것에 관여한다. 그러나 국세청은 재고에 관한 법을 따로 가지고 있고, 이것은 항상 GAAP와 일치하지는 않는다. 이 장은 저자의 해설과 함께 국세청의 재고에 대한 규정의 본문을 포함하고 있다 ("해설"표제로 표시된). 국세청 법 본문에서 재고와 관련이 없는 마지막 일부 부분은 저자에 의해 생략되었다. 국세청 법의 원문을 찾기 위해서는 국세청 코드내의 다음과 같은 표제들을 참고하도록 한다 :

표제 26 - 국세청 코드

부제 A - 소득세

장 1 - 기본세와 부가세

하위 장 E - 회계기간과 회계법

파트 2 - 회계법

하위 파트 D - 재고

471절 – 재고의 일반적인 규정

472절 – 후입 선출 재고법

473절 – 후입 선출 재고법의 청산

474절 – 소규모 사업체를 위한 간소화된 달러 가치 후입 선출법

2. 471절-재고의 일반적인 규정

해설 : 본 단원은 납세자가 과세해야 하는 수입을 결정하기 위해 국세
청의 재고 규정 개발에 대한 공인이다.

장관이 판단하기에 모든 납세자의 수입을 확실하게 규정하기 위해
재고의 사용이 필요하면 언제든지 거래 또는 사업에 있어서의 회계
실무에 최대한 순응하고, 수입을 가장 뚜렷하게 반영하여 장관이 지
시한 것에 근거하여 재고는 납세자에 의해 취해질 수 있다.

3. 472절-후입 선출 재고법

해설 : 472절의 (a)항은 후입 선출법을 사용하는 모든 사람은 아래와
같이 국세청 법을 따라야 한다는 일반적인 진술이다.

국세청 본문 :

(a) 권한

납세자는 적용법에 명시된 물품의 목록을 만드는 데에 있어서 하위
단원(b)항에 제공된 방법을 사용해야 한다. 이 방법은 장관이 지시하
는 시기에, 지시하는 방법으로 사용되어야 한다. 이 방법의 변경 또는
사용은 이 방법의 사용이 뚜렷한 수입을 반영하기 위해 필요한 장관
이 지시하는 규정을 따라야 한다.

해설 : 472절의 (b)항은 하나의 계층이 과세연도 이전의 기존 재고를

포함하고, 그 다음의 계층은 과세연도 동안에 요구되는 재고를 포
함하는 후입 선출법의 수정된 형태를 설명하고 있다.

(b) 적용 가능한 방법

하위 단원 (a)에 설명된 적용에 세분화된 물품의 목록을 만드는 데
에 있어서 납세자는 :

(1) 과세연도 말에 남아있는 재고를 다음과 같이 처리한다 : 첫째,
    과세연도 초에 포함된 재고들로 처리한다(취득된 순서대로).
    둘째, 과세연도에 취득된 재고들로 처리한다.

(2) 실비로 재고 처리한다. 그리고,

(3) 이 방법이 처음 사용된 과세연도의 초기 재고에 포함된 것들을
    같은 시기에 획득된 것으로 처리하고 평균 원가 계산 방법으로
    그 비용을 결정한다.

해설 : 472절의 (c)항은 회사가 정기적인 재무 보고를 위해 이미 후입
    선출법을 사용하고 있을 경우, 세금 보고를 목적으로는 후입 선출
    법만을 사용할 수 있다는 것을 진술하고 있다.

(c) 조건

납세자가 보고서 또는 과세연도를 포함하는 대차표를 목적으로 하
위 단원 (b)에 설명된 방법이 사용되던 첫 번째 과세연도의 수입, 수
익, 또는 손실을 규명하기 위해, 하위 단원 (b)의 (1)번과 (3)번에 명
시된 절차만을 사용하여 장관을 만족시키는 경우에만 하위 단원 (a)
의 적용이 가능하다.

(1) 주주, 파트너, 또는 다른 경영자, 또는 수익자로의 적용, 또는

(2) 신용을 목적으로

해설 : 472절의 (d)항은 후입 선출 계층에 사용될 원가 계산법에 대해
    설명한다.

(d) 재고 가치의 증가에 대한 3년 평균법

하위 단원 (b)에 제시된 방법이 사용되는 첫 번째 과세연도의 초기 재고는 실비로 가치가 평가되어야 한다. 앞의 문장의 적용으로부터 발생되는 재고양의 모든 변화는 하위 단원 (b)에 제시된 방법이 처음 사용되는 첫 번째 과세연도와 함께 시작되는 각 3년의 과세연도에 비례적으로 참작되어야 한다.

해설 : 472절의 (e)항은 회사는 일단 후입 선출법 재고 평가로 과세 소득의 보고를 시작하고 나면, 국세청의 승인 없이 후입 선출법을 다른 방법으로 바꾸면 안 된다는 것을 명시하고 있다.

(e) 그 다음의 재고

(a)항을 준수한 납세자가 하위 단원 (b)에 제시된 방법을 과세연도 동안 사용하게 되면, 이 방법은 그 다음의 모든 과세연도에도 사용되어야 한다. 다음의 경우가 아니라면-

(1) 장관의 승인으로 다른 방법으로의 전환이 허가되거나 또는

(3) 납세자가 (A) 주주, 파트너, 또는 다른 경영자, 또는 수익자에게, 또는

(B) 신용을 목적으로 보고서 또는 그 과세연도를 포함하는 대차표를 목적으로 그 과세연도의 수입, 수익, 또는 손실을 규명하기 위해, 하위 단원 (b)의 (1)번에 제시된 것이 아닌 절차를 그 과세연도에 사용한 것을 확인하고 그 다음의 과세연도 또는 그 이후의 과세연도를 시작으로 하위 단원 (b)에 지시된 방법을 다른 방법으로 바꾸는 것을 요구할 경우. 만약 이 하위 단원의 (1)번 또는 (2)번을 적용하면, 다른 방법으로의 변경과 그 방법의 사용이 수입을 가장 뚜렷하게 반영하기 위해 필요하다고 장관이 지시하는 규정을 따라야만 한다.

해설 : 472절의 (f)항은 정부 가격 지수가 후입 선출법 재고층의 평가
하는 데에 사용될 수 있다는 것에 대해 진술한다.

(f) 재고의 가격 결정에 정부 가격 지수의 사용

장관은 하위 단원 (b)에 제시된 방법을 목적으로 장관에 의해 규정
된 방법과 환경에서 적절히 공인된 정부 지수의 사용을 승인하는 규
정을 지시한다.

해설 : 472절의 (g)항은 회사가 세금 보고를 목적으로 후입 선출법을
사용할 경우, 이 방법과 재무 성과를 결합하는 모든 회사들은 또한
후입 선출법을 사용해야만 한다는 것에 대해 진술한다. 이 부분에
언급된 "1504절"에 대한 국세청 법의 완전한 본문은 이 장의
13-6절에 나와있다.

(g) 통제 그룹을 기준으로 적용된 준거법

(1) 일반적으로 규정에 달리 제공되지 않는 한, 재정적으로 관련된
기업의 동일한 그룹의 모든 멤버들은 하위 단원(c)항과 (d)항
의 (2)번을 목적으로 하는 하나의 납세자로 취급되어야 한다.
(2) 재정적으로 관련된 기업의 그룹
(1)번을 목적으로, "재정적으로 관련된 기업의 그룹"이라는 용
어는 다음을 의미한다.
(A) 1504절에 정의된 모든 계열 그룹은 1504절의 (b)항을 고
려하지 않고, 1504절 (a)항에 나타나는 각 장소의 "50퍼
센트"가 "80퍼센트"를 대신함으로써 결정된다. 그리고
(B) 재무제표를 목적으로 합병하거나 결합하는 기업의 모든
다른 그룹

4. 473절- 후입 선출 재고법의 청산

해설 : 절473의 (a)항은 청산된 후입 산출법의 계층은 새롭게 획득된 물품으로 교체될 수 없음에 대해 진술한다.

(a) 일반 원칙

만약, 청산연도 동안-

(1) 후입 선출법 하에 납세자가 재고를 조사하는 물품의 승인된 청산이 있을 경우, 그리고

(2) 납세자는 그러한 청산에 이 절의 조항들을 준하도록 결정하는 경우, 과세연도의 납세자의 총 수입은 하위단원 (b)에 제공된 것처럼 조정되어야 한다.

해설 : 절473의 (b)항은 청산된 후입 산출법의 계층은 새롭게 획득된 물품으로 교체될 수 없음에 대해 다시 한번 진술한다. 청산된 계층의 비용은 해당 과세연도에 반영되어야 한다.

(b) 교체에 대한 조정

교체 연도 동안에 청산된 물품들이 교체되면(전체적으로 또는 부분적으로), 그리고 그 교체가 그 해의 마감재고에 반영될 경우, 청산연도의 총 수입은

(1) (A) 그 해에 청산되어 교체된 물품의 총 교체 비용의 초과분과 동등하게 감소된다.

(B) 청산연도의 초기 재고에 반영된 물품의 총 비용의 초과분과 동등하게 감소된다.

(2) (A) 그 해에 청산되어 교체된 물품의 초기 재고에 반영되는 총 비용의 초과분과 동등하게 증가된다.

(B) 그 총 교체비용의 초과분과 동등하게 증가된다.

해설 : 473절 (c)항은 후입 선출법 재고층은 미국 에너지국의 요청 또는 해외 거래 간섭의 특정한 형태의 결과가 원인이 되었을 경우, 청산되거나 회복될 수 있음을 진술한다. 이 절은 473절(e)항의(2)번에서 다시 언급된다.

(c) 승인된 청산은 다음을 정의한다.

이 절의 목적으로-

(1) 일반적으로

"승인된 청산"이라는 용어는-

(A) 그 해의 초기 재고부터 청산연도의 최종 재고에서의 감소를 의미한다. 하지만 이것은,

(B) 납세자가 이러한 감소는 직접적으로 그리고 우선적으로 승인된 재고 간섭 때문이라고 납세자가 장관을 만족시키는 경우에만 그러하다.

(2) 승인된 재고 간섭은 다음을 정의한다.

(A) 일반적으로 "승인된 재고 간섭"은 (B)에 정의된 규정, 요청, 또는 간섭을 의미한다. 하지만 이것은 (B)에 준하여 발표된 고지에 제공된 범위 내에서만 가능하다.

(B) 장관에 의한 결정

적격의 연방 공무원과의 상담 이후, 장관은 다음을 결정한다.

(i) (I) 에너지 공급에 관한 에너지국의 규정 또는 요청에 대한 결정, 또는

(II) 모든 제한, 국제 불매운동, 또는 모든 납세자와 모든 물품의 청산연도 동안의 교체를 어렵게 또는 불가능하게 하는 다른 주요 해외 거래 간섭을 결정한다. 그리고,

(ii) 이 절을 물품과 납세자로의 적용이 이 절의 목적을 수행하기 위해 필요하다는 것을 결정하여, 이 고지에 의해 영향을 받게 되는 기간과 함께, 연방관보에 이러한 결정의 고지를 발표해야 한다.

해설 : 473절의 (d)항은 "청산연도," "교체 연도," "교체 시기," "후입 선출법," 그리고 "선정"의 용어들을 정의한다.

(d) 다른 정의와 특별 규정

이 절을 목적으로 하는-

(1) 청산연도

"청산연도"라는 용어는 이 절이 적용되는 승인된 청산이 발생하는 과세연도를 의미한다.

(2) 교체 연도

"교체 연도"라는 용어는 교체 시기 안에 있는 모든 과세연도를 의미한다. 다만, 이러한 용어는 청산된 물품의 교체가 완료된 과세연도 이후의 과세연도를 포함해서는 안 된다.

(3) 교체 시기

"교체 시기"라는 용어는 다음의 줄임말이다.

(A) 청산연도 이후의 세 번의 과세연도 기간

(B) 승인된 재고 중단에 관하여 연방 관보에 발표된 고지에 장관이 명시한 기간. (B)번 하에서 장관이 명시한 모든 기간은 연방 관보에 발표된 그 다음 고지에서 장관에 의해 수정되어야 한다.

(4) 후입 선출법

"후입 선출법"이라는 용어는 472절에 제시된 물품을 재고 처리하는 방법이다.

(5) 선정

  (A) 일반적으로

    선정은 하위 단원(a)의 조건 하에서 그 방법과 형태로 그 시점에, 장관이 규정으로 지시한 바에 따라 이루어진다.

  (B) 취소할 수 없는 선정

    이 절 하의 선정은 취소할 수 없으며, 결정들이 이 절 하의 조정에 의해 영향을 받는 한 청산연도와 그 이전 그리고 이후 과세연도 동안의 모든 결정들을 구속한다.

해설 : 473절의 (e)항은 이전 재고층을 교체하기 위해 획득된 재고에 대해 정의한다.

(e) 교체 재고 원칙

이 장을 목적으로 하여,

(1) 교체

  교체 연도에 대한 납세자의 최종 재고는 그 연도의 그 제품의 최초 재고에 대한 증가를 반영하고, 그 증가를 반영하는 물품은 획득된 순서에 따라 가장 최근에 청산되고(승인된 청산과는 상관없이) 이전에 교체되지 않은 물품을 대신하여 획득된 것으로써 간주된다.

(2) 교체 물품이 고려되는 수량

  모든 승인된 청산은, (1)번에 의해 그러한 청산으로 청산된 물품을 대신하여 획득된 것으로써 간주되는 모든 물품은 취득되어야 하고 교체된 물품의 재고 비용에 근거하여 그 교체 연도에 대한 납세자의 최종 재고에 포함되어야 한다.

해설 : 473절의 (f)항은 그 기간내의 세금공제 또는 부채 그리고 관련된 이자부담이 재고층의 조정의 결과로써 과세될 수 있음을 설명한다.

(f) 조정의 적용에 대한 특별 규정

(1) 한정 기간

만약,

(A) 이 절 하에서 교체 기간 동안 청산된 물품의 교체를 이유로 과세연도에 대한 조정이 요구된다면, 그리고

(B) 과세연도에 대한, 수입 부족액의 부과, 또는 그 조정 때문에 발생한 세금의 초과납부의 외상이나 환불의 공제는 법 또는 법의 규정(절충안에 대한 7122절은 제외)의 시행에 의해 별도로 방지된다면, 부족액의 부과와 교체 연도의 외상 또는 환불의 공제를 위해 지시된 기간 이내에 부족액에 대한 고지가 우편으로 보내지거나 환불에 대한 청구가 그 기간 이내에 처리되었을 경우 그러한 수입 부족액은 부과되거나, 외상이나 환불은 공제되어야 한다.

(2) 이자

오로지 본 절 하에서 생긴 조정 때문에 발생한 초과납부 또는 과소납부에 대한 이자를 결정하는 목적으로, 그러한 초과납부나 과소납부는 교체 연도에 대한 초과납부와 과소납부로 취급되어야 한다.

5. 474절-소규모 사업체를 위한 간소화된 달러 가치 후입 선출법

해설 : 절 474의 (a)항은 소규모 사업에 대한 간소화된 후입 선출법을 허용한다.

(a) 일반적인 규정

적격한 소규모 사업체는 후입 선출법을 목적으로 재고의 가격책
정을 위해 간소화된 달러 가치 실사법의 사용을 선정할 수 있다.

해설 : 474절의 (b)항은 생산자 가격 지수와 소비자 가격 지수를 근거
로 하여 재고 풀과 원가 조정의 사용을 포함하는 간소화된 달러
가치 실사법을 설명 한다.

(b) 재고 가격 결정의 간소화된 달러 가치 실사법

이 절의 목적으로-

(1) 일반적으로

재고 가격 결정의 간소화된 달러 가치 실사법은 다음과 같은
규정 하의 재고 가격 결정의 달러 가치 실사법이다-

(A) 납세자는 적용 가능한 정부 가격 지수의 각 주요 범주에 있
는 품목의 분리된 재고 풀을 유지한다, 그리고

(B) 각 분리된 풀의 조정은 이전 과세연도에 비해 변경된 그 주
요 범주에 대한 지수의 구성 요소에 근거를 둔다.

(2) 적용 가능한 정부 가격 지수

"적용 가능한 정부 가격 지수"라는 용어는 다음을 의미한다.

(A) 하위 번호 (B)에 제공된 것을 제외하고, 노동부 통계국 에 의
해 발표된 생산자 가격 지수, 또는

(B) 소매 재고법을 사용하는 소매업체의 경우, 노동부 통계국에
의해 발표된 소비자 가격 지수.

(3) 주요 범주

"주요 범주"라는 용어는 다음을 의미한다.-

(A) 생산자 가격 지수의 경우, 생산자 가격 데이터 보고서에 있
는 두 자리 숫자를 기준으로 하는 산업 분류, 또는

   (B) 소비자 가격 지수의 경우, 소비자 가격 지수 상세 보고서에 있는 일반적인 지출 범주.

해설 : 474절의 (c)항은 어떤 형태의 사업들이 간소화된 달러 가치 후입 선출법을 사용하기에 적격인지에 대해 설명한다. 448절의 (c)항의 (3)번에 대한 언급이 다음의 사항들을 포함한다.

- 사업이 3년 동안 운영되지 않았을 경우, 이 규정이 그 사업의 존재 기간에 적용되어야 한다.
- 이전 3년의 과세연도가 단축된 연도를 포함하고 있을 경우, 그 연도는 연율로 환산되어야 한다.
- 총 수령액은 모든 수익과 충당금에 의해 감소되어야 한다.

(c) 적격의 소규모 사업

이 절의 목적으로, 이전 3년 동안 납세자의 평균 총 수령액이 5,000,000 달러를 초과하지 않을 경우, 이 납세자는 모든 과세연도에 소규모 사업에 대해 자격이 있다. 앞의 문장을 목적으로 하여, 448절의 (c)항의 (3)번의 규정과 유사한 규정이 적용되어야 한다.

해설 : 474절의 (d)항은 통제 그룹의 적용성, 후입 선출법을 사용하는 능력 및 그 사용을 이전하는 방법과 같은 후입 선출법과 관련된 몇 가지 특별 규정들을 포함한다.

(d) 특별 규정

이 절의 목적으로

(1) 통제 그룹

   (A) 일반적으로 통제 그룹의 멤버인 납세자의 경우, 그러한 그룹의 구성원 멤버인 모든 사람은 납세자의 총 수령액의 결정을 목적으로 하는 하나의 납세자로 취급되어야 한다.

(B) 통제 그룹은 다음을 정의한다.

하위 번호 (A)의 목적으로, 52절 하에 개별적인 직원으로 취급되는 사람은 통제 그룹의 구성원 멤버로 취급되어야 한다.

(2) 선정

(A) 일반적으로 이 절 하의 선정은 장관의 동의 없이 이루어진다.

(B) 이 선정이 적용되는 기간

이 절 하의 선정은 다음에 적용되어야 한다.

(i) 그것이 선정되는 과세연도, 그리고

(ii) 납세자가 그 선정에 취소에 대한 장관의 동의를 확보하지 않을 경우, 소규모 사업에 적격인 납세자의 모든 그 후의 과세연도

(3) 후입 선출법

"후입 선출법"이라는 용어는 472절 (b)항에 제공된 방법을 의미한다.

(4) 전환 규정

(A) 일반적으로

이 절 하의 연도 변경의 경우,

(i) 재고 풀은-

(I) 선정이 적용되는 첫 번째 과세 연고의 경우, 재고 풀은 적용 가능한 정부 가격 지수에 따라 결정되어야 한다, 또는

(II) 선정의 적용이 중지된 이후의 첫 번째 과세연도의 경우, 재고 풀은 472절 하의 제공된 규정의 방법으로 결정된다.

(ii) 변경 연도 초의 납세자의 재고의 총 달러 양은 변경 연도 이전 과세연도 말의 총 달러 가치와 동일해야 한다.

(iii) 변경 연도는 472절 하의 제공된 규정의 절차에 따라 새로운 기준 연도로 취급되어야 한다.

(B) 변경 연도

　　이번의 목적으로, 이 절 하의 변경 연도는

(i) 이 절 하의 선정이 적용되는 첫 번째 과세연도, 또는

(ii) 그 선정이 중지되었을 경우, 그 선정의 중지가 적용된 후의
첫 번째 과세연도.

6. 1504절의 (a)항-계열 그룹의 정의

해설 : 이 절은 앞서 472절의 (g)항에 언급된 계열 그룹에 대한 국세
청 전문을 포함하고 있다. 472절의 (g)항의 목적을 위해, 투표와
1504절의 (a)항(2)번의 언급된 가치 평가에 모든 80%에 대한 기
준을 50%로 교체한다.

(A) 계열 그룹은 정의한다.

　　이 부제의 목적으로-

(1) 일반적으로

　　"계열 그룹"이란 용어는 다음을 의미한다.

(A) 합병 가능한 회사인 일반적인 모회사와의 재고 소유권을 통
해 연결된 합병 가능한 회사들의 하나 또는 그 이상의 체인,
하지만

(B)

(i) 일반적인 모회사는 번호(2)의 조건을 충족시키는 재고를 직접
적으로 다른 합병 가능한 회사 중 적어도 하나에 소유하고 있
을 경우에만, 그리고

(ii) 합병 가능한 각 회사의 (2)의 조건을 충족시키는 재고 (일반
적인 모회사를 제외하고)는 하나 또는 그 이상의 다른 합병
가능한 회사에 의해 소유되는 경우에만.

(2) 80% 투표와 가치 평가

모든 회사의 재고의 소유권은 다음과 같은 경우에, 이 번호의 조건을 충족한다.

(A) 그 회사의 재고의 총 투표권의 적어도 80%를 차지하고 있을 경우, 그리고

(B) 그 회사의 재고의 총 가치의 적어도 80%에 준하는 가치를 가지고 있을 경우,

(3) 재합병이 있기 전에는 5년이 경과해야 한다.

(A) 일반적으로 만약,

(i) 회사가 1984년 12월 31일 이후의 기간을 포함하는 과세연도의 계열 그룹에 의해 제기된 연결 신고에 합병되는 경우(또는 합병되는 것이 요청되는 경우), 그리고

(ii) 1984년 12월 31일 이후에 시작되는 과세연도의 그러한 그룹의 멤버를 그만둘 경우, 그러한 중단 이후의 시기에 대해, 그 회사(그리고 그 회사의 후임회사)는 계열 그룹의 멤버를 중단한 첫 번째 과세연도 이후에 시작되는 61번째 달 전에 계열 그룹(또는 같은 모회사의 계열 그룹 또는 그 모회사의 후임 회사)에 의해 제기된 그 어떤 연결 신고에도 합병되지 않는다.

(B) 장관은 하위 번호(A)의 적용을 보류할 수 있다.

장관은 모든 회사에 대한 하위 번호(A)의 적용을 장관이 지시하는 조건이 정하는 기간 동안 보류 할 수 있다.

(4) 일정 우선적 재고로 포함되지 않는 재고

이 하위 단원의 목적으로, "재고"라는 용어는 다음과 같은 재고를 포함하지 않는다.

(A) 투표할 자격이 없는 재고,

(B) 배당금으로 한정되고, 우선되는, 그리고 눈에 띄게 회사의 성장

에 기여하지 않는 재고

(C) 그 재고의 발행가(정당한 상환 또는 청산금을 제외하고)를 초과하지 않는 상환과 청산권을 가진 재고.

(D) 다른 종류의 재고로 변환될 수 없는 재고.

(5) 규정

장관은 다음과 같은 규정들을 포함하여(제한되지는 않는), 이 절의 목적을 이행하기 위해 적절하고 필요한 규정을 지시해야 한다.

(A) 재고로 변환할 수 있는 보증, 채권 및 재고로써, 재고로써가 아닌 다른 유사한 이익을 취급하는 규정

(B) 활동하고 있는 재고의 획득 또는 판매를 위한 선택을 취급하는 규정

(C) 계열 그룹이 가치 결정의 선의를 신뢰하여 아래의 조건이 충족되도록 처리하였을 경우, 번호 (2)의 (B)의 조건이 충족되도록 처리되어야 한다는 것을 제공하는 규정

(D) 다른 종류의 재고의 상대적 가치의 변경을 이유로 번호 (2)의 (B)의 조건의 충족의 우연한 중단을 무시하는 규정

(E) 그룹내의 재고의 이동은 회사가 계열 그룹의 멤버가 되는 것을 중단하느냐를 결정할 때 고려되어서는 안 된다는 것을 제공하는 규정

(F) 관련된 가치 변화에 부적합한 정도까지 변경된 투표권을 무시하는 규정.

14

재고 실사

1. 개요

회계 담당자가 세상에서 가장 훌륭한 실사 시스템을 갖고 있다 하더라도 거래 기록의 정확성 수준이 우수하지 못할 경우에는, 거래를 기록하는 데 많은 시간을 소비하게 된다. 기록된 재고 원가가 틀렸을 경우, 회계 부서가 그 책임을 떠맡기 때문에, 재고 기록의 정확성에 있어 높은 자신감을 갖기 위해 현재 진행중인 원칙에 근거하여 재고 추적 시스템을 어떻게 설치할 것인지, 물리적 실사와 주기적 재고실사를 어떻게 시행할 것인지에 대해 뚜렷한 가치관을 가지고 있어야 한다. 회계 담당자가 이러한 시스템에 관한 관리를 담당하지 않을지라도, 이것이 어떻게 운영되는지를 알고 있는 것은 매우 유용하다. 관리자들에게 창고에 대한 경영진 수준의 관리를 위임하는 경우도 늘어나고 있는데, 그 이유는 그들이 재고 기록 정확성에 대한 중도적이고 명백한 책임을 지고 있기 때문이다.

본 장은 경영진이 승인하고 지원해야 하는 몇 가지 실사 정책과 재고 추적 시스템의 설치, 물리적 실사의 시행, 적절한 재고 마감의 확인, 재고 차이의 조정, 성공적인 주기적 재고실사 프로그램의 운영, 그리고 재고 추적 수요의 감소를 위한 절차에 대해 언급한다.

2. 재고 실사 정책

재고 추적 시스템을 만들고 운영하는 것은 회사의 경영진이 내켜하지 않는 시간과 자금에 대한 상당한 선불 투자를 요구한다. 또한 다른 자재관리 업무로 인한 시간의 소비를 가져오고, 성공을 위해 필요한 일관성을 가져오기도 힘들 것이다. 이러한 문제들을 해결하기 위한 좋은 방법은 다음과 같은 정책 승인을 통해 경영진의 지원을 얻는 것이다.

- 완전한 물리적 재고실사는 각 보고 시기의 말에 실시되어야 한다. 이 정책은 재고의 정확한 기록이 매출원가 계산의 근거로 사용되고 있음을 강조하고 있다.
- 자재 매니저는 재고 정확성에 책임을 진다. 이 정책은 재고 정확성에 대한 관리를 중앙 집권화하여, 높은 수준으로 유지되는 재고의 여분을 증가시킨다.
- 주기적 재고실사 담당자는 재고 정확성을 계속적으로 검토하고 관련 문제들을 규정한다. 이 정책은 반복되는 재고 시스템을 목적으로 하고, 훨씬 더 높은 재고의 정확성을 가져오고, 재고 오류를 야기하는 잠재적 문제들에 대한 주의를 불러일으킨다.

3. 재고 추적 시스템의 설치

정확하고 반복적인 재고 기록이 이용 가능할 경우, 물리적 재고실사는 삭제될 수 있다. 이러한 시스템의 실행에는 엄청난 노력과 함께 많은 단계가 요구된다. 회계 담당자는 시스템 설치와 유지에 있어서 충분한지를 확인하기 위해 이 과정에 착수하기 전에 회사의 자원을 먼저 평가해야 한다. 이것은 정확한 시스템이 달성되기 전에 반드시 완료되어야 하는 단계들의 연속적인 목록을 포함하고 있다. 만약 회사가 몇 가지의 단계를 건너 뛰게 되면, 회사가 원하는 높은 수준의 정확성을 달성하지 못하게 되고, 다시 역행하여 향후에 건너뛴 단계들을 다시 완료해야 한다. 결과적으로, 회사는 성공적인 재고 추적 시스템을 실행하기 위해 다음과 같은 모든 단계를 연속적으로 완료해야 한다.

1. **재고 추적 소프트웨어를 선택하고 설치한다.** 이 소프트웨어의 우선적인 요구사항은 다음과 같다.

   - **추적 거래.** 소프트웨어는 어떤 재고의 수량이 변경되었고, 어떤 품목이 구식화되었는지를 자재 매니저가 확인할 수 있게 해주는 제품 사용 빈도 목록을 만들 수 있어야 한다.

   - **기록은 즉시 업데이트한다.** 생산 계획자는 주기적 재고실사 담당자가 정확한 데이터로의 접근을 요구할 경우 무엇이 재고에 있는지 알아야 하기 때문에, 재고 데이터는 항상 최신의 것이어야 한다. 시스템의 배치(batch) 업데이트는 받아들여지지 않는다.

   - **위치에 따른 재고의 기록을 보고한다.** 주기적 재고실사 담당자들은 더 효율적인 재고의 배치와 실사를 위해 위치에 따라 분류된 재고의 기록이 필요하다.

2. **시험 재고 추적 소프트웨어.** 새로운 소프트웨어에 일련의 전형적인 기록들을 만들고, 그 소프트웨어가 제대로 기능하는 지를 확인하기 위해 일련의 거래를 시행하도록 한다. 또한, 시스템의 반응 속도가 현저하게 감소하였는지 알아보기 위해 많은 양의 기록을 만들어 거래를 다시 한번 실행한다. 시스템이 올바르게 기능하는 것처럼 보이면, 다음 단계로 넘어간다. 그렇지 않을 경우, 소프트웨어 공급업체의 지원으로 문제를 해결하거나 다른 소프트웨어 패키지를 구하도록 한다.

3. **랙 레이아웃을 수정한다.** 컴퓨터 시스템 안에서는 재고 위치가 변경
   되지 않기 때문에, 잠재적 재고 시스템을 설치하기 전에 선반들을
   이동하는 것은 훨씬 더 쉽다. 많은 양의 품목을 위해 필요하다면
   지게차 운영을 위해 충분히 넓은 통로를 만들고, 용이한 부품 수거
   를 위해 소량의 부품들의 선반은 한데 모아놓도록 한다. 최적의
   창고 배치를 위해 컨설턴트들의 자문은 매우 유용하다.

4. **선반 위치를 만들어라.** 예를 들어, A-01-B01과 같은 것이 전형적
   인 선반배치라고 할 수 있다. 이것은 위치 코드가 통로 A의 선반
   1이라는 것을 의미한다. 선반 1 내에, 층 B(번호는 아래에서 위로
   메겨진다.) 위에 위치하고, 선반 B 내에, 구획 1에 위치하고 있는
   것을 말한다. 많은 회사들은 통로-선반-층 번호 시스템이 재고 출
   고자가 재고 품목의 몇 피트 내에서 움직일 수 있게 해준다는 근거
   로 구획의 사용을 건너 뛰고 있다.
   통로의 하나 밑 단계로써, 선반 번호는 상향적으로 연속으로 매겨
   지고, 왼쪽에는 홀수 선반 번호들이 오른쪽에는 짝수 번호들이 매
   겨진다. 그러므로 통로 D의 왼쪽에 있는 첫 번째 선반은 D-01이
   되고, 오른쪽의 첫 번째 선반은 D-02가 되면, 왼쪽의 두 번째 선반
   은 D-03의 식으로 매겨진다. 이러한 배치는 재고 출고 담당자가
   순차적인 위치 코드를 근거로 재고를 효율적으로 꺼내면서 통로의
   중앙으로 이동할 수 있도록 해준다.

5. **창고는 잠근다.** 기록 부정확의 주된 원인은 외부 직원이 창고에서
   물건을 가져가 버리는 것이다. 이 문제를 막기 위해서 창고의 모든
   입구는 반드시 잠가 놓아야 한다. 오직 창고 직원의 접근만이 허용
   되도록 한다. 창고에 들어오는 다른 직원들은 재고의 이동을 막기
   위해 반드시 창고 직원을 동반해야 한다.

6. **부품을 통합한다.** 여러 장소의 동일한 제품을 실사하는 수고를 덜기 위해, 공통된 부품들은 한 군데로 모으도록 한다. 수천 개의 부품들이 창고 전체에 퍼져있을 경우, 모으기가 매우 힘들기 때문에, 이 작업은 한번에 이루어질 수 없다. 부품이 다른 위치에 이미 입력되었다고 나타낼 경우, 특히 컴퓨터에 위치 코드를 입력할 때는 시간 간격을 두고 이 단계를 반복해야 하는 것을 예상하고 있도록 한다.

7. **부품 번호를 할당한다.** 몇몇의 경험 있는 직원들에게 모든 부품의 번호를 검증하게 하도록 한다. 컴퓨터 데이터베이스는 그 존재를 보여주기 않기 때문에, 라벨이 잘못 붙은 부품은 분실된 부품만큼이나 쓸모가 없다. 라벨이 잘못 부착된 부품은 또한 재고 비용에도 영향을 미친다. 예를 들어, 라벨이 잘못 붙은 엔진이 부품 번호가 잘못된 품목보다 비싸다면, 이것은 아마 스파크 플러그로 규정될지도 모른다.

8. **실사 단위를 검증한다.** 몇몇 경험 있는 직원들에게 모든 실사 단위를 검증하게 하도록 한다. 소프트웨어가 사용될 다양한 실사 단위를 받아들이지 못하면, 모든 조직은 각 품목에 대해 하나의 실사 단위를 고수해야 한다. 예를 들어, 창고는 롤에 테이프가 실사되기를 바라는 반면, 기술부서는 롤의 부분 대신에 인치로 실사되는 테이프의 자재명세서를 만들기를 원할 수도 있다. 만약 누군가가 자신에게 맞는 실사 단위로의 변경을 위해 재고 데이터베이스에 들어가게 되면, 이것은 재고의 확장된 비용까지도 변경하게 된다. 예를 들어, 10달러의 확장된 비용의 10롤의 테이프가 10인치의 테이프가 되었을 경우, 선반에는 10롤이 있음에도 이 비용은 몇 페니 하락하게 될 것이다. 결과적으로, 실사 단위를 정확해야 할 뿐만 아니라, 이 정보를 보관하고 있는 파일 또한 접근 금지를 유지해야 한다.

9. **부품을 포장한다.** 부품을 컨테이너로 포장하고, 컨테이너를 봉한 다음, 부품 번호, 실사단위, 그리고 내부에 보관된 수량의 라벨을 붙이도록 한다. 몇 개의 부품들은 바로 사용하기 쉽도록 포장하지 않고 남겨둔다. 추가 재고가 필요할 경우에만 컨테이너를 열도록 한다. 이 방법은 주기적 재고실사 담당자가 재고 잔고를 빨리 확인할 수 있게 해준다.

10. **품목들을 실사한다.** 주말과 같은 때에, 창고의 눈에 띄는 활동이 없을 경우, 품목을 실사하도록 한다. 연말 물리적 실사 동안 행해지는 실사의 정교한크로스체크(비교 검토)가 필요하지는 않다. 창고의 활동이 다시 증가하기 전에 반복적으로 재고 시스템을 운영하게 하는 것이 더 중요하다. 데이터의 모든 오류는 주기적 재고실사 동안 빨리 발견되고, 데이터베이스에서 방출될 것이다. 초기의 실사는 부품 번호, 위치 및 수량에 대한 검토를 포함해야 할 것이다.

11. **창고 직원을 교육한다.** 창고 직원은 이 시스템을 사용하기 전에 즉각적인 소프트웨어에 대한 교육을 받아, 이것을 사용하는 방법을 잊어서는 안 된다. 소프트웨어에 테스트 기록을 입력하고, 직원들이 인수, 출고, 그리고 주기적 재고실사 조정과 같은 모든 공통 재고 거래를 시험해볼 수 있도록 한다.

12. **컴퓨터에 데이터를 입력한다.** 경험 있는 데이터 입력 직원에게 위치, 부품 번호, 그리고 수량을 컴퓨터에 입력하게 한다. 데이터가 일단 입력되면, 다른 직원은 오류 확인을 위해 원래 데이터에 대한 입력된 데이터의 크로스체크를 해야만 한다.

13. **데이터를 빨리 확인한다.** 오류를 확인하기 위해 데이터를 스캔하도록 한다. 모든 부품들이 동일한 자릿수의 번호를 가지고 있을

경우에는 너무 짧거나 너무 긴 번호를 가진 품목들을 찾아낸다. 재고가 존재하지 않는 선반에 보관된 것은 아닌지를 알아보기 위해 위치 코드를 검토해본다. 명기된 부품과 일치하지 않는 실사 단위를 찾아낸다. 예를 들어, 재고에 1 파인트의 스틸을 가지고 있는 것이 말이 되는가? 또한, 품목 비용이 사용 가능할 경우, 확장된 비용의 목록을 인쇄하도록 한다. 지나친 비용은 일반적으로 부정확한 실사단위를 나타내는 것이다. 예를 들어, 상자당 1달러의 비용인 못은 개별적인 단위로써 잘못 목록에 입력될 경우, 재고 보고서에는 500달러가 되어 버린다. 이 모든 단계는 창고 직원이 가장 뚜렷한 재고 오류를 발견할 수 있게 해준다.

14. 주기적 재고실사에 착수한다. 이 주제는 본 장의 "주기적 재고실사" 부분에서 매우 자세하게 다루고 있다. 간단히 얘기하면, 위치에 의해 분류된 재고 목록의 일부를 인쇄한다. 이 보고서를 사용하여, 창고 직원에게 반복적으로 재고의 블록을 실사하도록 하게 한다. 그들은 정확한 부품 번호, 실사 단위, 위치, 그리고 수량을 봐야 할 것이다. 전체 재고가 정기적으로 검토되어야 하긴 하지만, 이 실사는 높은 가치 또는 높은 사용량을 가진 품목에 집중되어야 한다. 이 단계의 가장 중요한 부분은 왜 실수가 일어났는지를 조사하는 것이다. 주기적 재고실사 담당자가 오류를 발견했을 경우, 그 원인은 반드시 조사되어 수정되어서 다시는 실수가 범해지지 않도록 해야 한다. 주기적 재고실사 담당자에게 특정 통로를 위임하여, 그들이 그들에게 위임된 재고와 특정 거래 오류의 원인이 되는 문제들에 더욱 익숙해지도록 하는 것도 유용한 방법이 될 수 있다.

15. 재고 감사를 실시한다. 일주일에 한번 정도 자주 재고감사를 받아야 한다. 이것은 회계 담당자가 재고 정확성 수준의 변화를 추적할

수 있게 해주고, 그 정확성이 수준 이하로 떨어졌을 때 조정을 할 수 있게 해준다. 또한 자주 실시하는 감사는 재고 정확성이 매우 중요하고 반드시 유지되어야 한다는 것을 직원들에게 간접적으로 전달하는 수단이 되기도 한다. 잘못된 부품 번호, 실사 단위, 수량, 또는 위치의 오류와 함께 받아들여지는 최소 정확성의 수준은 95%이다. 이 정확성의 수준은 정확한 재고 원가계산을 확실하게 하고, 자재부서가 향후 재고 구매를 계획하는 것을 지원하기 위해 필요하다. 예를 들어, 스크류의 상자의 컴퓨터 기록이 100개의 수량을 발생시키고, 실제 실사 결과는 105개가 나왔을 경우, 허용 오차가 5%일 경우, 이 기록은 정확하지만, 허용 오차가 1%일 경우에는 정확하지 않은 것이 된다. 허용 가능한 최대 허용 오차는 5%를 초과하면 안되고, 높은 가치 또는 높은 사용량으로 사용되는 품목에는 더 적은 허용 오차가 필요하다.

16. **결과를 공지한다.** 재고 정확성은 팀 프로젝트이고, 이전 감사에 대한 감사결과가 공지될 경우, 창고 직원들은 더 관심을 보이게 될 것이다. 정확성의 비율은 각 주기적 재고실사 담당자에게 위임된 실사 장소에 공개되어 재고실사의 검토와 수정 작업에 있어서 누가 가장 많은 노력을 기울였는지를 모든 사람이 볼 수 있도록 해야 한다.

17. **직원에게 보상한다.** 정확한 재고는 많은 방법으로 회사가 수천 달러를 절약할 수 있도록 해준다. 이것은 적은 허용 오차와 함께 더 높은 수준의 정확성의 달성에 근거한 정기적인 상여금으로 직원들이 정확성의 수준을 유지하고 개선할 수 있도록 권장하여 회사가 비용을 절감할 수 있게 해준다. 보상의 시행은 재고 기록 정확성에 있어서 현저한 개선을 가져다 준다.

반복적으로 정확한 재고 시스템을 달성하기 전에 충족시켜야 할 조건의 긴 목록은 이것이 즉각적인 결과를 만드는 프로젝트가 아님을 확실하게 보여주고 있다. 재고가 적거나 전환 프로젝트의 직원이 과잉이 아니라면, 회사가 매우 정확한 재고의 경지에 이르는 데는 몇 달이 걸리는 작업에 직면해야 한다. 결과적으로, 경영진은 이 프로젝트의 완성은 매우 오래 걸리는 작업이고 많은 시간과 자원을 투자해야만 얻어질 수 있다는 예상을 하고 있어야 한다.

이 시스템의 실행을 위한 엄청난 노력에도 불구하고, 이것은 현재 가장 훌륭한 프로젝트이다. 이 시스템은 일단 완료하고 나면 연말 물리적 실사가 필요하지 않고, 자재 계획 직원은 자신감을 가지고 재고 데이터베이스를 이용할 수 있기 때문에, 회계 직원은 정확한 재고 기록을 그 재고 평가에 통합시킬 수 있고, 외부 감사자들은 언제든지 이 시스템을 검토 할 수 있다.

4. 물리적 재고실사의 실시

대부분의 회사들은 아직도 회계연도 말에 재고와 실제 실사를 일치시키는 물리적 실사를 실시하고 있다. 이 회사들의 관리자들은 실사가 가능한 정확하게 완료되는 것을 확실히 하기 위해 실사에 대한 대비로 재고를 조직하고, 실사 팀을 만들어서 관리하고, 그리고 실사 양식과 재고 방출 팀을 적정하게 사용하는 현실적인 방법을 필요로 한다. 이 부분은 그러한 정보를 제공해 준다.

다음의 단계들은 물리적 재고실사의 모든 국면을 어떻게 실행하고, 특정 시간 이내에 완료되어야 하는 활동들로 어떻게 나누는지에 대해 보여준다. 구체적인 단계는 다음과 같다.

실사 일주일 전

1. 물리적 실사를 책임지는 팀을 임명한다. 이 팀은 실사팀, 실사 감독관, 태그 코디네이터, 그리고 데이터 입력 직원을 포함해야 한다.

2. 인쇄 회사와 접촉하고 순차적으로 매겨지는 실사 태그의 충분한 수량을 주문한다. 첫 번째 태그 번호는 항상 1000이어야 한다. 이 태그들은 부품 번호, 설명, 수량 실사, 위치, 그리고 실사자의 서명에 대한 필드를 포함하고 있어야 한다. [도표 14-1]에 그 예가 나와 있다. 이것은 2부의 태그로 요약을 위한 수집되는 아랫부분을 가지고 있다. 이동에 대한 언급을 위해 뒷면에 공간이 제공되어 있어서 느리게 이동하는 품목들은 정기적 실사 이전에 미리 실사될 수 있다.

3. 모든 재고를 검토하고 밝은 색의 종이로 부품 번호가 없는 모든 품목을 표시한다. 창고 매니저에게 이 품목을 즉시 적절한 부품 번호로 표시되어야 한다는 정보를 주도록 한다.

4. 봉해진 모든 묶음에 수량을 뚜렷하게 표시한다. 모든 부분적인 묶음들을 계산하고, 봉한 다음, 테이프에 수량을 표시한다. 이것은 엄청난 준비를 필요로 하긴 하지만, 실사 과정 동안의 주된 노동을 줄여주는 역할을 하기도 한다.

5. 여러 장소에 저장된 부품들을 통합하여 실사를 쉽게 한다. 이것은 부품의 위치에 대한 가장 많은 지식을 갖고 있는 가장 경험이 많은 직원의 작업을 필요로 한다.

6. "실사하지 말 것"이라는 태그를 준비하고 물리적 재고실사에 포함되면 안 되는 모든 품목을 표시하기 위해 사용한다.

[도표 14-1] 재고 태그

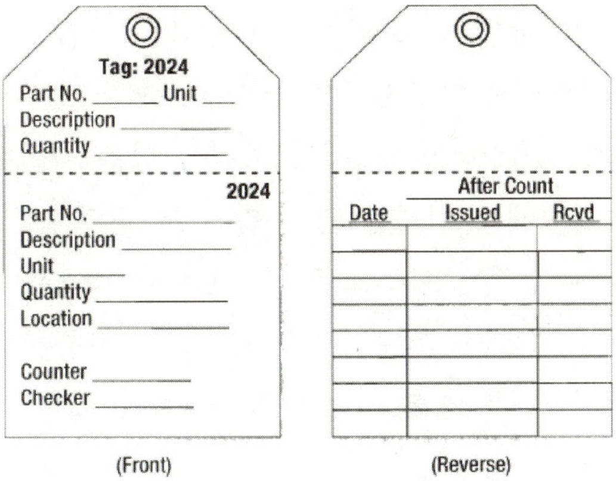

(Front)　　　　　(Reverse)

7. 언제 어디서 그들이 재고 실사를 위해 나타나야 하는 지에 대한 공고와 함께 실사팀 멤버의 목록을 만든다.

8. 실사팀을 위한 실사 지침서를 준비한다. 이 과정은 회사마다 달라질 수 있지만, 일반적으로 다음과 같은 기본 단계들을 포함한다.

- **실사를** 위해 두 명의 팀이 창고의 하나의 블록에 위임되고, 한 명은 실사을, 다른 한 명은 재고 태그에 실사 정보를 기록한다.

- 태그에 기록을 담당하는 사람은 태그의 한 부분을 실사되는 각 로트에 붙이고 다른 부분을 보관한다.

- 위임된 장소의 실사를 완료하한 팀은 번호 순서대로(연속적으로 번호가 매겨져 있다) 태그를 분류하고, 오류 확인을 위해 태그가 검토되고 컴퓨터 시스템에 보관되는 곳인 데이터 입력 스테이션으로 가져와 그 차이를 데이터베이스의 기록과 비교한다.

- 그 팀은 차이가 나는 품목을 다시 실사하러 간다.

- 마지막으로, 감독관은 실사되지 않은 품목이 있는지를 확인하기 위해 실사 장소를 검색하고, 그다음 실사장소에서 최종 서명을 하면, 실사팀은 업무를 종료할 수 있다.

실사 하루 전

1. 모든 참가자에게 다음날 실사가 있다는 것을 상기시켜 주도록 한다. 모든 실사 담당자들은 창고에 보관된 모든 부품들을 철저하게 알고 있어야 한다. 실사는 경험 있는 직원이 실사되는 부품을 정확하게 규정하는 경우 훨씬 더 정확해질 수 있다. 부품이 어떻게 생겼는지도 모르는 판매부나 회계부와 같은 곳에서 사람들을 데려오는 것은 많은 회사들이 자주 저지르는 실수이다. 이 직원들은 경험 있는 실사자들보다 훨씬 더 많은 실사와 부품 규정의 실수를 저지르게 된다.

2. 창고 매니저에게 물리적 재고실사의 이틀 동안 입고되는 모든 품목은 "실사하지 말 것"이라는 태그와 함께 분리되고 표시되어야 한다는 것을 알리도록 한다.

3. 매니저에게 물리적 실사 기간에는 그 어떤 선적도 허용될 수 없음을 알리도록 한다.

4. 창고 매니저에게 그날 저녁에 회계 부서로 보내지지 않은 문서에 대한 모든 선적은 그 다음날 재고 실사에 포함되지 않는 것에 대해 알리도록 한다.

5. 창고 매니저에게 실사 전날의 운송과 수령 문서는 즉각적인 입력을 위해 그날 회계 부서에 반드시 전달되어야 하는 것을 알리도록 한다. 마찬가지로, 모든 출고 정보 또한 같은 시기에 전달되어야 한다.

6. 모든 외부 보관 장소에서 재고 실사 내역을 팩스로 보내도록 통보한다.

실사일 오전

1. 그 전날의 모든 거래를 입력한다.

2. 실사 팀을 소집한다. 도구, 자본 장비, 컨테이너, 비품, 위탁재고, 그리고 "실사하지 말 것"의 태그로 표시된 모든 것과 같이 실사하면 안 되는 품목의 목록을 포함한 실사 지침서를 발행해준다. 또한 수령에 대해 반드시 서명해야 하는 태그의 블록을 팀들에게 배포한다. 실사의 책임을 맡은 부분이 강조된 창고의 지도를 각 팀에게 나눠준다. 지게차 경험이 있는 팀들은 위 쪽 선반의 실사를 위임 받게 되고, 지게차 경험이 없는 팀들은 아래쪽 선반을 위임 받게 될 것이다. 모든 실사 팀이 사용될 절차에 익숙해지기 위해, 작은 장소의 연습 실사를 실시해보는 것이 좋다.

3. 모든 외부 보관 창고들에게 연락하고 회사 소유의 재고의 실사를 팩스로 보내달라고 요청한다.

4. 실사 감독관은 담당 지역의 실사를 먼저 끝낸 팀에게 추가적인 실사 장소를 위임한다.

5. 검토를 담당하는 팀은 부정확한 부품 번호, 품목 번호, 또는 실사 단위와 같은 눈에 띄는 오류가 있는지를 확인하기 위해, 각 지역, 특히 비싼 품목이 있는 몇몇 실사지역을 점검한다. 이것은 또한 텅 보관용기 상자, 의도적으로 라벨을 잘못 붙이거나, 또는 희석된 액체의 재고(발견하기 어려운), 실사에 고객 소유의 재고를 포함시키는 등의 여러 가지 형태를 취하면서 잘못된 실사를 만드는 부정행위의 가능성을 점검하기에 좋다. 전형적인 문제는 다 찼다고 실사된 보관용기 공간의 가운데 부분을 숨기기 위해 기준에 맞게 채워진 상자 모양을 만드는 것이다. 이러한 문제들의 발견을 위해 검토 팀의 많은 부지런함을 요구된다.

6. 태그 코디네이터는 태그의 블록을 태그를 다 써버린 실사팀에게 할당하고, 태그의 수령을 추적하며, 분실된 태그를 처리한다. 모든 태그는 그날의 업무 종료시점에 보고되어야 한다. 분실된 카드가 없다는 것을 확인하기 위해 검토자들의 그룹은 카드들을 순차적인 번호 순서대로 분류해야 한다. 또한 이러한 검토는 분실된 부품 번호, 실사 단위, 또는 수량에 대한 확인을 포함해야 한다. 이러한 문제가 발생하면, 오류는 반드시 언급되고, 조정을 위해 카드는 실사팀에게 반환되어야 한다.

7. 일단 실사 감독관이 각 지역에서 모든 재고가 실사되었고, 그 차이들이 보고되었다는 것에 만족하고 나면, 감독 그룹은 각 실사 지역의 결과에 대한 승인 서명을 하고, 실사팀들이 퇴근할 수 있도록 한다. 팀들은 매우 넓게 흩어진 장소에서 실사를 마치기 때문에, 가장 먼저 끝낸 팀이 먼저 데이터 입력 작업을 완료하고, 문제들을 해결한 다음 퇴근하게 된다. 이것은 재고 실사 작업에 들어가는 회사의 시간적 급여의 비용을 절감시켜 준다.

8. 데이터 입력 담당자는 태그에 있는 정보를 스프레드시트 또는 컴퓨터 데이터베이스에 입력한 다음, 각 품목의 수량의 합을 내고, 그 총액을 그 날 아침에 행해진 주기적 재고실사 보고서에 기입한다.

9. 필요하면 감사자들과 함께 시험 실사를 검토한다. 모든 차이를 보여주는 주기적 재고실사의 스프레드 시트와 모든 태그의 완벽한 인쇄물을 감사자에게 전달한다.

다음의 직무 설명서는 재고 실사 과정에 적용된다.

• **실사 감독관.** 실사팀을 특정 지역에 위임하는 것과 모든 지역이 실사되고 태그로 붙여졌음을 확인하는 것을 포함하는 실사를 감독한다. 감독관은 모든 실사 태그가 컴퓨터에 있는 수량과 비교될 때까

지 기다린 다음, 부정확하다고 보여지는 모든 품목에 대한 실사를 확인한다. 실사 감독관은 또한 사용되는 실사 단위와, 실제로 품목이 회사에 의해 소유되었을 경우, 그것을 실사해야 하는지의 여부 등과 같은 주제에 관해 실사 기간 동안에 걸쳐 실사팀에게 자문을 제공할 수 있어야 한다.

- **태그 코디네이터.** 발행된 실사 태그의 블록을 추적하고, 반환된 모든 태그에 대해 보고한다. 태그를 분배할 때에는, 추적 시트에 있는 각 태그의 블록의 시작 번호와 끝 번호를 표시하고, 태그를 수령하는 담당자의 서명을 받아 놓는다. 태그가 반환되면, 번호 순서대로 정리하고 모든 태그가 보고되었는지 확인한다. 확인 작업이 끝나면, 수령된 것으로써 추적 시트의 태그들을 최종 확인한다. 반환된 태그들이 올바르게 보고되면, 이것을 확장 계산 담당자에게 전달한다.

- **확장 계산 담당자.** 각 태그에 대한 총 수량 산정를 위해 태그에 대한 양(목록에 여러 가지 수량이 있을 경우)을 집계한다. 이 담당자는 또한 잠재적인 규정의 문제가 있는지를 알아보기 위해 각 태그에 있는 부품 번호와 설명을 비교하고, 완료된 모든 태그를 데이터 입력 담당자에게 전달한다.

- **데이터 입력 담당자.** 모든 실사 태그에 있는 정보를 컴퓨터 스프레드 시트에 입력하고 동시에 각 태그에 있는 모든 정보를 스프레드 시트에 입력한다. 태그의 집단이 입력되고 나면 입력된 것으로 날인하고, 한데 묶어서 철한 뒤, 분리적으로 보관한다. 모든 태그가 스프레드 시트로 입력되고 나면, 부품 번호에 따라 데이터를 분류한다. 스프레드 시트를 인쇄하고 부품 번호에 따라 수량을 집계한다. 부품 번호에 따라 총 수량을 주기적 재고실사 보고서로 이동시킨다. 주기실사 수량과 실사 수량에 현저한 차이가 있을 경우, 검토를 위해 실사 감독관에게 보고한다.

5. 물리적 실사를 위한 적절한 마감의 확인

일반적인 재고 실사 과정은 정적인 재고에 많이 의존한다. 이것은 실사 기간 동안 창고 안팎으로의 재고의 이동은 거의 없으며, 관련 문서들의 이동도 있을 수 없음을 의미한다. 이러한 기본적인 규정이 지켜지지 않으면, 실사 동안의 수량은 유동적이기 때문에 연말 재고의 실제 가치를 결정하는 것이 매우 어려워진다. 본 단원은 모든 재고 관련 이동의 적절한 연말 마감을 확실히 하기 위해 대부분의 상황에 적용 가능한 샘플 절차들을 포함하고 있다. 다음의 절차들은 수령, 중앙 보관, 그리고 완제품 보관 장소 등을 포함한다.

1. 수령과 수령조사
   - 10월 26일 오전 11시까지 문서 또는 부품들은 중앙 보관 장소에 보내진다. 이것은 문서가 처리되고 재고가 운반되도록 한다.
   - 10월 15일을 시작으로, 수령조사에 의해 처리된 모든 수령물은 "재고처리 전"의 날인을 받아야 한다.

2. 중앙 보관
   - 수령. 수령조사로부터 수령된 부품에 대한 모든 문서는 10월 26일 금요일 오후 4시30분 전에 데이터 처리 부서로 보내져야 한다.
   - 발행. 진행중인 작업과 주문을 개방하기 위한 모든 발행에 대한 문서는 10월 26일 금요일 오후 4시30분 전까지 완료되어 데이터 처리 부서로 보내져야 한다. 판매 주문에 대한 발행에 대한 발행 문서와 부품은, 10월 26일 금요일 오후 3시30분 전에 스테이징 장소 또는 운송 장소에 있어야만 한다.

3. 완제품 장소

- 스테이징 장소. 부품이 10월 26일 금요일 오후 3시30분 전에 운송되지 않으면, 그 부품은 보관장소의 재고의 일부로써 보유되게 된다.

- 수령. 완제품 장소로 들어오는 수령은 반드시 수령되어야 하고, 그 문서는 10월 26일 금요일 오후 4시30분전에 데이터 처리 부서로 보내져야 한다. 창고 매니저는 모든 완제품이 올바르게 보관되었는지, 그리고 모든 관련 문서가 마감일 오전 11시 전에 데이터 처리 부서로 보내졌는지를 확실히 해야만 한다.

- 발행. 판매 주문 발행에 관한 발행카드와 부품은 10월 26일 금요일 오후 3시30분 전에 스테이징 장소 또는 운송 장소에 있어야만 한다. 주문과 작업 번호로의 발행을 위해, 재공품으로의 발행에 대한 모든 문서는 10월 26일 금요일 오후 3시30분 전에 데이터 처리에 있어야만 한다.

이같은 절차는 재고 데이터베이스의 중심으로 기록되는 전형적인 문서를 기본으로 하는 거래를 사용하는 회사들에 중점을 두고 있다. 자재관리 담당자들이 거래를 직접적으로 재고 데이터베이스에 입력하는 곳에 작은 배치(batch)의 로컬 터미널 또는 개별적인 무선 주파를 통한 더 발전된 시스템이 설치 되어있을 경우에는, 물리적 재고실사가 시작되기 바로 전까지 거래를 입력할 수 있다. 발전된 데이터 입력 시스템은 물리적 재고실사 기간 동안에 재고가 이동할 수 없을 경우 회사가 그 시간을 최소화할 수 있도록 해준다.

6. 재고 차이의 조정

회사가 반복적인 재고 시스템 또는 정기적인 물리적 실사를 사용할 경우, 재고에서 발견되는 수량과 재고 데이터베이스 목록에 기록되는 수량에는 일부 차이가 발생하는 것을 볼 수 있다. 이 차이는 엄청난 문제들로 인해 대부분의 회사에서 발생하게 되는데, 이것은 기초가 되는 기록에 상응하는 조정 없이 재고로부터 물리적으로 추가되거나 삭제되는 부분에서 가장 자주 일어난다. 이 차이가 발생할 경우에는 본 단원에 언급된 일련의 조정 단계를 따라야 할 것이다.

다음의 각 단계들은 다음 단계에서의 연속전인 행동을 계획하여 계속적으로 하나의 과정이 다음 조정 단계로 가게 하여 검토해야 할 품목의 수량을 줄여주는 필터와 같다. 그 단계들은 다음과 같다.

1. **작은 달러 가치의 차이는 받아들인다.** 높은 수준의 부정확성은 부속품이나 고정쇠와 같은 작고 저렴한 품목의 많은 수량에 대한 것일 것이다. 이것은 재실사의 결과와는 상관없이 재고 비용에 있어서 매우 적은 변화가 있을 경우에는 계속 검토를 해야 할 가치가 없다.

2. **많은 달러 가치의 차이는 재실사한다.** 실사의 오류가 있는 지를 알아보기 위한 다음 단계는 실사를 재확인 하는 것이다. 이것이 문제를 해결하지 않을 경우, 근접한 공간에서 부정확하게 보관되거나 실사되어 부품에 문제가 생긴 경우와 근접한 위치에 있는 재고 품목을 다시 실사해보는 것이 유용하다. 재실사는 또한 똑같아 보이는 다른 부품 때문에 어떤 품목이 잘못 계산되었는지를 확인하기 위해 유사한 제품에 확장되어 시행되기도 한다.

3. **신원을 확인한다.** 데이터베이스에 있는 부품 번호의 위치에 대해 실사자가 기재한 부품 번호를 확인하는 것은 가끔 문제를 나타내기

도 한다. 이것은 물리적 실사의 부품 번호가 분실되고, 라벨이 잘못 부착되거나 의미가 변경될 만큼 코드가 희미해졌기 때문이다.

4. **소유권을 확인한다.** 회사는 실제적으로 위탁되어 가치가 평가되지 않는 매우 비싼 부품을 재고에 보유하고 있을 수도 있다. 만일 이러한 품목들이 실사되면, 재고 데이터베이스에는 이와 일치하는 기록을 찾을 수 없게 된다. 그렇게 되면 회사는 그 품목을 가지고 있지 않은 것이 되어 그 실사를 무시하는 일이 생긴다.

5. **수령 기록을 확인한다.** 모든 사람들이 실사치가 낮다고 생각한다면, 그것은 간단하게 수령이 되지 않았다는 것을 의미한다. 구매 기록에서는 당연히 부품을 수령했다는 것을 보여주지만, 공급자는 그것을 보내지 않은 경우가 있다. 그렇다면 부품이 언제 수령된 것으로 목록에 올라왔는지 확인하기 위해 이전 재고 목록을 다시 찾아봐야 하고, 일치하는 수령이 있는지를 알아보기 위해 그것이 재고 데이터베이스에 나타난 첫 날을 그 시기의 수령 기록과 비교해야 한다.

6. **작업 비용 기록을 검토한다.** 부품이 제품 작업에 사용되고 나서 다시 로그아웃 되지 않는 이유로 부품이 분실되는 일은 자주 일어난다. 이 문제를 위해 제일 먼저 살펴봐야 하는 것은 부품이 분실되었다고 기록되던 시기에 공개되어 있던 모든 작업에 대한 작업 비용 기록이다. 작업 비용 기록이 불균형적으로 높은 수익을 나타낸다면, 그 부품이 부과되지 않았을 가능성이 크다.

7. **차이를 받아들인다.** 다른 모든 것이 실패하더라도, 재고 데이터베이스에서 최초의 부정확한 오류를 만들었던 초기의 실사 문제 또는 축소 때문에 분실된 부품이 있었는지에 대한 것은 반드시 마무리되어야 한다. 이 시점에서 차이를 기록하는 것이 필요하다. 그러나 문제를

설명해주는 패턴이 드러나는지를 알아보기 위해서는 정기적으로 발생하는 설명할 수 없는 차이를 가진 부품 번호들을 추적해야 한다.

이와 같은 조사 절차는 정확한 재고 가치를 확보하면서 재고 조정 업무를 최대한 줄이기 위한 목적으로 만들어졌다. 앞의 몇몇 단계들은 재고 실사를 받아들이기도 하고, 많은 양의 차이 분석 업무를 해결하는 신속한 검토를 요청하기도 한다. 그 다음의 단계들은 문제의 범위를 좁혀서 분실 부품에 대한 구매와 작업 비용 기록에 대한 확인으로 축소된 시점에는 이렇게 많은 업무가 행해져야 하는 품목들이 거의 없게 될 것이다. 그러므로 이 시스템은 재고 차이 조정에 대한 최소의 시간으로 매우 정확한 재고를 기록할 수 있게 해준다.

7. 주기적 재고실사

주기적 재고실사를 이용하는 이유는 크게 두 가지다. 첫 번째는 재고의 부정확함으로 인한 잠재적인 문제들을 찾아내는 것이고, 두 번째는 최신의 재고 잔고 정보를 제공하는 것이다. 첫 번째 이유는 일반적으로 재고 추적 시스템이 현실적으로 정확한 기록을 생산하기 전에 해결되어야 하는 많은 거래 오류를 발생시킨다. 두 번째 이유는 자재 소요 계획 시스템을 운영하기 위한 충분히 높은 수준의 기록 정확성을 유지하는 데 유용하다.

재고 기록 오류를 발생시키는 문제들을 찾아내고 해결함으로써 기록 정확성은 시간이 지남에 따라 점차적으로 개선되고, 이것은 주기적 재고실사의 두 번째 이유를 해결해줄 것이다. 고맙게도 컴퓨터 시스템이 완전한 시간적 거래의 전후를 구체화하고, 모든 사람들의 입력의 신원을 판명해주기는 하지만, 잠재적인 문제들을 찾는 것은 매우 어려운 일이다. 문제는 보통 너무나도 많은 거래가 일어나기 때문에, 원래 그 문제를 발생시킨 사람은 왜 본인이 그런 입력을 했는지조차 기억을 못하고, 이것은 특히 며칠이 지나 그 사이에 또 다른 많은 거래가 발생했을 경우에 더욱 그러하다. 결과적으로 10% 또는 20% 범위 안에서 작은 비율의 오류만을 찾아 내는 것을 기대하는 것이 좋다.

아무리 작은 비율의 오류가 확인된다 해도, 그것을 즉시 해결할 것을 명심하도록 한다. 왜냐하면, 하나의 거래상의 오류를 고치는 것은 기록이 부정확한 재고 품목뿐만 아니라 그와 동일한 형태의 거래를 하는 재고 품목에도 영향을 줄 수 있기 때문이다. 그러므로, 하나의 문제를 해결하는 것은 발생하는 많은 동일한 거래상의 오류를 방지하는 다중의 효과를 가져올 수도 있다. 시간이 지나면서 이러한 문제들은 해결되고, 주기적 재고실사는 더 작은 수량의 문제 영역의 해결에 더 많은 시간을 투입하여 가장 어려운 문제도 결국 해결될 것이다.

기록 부정확성의 가장 주된 이유 중 하나는 책임의 부족이라고 할 수 있다. 회사에는 자재명세서를 만드는 기술 직원, 수령 직원, 창고의 모든 직원, 그리고 부품을 사용하는 생산 직원과 같이 기록의 정확성에 큰 영향을 줄 수 있는 직책들이 많이 있다. 그 예로, 자재명세서의 오류는 출고되는 부정확한 수량 또는 부품의 원인이 되고, 수령 직원은 부정확하게 수령된 수량을 컴퓨터 시스템에 입력할 수 있다. 그러므로 주기적 재고실사 담당자는 명세서를 만든 기술 직원에게 비난을 떠넘기는 재고 출고 담당자의 기록 오류를 추적할지도 모른다. 가장 좋은 해결책은 고위 경영진이 문제를 해결하는 데 상여금을 주는 당근 방법 또는 문제를 해결하지 않는 사람들에 대해 채찍 방법을 사용하여 기록 정확성의 책임을 지는 전체 그룹을 구속하게 하는 것이다.

주기적 재고실사팀이 거래상의 오류를 찾아내고 해결할 때는 그러한 문제와 해결책을 문서화할 필요가 있다. 그렇게 함으로써 회사는 점차적으로 계속적인 합리적 시스템의 수단으로써 그리고 거래상 오류의 기록이 있는 시스템상의 개편을 방지하기 위해 재고 시스템을 수정하는 데 매우 유용하고 가치 있는 관리 문서를 수집할 수 있을 것이다.

다음의 단계들은 반복적인 재고 데이터베이스가 적절하게 실사되고 있는지를 확인하기 위한 간소화된 방법을 보여주고 있다.

1. 위치에 따라 분류된 재고 보고서의 일부를 인쇄한다. 주기적 재고실사를 목적으로 보고서에 보여지는 물리적 재고 위치의 일부에 대한 계획을 세운다. [도표 14-2]에 예가 나와있다.

2. 주기적 재고실사에 실사될 첫 번째 물리적 재고 위치로 돌아가 재고 보고서에서 위치에 대해 설명된 것과 수량, 위치, 그리고 각 재고 품목의 부품 번호를 비교한다. 현재 수량, 위치, 그리고 각 품목의 설명 사이에 불일치하는 것을 보고서에 표시한다.

3. 또한 보고서의 모든 품목에 대해 열거된 같은 정보가 창고 위치에 물리적으로 나타나는 품목과 일치하는지 확인하기 위해 반대의 절차를 사용한다.

4. 나타난 불일치가 컴퓨터 시스템에 아직 입력되지 않은 최근 재고 거래에 의해 발생한 것인지를 확인한다.

5. 남아있는 모든 오류에 대한 재고 데이터베이스를 수정한다.

6. 재고 오류 비율을 계산하고 그것을 창고에 공지한다. 이 보고서의 예는 [도표 14-3]에서 나와있다.

7. 오류가 나타난 각 품목에 대한 재고 거래의 과거 기록을 불러내고, 잠재적인 문제의 원인을 확인하기 위해 노력한다. 각 발행을 조사하고, 창고 또는 자재 관리자에게 수정 조치를 제안하여 이러한 문제들이 다시 발생하지 않도록 한다.

[도표 14-2] 주기적 재고실사 보고서

위치	품목번호	설명	실사단위	수량
A-10-C	Q1458	Switch, 120V, 20A	EA	
A-10-C	U1010	Bolt, Zinc, 3 x 1/4		
A-10-C	M1458	S대변ew, Stainless Stell, 2 x 3/8		

보다 효율적으로 사용되는 기본적인 주기적 재고실사 시스템에는
몇 가지 변형이 있다. 예를 들어, 부품 사용 수준에 근거하여 재고를
ABC 범주로 분리할 수 있고, 가장 높은 수량의 "A" 범주 품목이 가
장 많고, "C" 품목이 가장 적다. 이 방법은 각 품목의 ABC 지정과는
상관없이, 재고 전체에 흩어져 있는 잠재적인 거래 오류를 찾아내기
보다는, 기록의 정확성을 개선하는 것을 목적으로 하고 있다. 이 방법
은 주기적 재고실사팀이 이동 시간을 최소로 줄여주는 특정한 인접
보관용기 내의 품목들을 실사하는 더 효율적인 방법에 익숙할 경우에
문제를 드러낸다. 품목들이 창고 내에 물리적으로 보관되어 모든 A,
B 그리고 C 품목이 분리된 장소에 보관되어 있을 경우라면 ABC 방
법을 사용하여 이동 시간을 최소화할 수도 있다.

ABC 실사법의 변형은 생산 시스템에서의 사용을 위해 계획된 품
목만을 목적으로 하는 것이다. 그렇게 함으로써, 회사는 계획된 생산
을 방해하는 재고부족의 상태를 피할 수 있는 기회를 가질 수 있다.
그러나 이것은 다른 모든 재고를 무시하는 것이므로, 모든 재고 형태
의 계획된 실사로 보충되어야 한다.

실사 담당자는 재고 문제를 추적하는 데 엄청난 시간을 소비하기
때문에, 효율성의 측면에서 부품 범주에 대한 오류의 허용오차의 수
준을 설정하는 것은 매우 중요하다. 예를 들어, 단기간에 바로 공급
가능한 저렴한 부속품을 대량으로 구매하였을 경우, 비용측면에서 또

[도표 14-3] 재고 정확성 보고서

통로	책임자	2달 전	지난달	1주	2주	3주	4주
A-B	Fred P.	82%	86%	85%	84%	82%	87%
C-D	Alain Q.	70%	72%	74%	76%	78%	80%
E-F	Davis L.	61%	64%	67%	70%	73%	76%
G-H	Jeff R.	54%	58%	62%	66%	70%	74%
I-J	Alice R.	12%	17%	22%	27%	32%	37%
K-L	George W.	81%	80%	79%	78%	77%	76%
M-N	Robert T.	50%	60%	65%	70%	80%	90%

는 생산에 미치는 영향에 근거를 두지만, 그것이 회사에 미치는 영향이 거의 없기 때문에, 실사 오류의 무시가 전적으로 받아들여질 것이다. 반대로, 어떤 품목이 매우 비싸고, 구하기도 힘들고 또는 그것의 부재가 제조를 불가능하게 할 수도 있을 경우, 허용 오차 수준은 0이 될 것이다. 일반적으로, 작은 허용 오차는 2% 안팎으로 고려되는 반면, 여유 있는 허용 오차는 5%에 가깝다.

그러나 특정한 환경은 0%부터 10%를 뛰어넘는 허용 오차를 지시할 수도 있다.

가장 효율적으로 재고 오류를 추적하는 또 다른 방법은 컴퓨터 시스템이 마이너스의 재고 잔고를 기록하는 품목에 실사 담당자를 보내는 것이다. 여기에는 오류로 인해 발생한 확실히 수정되어야 할 문제가 있기 때문이다. 그러나 일부 회사들은 현재의 적은 수량이 실사하고 조사가 훨씬 쉽다는 이유로 마이너스 또는 제로의 재고 잔고만을 실사하려고 한다. 이 방법을 따르는 것은 실사의 수고를 총 재고의 작은 부분에 집중시키고 나머지는 무시하기 때문에 권장되지 않는다.

주기적 재고실사 담당자는 하루에 짧은 시간 동안만 실사 작업을 하게 될 것이다. 그렇다면 날마다 특정 시간의 단위로 실사 활동을 계획할 특별한 필요가 없어진다. 대신, 교대근무를 통해 느슨한 기간으로 계획하는 것을 고려하여 시간적으로 더 예민한 다른 활동과 충돌하지 않도록 한다. 그러나 이 방법은 배치(batch)로 거래가 컴퓨터에 입력되는 경우에는 효과가 없게 된다. 주기적 재고실사는 항상 배치(batch)가 업데이트 되자마자 즉시 실시되므로, 컴퓨터 기록이 실제 수량과 가장 잘 일치하게 된다.

주기적 재고실사 작업은 창고 직원의 특권으로 간주되어야 한다. 이것은 부품, 거래 흐름, 그리고 오류의 가능성에 대한 가장 많은 지식을 요하는 작업이다. 그러므로 주기적 재고실사 활동으로부터 최고의 결과를 얻기 위해서는 이 작업을 상위 창고 직원에게만 위임하고, 이에 대한 추가적인 보상의 지급을 고려하고, 또한 모든 창고 직원들의 가장 중심이 되는 실사 담당자들에 대한 교육을 실시해야 한다. 반대로, 주기적 재고실사에는 경험이 없는 직원을 투입하지 말고, 재고 시스템에 경험이 없는 이 부서 이외의 직원에게 맡기는 일은 절대 없도록 해야 한다.

8. 재고 추적에 대한 수요의 감소

본 장의 이전 부분들을 읽고 나면 재고 추적에는 엄청난 작업이 들어간다는 생각을 하게 될 것이다. 이것은 많은 직원들에게 큰 부담이긴 하지만, 회사가 재고에 막대한 투자를 하였다면 이것은 반드시 필요한 것이다. 그러나 그 투자가 현저히 감소하면, 정확성을 확보하기 위해 세밀한 단계를 거쳐야 할 필요성도 많이 줄어든다. 본 단원에서는 재고 실사의 필요를 줄이기 위해 따라야 하는 단계들을 설명한다.

재고의 수준을 낮추기 위한 두 가지의 주요 개선 방안이 있다. 그중 하나는 현재 보관된 재고의 수량을 줄이기 위해 만들어진 일련의 활동들이고, 다른 하나는 들어오는 품목들의 흐름을 차단하는 방법이다. 대부분의 회사들은 그들이 없애고 있는 재고들이(주로 재보관의 비용 또는 구식화 상각의 비용으로) 창고로 들어오는 새로운 부품들에 의해 빠르게 교체되고 있는 재고들임을 깨닫지 못한 채 그들의 관심을 이미 보관된 재고를 줄이는 데만 집중시키고 있다. 결과적으로, 현재 보관된 재고들을 처분하는 작업을 시작하기 전에, 끝내는 데 시간이 오래 걸리기는 하지만 재고의 흐름을 차단하는 것이 더 좋은 방법이다. 이 단계는 다음의 순서로 보여진다.

1. **유입되는 재고를 줄여라.** 다음 단계들은 회사로 하여금 즉시 생산에 필요한 부품들만 구매하도록 함으로써 물류센터로 들어오는 부품의 양을 최소한으로 줄일것이다.

- **구매 수량을 줄인다.** 구매 담당자는 부품을 대량으로 구매하고, 발행해야 하는 구매 주문서의 양을 감소시켜 업무부담을 줄이는 데 익숙하다. 이것이 구매 담당자에게는 시간을 절약하기에 좋은 방법이지만, 이것은 창고 직원에게 추가의 자재를 보관하는 데 더 많은 업무를 가져다 주고, 운영자본에 대한 더 많은 투자를 가져오게 된다. 더 나은 대안법은 작은 양의 구매 주문서를 발행하고 필요한 각 품목의 일부 증가분만을 배송시시는 것이다.

- **정확한 자재명세서를 만든다.** 구매 담당자는 생산을 위해 무엇을 주문할까에 대한 고민을 자주 해야만 한다. 그들의 생각이 잘못되면, 구매된 품목이 가끔 매우 오랜 시간 동안 재고에 보관된다. 구매 담당자에게 무엇을 사야 하는지에 대한 더 좋은 정보를 줌으로써 잘못 구매된 품목의 수량을 없애거나 줄일 가능성이 커진다. 이 정보에 대한 가장 좋은 양식은 제품의 모든 품목에 대한 수량과 부품 번호를 명기해주는 자재명세서다. 이 자재명세서는 창고로 들어오는 부품의 유입을 줄이기 위해 최대한 정확해야만 한다.

잘못된 부품이나 수량이 명세서에 기재될 경우, 구매 담당자는 실수로 그 품목을 구입하게 될 것이다.

- **정확한 생산 스케줄을 만든다.** 구매 담당자는 부품을 사야 하는 때와 구매해야 하는 수량에 대해 정확하게 알아야 한다. 만들어질 제품의 확실한 수량과 번호를 기재한 정확한 생산 스케줄은 구매 담당자가 이 작업을 하는 데 있어서 필요한 정보가 된다.

- **자재 소요 계획 시스템(MRP)을 설치한다.** 자재명세서와 생산 스케줄을 가지고도, 구매 담당자는 이 정보를 부품을 언제 사야 하는지 또는 얼만큼을 사야 하는지를 알려주는 계획과 결합하는 방법을 필요로 한다. 자재 소요 계획 시스템은 자재명세서와 생산 스케줄, 그리고 생산에 필요한 부품을 실사하는 재고 데이터베이스를 이용하여 이것을 실행한다. 또한 이 시스템은 구매 담당자에게 어디서 부품을 사야 하는지 와, 그것을 구매할 때 필요한 리드 타임에 대해서도 알려준다. 이 시스템을 이용함으로써, 회사는 모든 쓸모없는 구매를 막고, 가장 짧은 기간 동안만 창고에 재고를 유지할 수 있다. 이것은 재고의 많은 양을 창고로 보내는 것을 막기 위해 필요한 시스템의 기둥 돌이라고 할 수 있다.

2. **기존의 재고를 삭제한다.** 다음의 단계들은 재고의 크기를 현저하게 줄여주고, 어떤 경우에는 창고의 제거까지도 가능하게 한다.

- **재고를 버린다.** 모든 재고의 많은 양은 쓸모없는 것이다. 그것들은 오래되었고, 회사의 제품에 더 이상 사용되지도 않으며, 새로운 부품들에 의해 대체되고 있다. 그중 상당수는 공급자에게 반환하기에는 너무 가치가 낮기 때문에, 상각을 시키고 재고에서 없애버리는 것이 가장 좋은 방법이다.

- **재고를 반환한다.** 작은 수량의 부품들은 매우 비싸기 때문에 공급 자에게 반환을 시도하는 노력의 가치를 가지고 있다. 이것은 많은 전화통화를 수반하는 시간이 걸리는 과정이기 때문에, 이 단계는 가장 비싼 품목에만 적용된다. 또한 주로 15% 또는 그 이상의 재보관 수수료가 있기 때문에, 재고에 대한 전액 지불은 기대하지 말아야 한다. 뿐만 아니라, 많은 공급자들은 반환되는 재고에 대해서는 현금지불이 아닌 신용상을 발행한다. 그럼에도 불구하고, 이것은 창고에서 가장 비싼 품목들을 제거하는 효율적인 방법이라고 할 수 있다.

- **재고를 다 써버린다.** 재고의 수량을 줄이는 매우 어려운 방법은 그것을 다 써버리는 것이다. 재고 품목의 상당수는 더 이상 사용되지 않고, 그것을 새로운 제품에 추가하라고 생산 직원들을 강요하는 경영진의 특별한 간섭을 요구하기 때문에 이것은 매우 어려운 일이다. 이것은 또한 기술 직원에 의해 추가의 설계 작업을 요구할 수도 있다. 이러한 모든 추가적인 노력 때문에, 이것은 주로 실제적으로 사용 가능한 재고에 있는 전형적인 소량의 품목에 집중하는 것이 가장 좋다. 짧게 말해, 이 방법은 직원의 큰 수고에 비해 재고의 작은 부분만을 제거하는 경향이 있다.

- **재고를 작업 현장으로 이동시킨다.** 매우 훌륭한 옵션 중 하나는 재고를 창고로부터 내보내고 그것을 생산 현장 가까이에 배치하는 것이다. 일단 재고가 창고 밖으로 내보내 지고 나면, 회계 직원은 보통 그것을 비용에 상각시키고 재고 추적 시스템에 더 이상 포함시키지 않는다. 대부분의 부속품과 고정쇠, 그리고 다른 저렴한 유사 품목들은 작업 현장으로 옮겨지기 때문에, 이 상각은 매우 작은 액수일 가능성이 크다. 이것은 작은 달러 양이긴 하지만, 창

고에 있는 부품의 높은 비율에 관여하기 때문에, 주기적 재고실사에서 실사되고 감사되는 품목의 수량에 매우 크고 유리한 영향을 미칠 것이다. 부품을 생산으로 옮기는 것은 또한 창고 안팎으로 부품을 계속해서 옮기는 데 필요한 수고와 관련 거래들을 피할 수 있게 해주고, 물건을 옮기는 데서 발생하는 부품의 손상을 줄여주기도 한다. 이것은 또한 생산 직원들이 더 이상 창고에 부품을 요청할 필요가 없어서 작업을 쉽게 해준다.

여기에 언급된 들어오는 재고를 차단하는 것과 기존의 재고를 줄이는 것은 엄청난 시간과 노력을 필요로 하고, 자재 관리 부서와 생산 부서의 적극적인 협조를 필요로 하기 때문에, 이 프로젝트는 완료하는 데 상당한 시간을 필요로 하는 것을 예상하고 있어야 할 것이다.

15

재고선도사례

1. 개요

재고에 대한 회사의 투자를 관리하는 것은 주문, 수령, 보관, 수거, 생산, 그리고 운송 과정에 대한 상당한 지식을 필요로 한다. 본 장은 관리자가 회사 내부의 재고관련 시스템을 개선하기 위해 사용할 수 있는 특정 실무에 대해 초점을 맞춘다. 본 장을 회사 전체의 대대적인 변화를 일으키는 수단으로 사용하지는 말 것을 명심하도록 한다. 재고의 수준은 시스템들의 연동 작용에 영향을 받으므로, 각각의 변화는 기계가동율과 고객 서비스 수준과 같은 회사의 다른 부분에 어떤 영향을 미치는지를 예측하여 계획되어야 한다.

2. 재고 구매

재고 구매에 있어서의 핵심 요인들은 생산이 시행되기 전 제품 설계 과정에서 잘 나타난다. 커뮤니케이션 수준, 공급자와의 거리, 계획, 이슈 그리고 배송 빈도는 회사가 유지해야 하는 재고 수준에 영향을 미치는 주요 요인들이다. 본 단원은 이러한 문제들에 대해 언급한다.

지금까지 신제품 설계의 가장 공통된 절차는 내부 설계 팀을 사용하여 전체 제품을 설계하고, 공급자들이 그 설계에 대해 값을 부르는 것이었다. 그러나, 공급자들은 설계 팀에 더 낮은 비용으로 동일한 제품의 설계를 가져오는 다른 자재 또는 구성품을 사용해보라는 제안을 했었을 수도 있다. 결과적으로, 공급자들이 사업의 결과 일부에 대한 책임을 진다고 약속하는 한, 설계 과정에 공급자들을 관여시키는 것도 때로는 매우 가치 있는 일이 된다.

공급자들은 또한 일부 구성품들은 조달하기가 매우 어렵다는 것을 알려주어, 설계 팀이 가능한 이 품목들을 피할 수 있도록 충고를 해줄 수 있다. 그렇지 않으면, 합리적인 가격 범위 내에서 제품을 제조하는 것이 어려울 것이다. 이러한 자문을 해줄 만한 공급자 없을 경우, 설계 팀은 그러한 품목을 획득하는 데 어려움이 있는지 알아보기 위해 구매부서와 상의를 해봐야 한다. 만약 일부 품목들이 설계에 반드시 포함되어야 하는데 조달하기가 너무 힘들 경우, 구매부서는 적어도 핵심 공급처들을 확보함으로써 공급물량을 사전에 구매해야 할 것이다.

또한 간단하게 공급자에게 할당된 배송 리드 타임을 축소시킴으로써 내부의 안정적인 재고 수준을 감소시키는 것도 가능하다. 공급자에게 주문을 접수하고 주문 물량이 도착하기를 기다리는 동안, 안전 재고는 회사의 일시적인 필요를 해결하기 위해 존재하는 것이다. 많은 경우에, 공급자는 통상적인 경우보다 더 빠른 운송을 위해 일부 물건의 충분한 재고를 가지고 있거나, 그들의 배송 시간을 줄이기 위한 방법을 찾기 위해 회사의 산업 기술자들과 함께 협력할 수 있다. 그러나, 공급자가 제품을 운송하기 전에 마지막 조립 또는 고객화가 요구될 경우 이 방법은 효과가 없을 수도 있다.

일부 공급자들은 몇일 또는 몇 주가 되는 주문 리드 타임을 가지고 있다. 만약 회사가 그 시간의 테두리 안에서 주문을 변경할 경우, 공급자는 시간에 맞게 그 주문을 처리하는데 있어서 어려움을 겪게 된다. 이러한 문제를 피하려면, 공급자에게 그들의 최소 리드 타임 내에서 변경을 할 수 있는 적절한 통보를 해주기 위해 충분한 기간 동안 단기 생산 스케줄을 동결하는 방법을 고려한다. 이것은 공급자가 매우 긴 리드 타임을 가지고 있고, 더 짧은 리드 타임을 가진 다른 공급자의 사용을 필요로 하는 경우 매우 어려울 수도 있다.

공급자로부터 물건을 획득하는 데 있어서 주된 문제는 다수 고객들로부터 오는 경쟁적인 주문들에 의해 그들이 완전히 정체 상태가 되는 때이다. 이런 상황에서, 회사들은 공급자의 생산 과정에 있어서 그들의 차례를 무조건 기다려야만 하기 때문에, 보충 제고가 도착할 때까지 대량의 안전 재고를 수중에 반드시 유지하고 있어야만 한다. 만약 회사가 예측 가능한 대량의 물건의 유통을 요구할 경우, 공급자의 조달 용량을 블록으로 구매함으로써 이러한 문제를 줄일 수 있다. 이것은 회사가 공급자의 생산 능력 일부를 구매하여 아무도 그것을 사용하지 못하게 되는 상황을 말한다. 이것은 회사의 공급 상황을 엄청나게 개선시키고, 안전 재고에 대한 필요를 현저하게 낮춰주는 결과를 가져온다. 또한, 회사의 수요가 때때로 감소할 경우, 다른 고객이 필요에 의해 그것을 다시 사용할 수 있게끔 미리 잡아놓은 생산용량 일부를 공급자에게 다시 팔 수 있다.

주문에 관련된 시간 지연의 일부는 회사 내에서의 주문 승인에서 온다. 이것이 몇 일 정도의 지연을 요구할 경우, 재고를 계획하는 직원은 이 승인 기간 동안 공급자의 물건이 부족해지지 않도록 추가의 안전재고에 대한 계획을 세워야 한다. 결과적으로, 안전 재고 수준을 줄이기 위해서는 보충 주문의 승인 과정을 없애거나 또는 적어도 더 합리적인 승인 절차를 만들어야 할 것이다. 단종되는 품목에 대해서는 주문이 발행되지 않도록 확실히 해야 할 경우에는 반복적인 구매에 대한 승인이 꼭 필요하다. 이것은 컴퓨터 시스템에 있는 마스터 파일에 제품 유효기간 플래그를 가동하면 쉽게 해결될 수 있다.

안전 재고를 줄이는 좋은 방법은 가능한 회사 가까이에 위치한 공급자에게 주문을 하는 것이다. 이렇게 하면, 배송 수송 시간이 최소화되고, 보충 물품이 도착할 때까지 몇 시간 안 되는 생산시간을 해결하는 적은 양의 안전 재고를 가질 수 있다. 일부 우수 공급자들의 위치는 매우 멀고 교체하는 데 상당한 시간이 걸리기 때문에, 이것은 오랜 시간이 걸리는 방법이라고 할 수 있다.

내부 재고 수요는 공급자에게 하루에 다수의 배송을 회사로 해달라고 요구하게 될 경우 더 감소하게 된다. 이것은 단지 몇 시간 분량의 재고 수준 정도로 감소된다. 지나친 문서작업을 피하기 위해 회사가 매일 적은 양의 제품만을 방출하는 계획에 대해 가진 장기간의 주문을 하는 경우, 이 방법은 잘 작동할 수 있다. 더 발전된 방법을 사용하면, 반입 도크에서 보관 장소로, 그리고 그곳에서 생산 현장으로 가게 되는 재고의 이동을 제거하여 공급자가 직접 생산 장소로 배송을 하도록 할 수 있다. 그러나 이러한 시스템이 효과가 있으려면, 생산 현장 가까이에 반입 도크가 있어야 하고, 정기적으로 공급자와 확실한 재고 수요 계획에 대한 의사소통을 해야 하고, 배송되는 제품의 품질이 우수해야 하며, 매우 근접한 거리에 핵심 공급자가 존재해야 한다는 조건이 필요하다. 이러한 조건을 고려할 때, 하루에 다수의 배송을 조달하는 것은 실행하기가 매우 어렵다고 할 수 있다.

만약 회사가 하루에 다수의 배송을 하는 제품을 원한다면, 하나의 공급업체만 사용하는 방법으로 바꿔야 한다. 그렇지 않으면, 여러 공급자로부터 오는 동일 상품의 다량 배송을 관리하는 것은 매우 어려워진다. 또한 이 방법은 생산 과정에서 사용되는 물건의 총 수량에 근거하여 공급자에게 금액을 지불하는 좀더 효율적인 회계 시스템의 사용을 필요로 한다. 만약 여러 공급자가 관여되어 있다면, 어느 공급자의 물건이 사용되었고, 어느 공급자에게 얼마를 지불해야 하는지를 구분하는 것이 불가능해질 것이다.

한정된 환경에서는 일단 공급자가 회사의 창고로 운송을 한 다음에는 공급자가 물건에 대한 소유권을 보유하고 있는 것이 가능하다. 회사는 건물에 있는 공급자의 지정 보관장소에서 물건을 빼내어 생산장소로 보내야 할 때에만 공급자에게 지불을 하는 것도 가능하다. 이 방법을 사용하면, 재고 보관의 부담을 공급자에게 지움으로써 회사는 일부 운용 자본에 대한 수요량을 줄일 수 있다. 공급자가 해당 제품에 대해 독점적인 공급 제안을 받았을 경우 이것은 보다 유리한 방법이 된다. 그러나 공급자들은 재고에 대한 투자를 증가시키고, 재고 수준을 감독하고 보충하는 데 더 많은 시간을 소비하게 되어, 이러한 문제를 보상하기 위한 청구 금액을 더 늘리는 경향이 있다.

만약 엄청나게 많은 공급자가 관련되어 있을 경우, 회사는 그들 모두와 거래할 수 있는 충분한 기술을 갖고 있지 않거나, 경영진은 구매보다는 더 수익성이 있는 부분에 회사의 자금을 투자하고 싶을 것이다. 그렇다면 우선 공급자의 역할을 다수의 공급자에게 위임하여, 많은 하위 공급업체들의 구매 업무를 처리하도록 하는 방법도 있다. 이것은 우선 공급업체들이 책임지고 있는 많은 하위 조립을 요구하는 복잡한 제품을 위해 가장 좋은 방법이라고 할 수 있다. 우선 공급자들이 이 서비스에 대해 추가적인 청구를 하는 경향이 있긴 하지만, 그들을 또한 회사 사업의 많은 부분을 보장해주고 있고, 적절한 가격인상으로도 이 서비스를 해줄 의향이 있을 것이다.

3. 재고 수령과 출하

출하와 수령 기능은 모든 창고 직원들의 엄청난 시간을 요구하며 배송, 분류, 운반 그리고 트럭 배치 등에 많은 창고공간을 필요로 한다. 그러므로, 수령과 출하는 재고와 노동에 있어서 상당한 투자를 수반한다. 본 단원은 이러한 핵심분야의 효율성을 개선하기 위한 방법에 대해 설명한다.

가장 큰 수령의 문제는 비계획적인 수령에 대한 처리이다. 이 품목들은 회사의 누군가가 구두로 구매한 주문으로 컴퓨터 시스템에 그 존재에 대한 기록이 남아있지가 않다. 수령 직원은 이것이 무슨 주문인지에 대해 알 수가 없기 때문에, 이것들을 한 곳에 모아놓고, 이 주문을 회사의 어디로 보내야 하는 지에 대한 해결책을 제시해주는 누군가의 응답이 몇일 내에 오기만을 희망하면서 형식적인 고지를 한다. 이 방법은 보관 장소뿐만 아니라 수령 직원의 시간도 소비하게 만든다. 더 나은 방법은 배송 시점에 하나의 예외도 없이 모든 비계획적인 수령을 자동적으로 거부하는 것이다. 일부 구두의 주문이 매우 중요한 것 일수도 있기 때문에 이 방법은 초기에는 회사 내의 혼란을 초래할 수도 있다. 그럼에도 불구하고, 이것은 회사 전체에 충분한 경고를 내린 경우에는 매우 적절한 대처법이 될 수 있다.

재고들로 꽉 막힌 재고 수령지역은 재고품목을 찾는데 많은 시간을 소모하게 되고, 더 많은 창고공간을 차지하게 하여, 부적절하게 적재된 재고의 손상을 불러올 수 있다. 이 문제를 피하기 위해, 창고 매니저들은 공급자 배송을 하루의 일정 시간 동안에만 요청하고 그 시간 동안에만 대부분의 창고 직원들을 집결시켜 짧은 시간 동안 운반 기능에만 모든 주의가 기울여지도록 해야 할 것이다. 또한 도크 도어 앞에 있는 수령 장소를 넓혀 수령 직원들이 도착하는 배송들을 분류하기 위한 충분한 공간이 주어지게 하는 것도 매우 도움이 될 것이다. 이 방법은 배송을 취급하는 충분한 창고 직원들과 수령되는 수량을 적어도 몇 주 전에는 계획할 수 있게 해주는 자재 이동 장치들을 필요로 한다.

수령된 물건들의 효율적인 운반은 사전 운송 통보를 사용하면 더 빨리 진행 시킬 수 있다. 이러한 통보는 운송자로부터 간단한 전화통화, 또는 팩스, 이메일, 전자 데이터 교환 전송 등으로도 가능하다. 의사소통의 수단이 뭐가 되던지 간에, 그 목적은 창고 매니저에게 대략적인 배송의 도착 시간과 트럭의 내용물에 대한 사전적인 통보이다. 이것은 물건들을 운반하는 가장 빠른 내부 이동 시간에 근거한 특정 트레일러들을 위해 도크가 배치될 수 있는 훨씬 더 나은 운반 계획을 가능하게 해준다. 소규모 운송업체들은 상당한 훈련을 필요로 하는 반면, 우수한 운송업체들은 사전 운송 통보에 대한 요청에 일반적으로 순응할 것이다.

품목들이 반입 도크에 도착하면, 일단 물건이 주문되고 나면 창고 직원들은 그 품목들을 출고하고 배송하는 데 상당한 시간적 압력을 받게 되기는 하지만, 모든 품목들을 운반하는 데 대한 구체적인 마감일에 구속되지는 않는다. 이러한 불균형을 고려했을 때, 수령 장소에서 고객에게 공통적으로 가장 많이 주문되는 수량의 수령 품목들을 다시 묶는 데 더 많은 시간들 들이는 것은 당연한 얘기다. 그렇게 함으로써, 주문 접수에 드는 시간이 더 많이 줄어들 것이다. 이것은 다시 묶는 작업이 행해지는 수령 장소의 여유 공간이 많은 경우 가장 효율적인 방법이 된다.

효율적인 운반 기능에 대한 보다 발전된 형태는 지정된 구역 내에 운반을 위한 수령 물품들을 보관하는 것이다. 이 방법을 사용하면, 수령 담당자가 수령 장소에서 배송들을 세부 창고 장소로 운반되는 작은 그룹으로 나누는 데 더 많은 공간을 사용하게 되고, 이것은 운반 직원들의 이동 시간을 삭감시켜, 다른 물건을 가지러 수령장소에 더 빨리 돌아올 수 있게 해준다. 이것은 창고가 너무 넓어서 이동 시간이 매우 길 경우 가장 비용 절감적인 방법이다.

좀 덜 효율적인 수령의 운영은 방금 운반된 품목에 관련된 모든 문서를 쌓아놓고, 그 날의 업무 마감시점에 수령 컴퓨터의 하나의 큰 배치(batch)에 그것을 모두 입력하는 것이다. 이 문제는 출고 담당자는 벌써 새롭게 수령한 품목을 창고 선반에서 찾고 있는 반면, 물건의 일부는 이미 생산 장소로 보내지거나 공급자에게 다시 운송되었을 때 발생한다. 또한 주기적 재고실사 담당자가 실사하고 있는 품목의 일부가 아직 컴퓨터 시스템에 존재하지 않으면, 정확하게 재고를 실사하는 것이 불가능하게 된다. 이러한 모든 이유로, 입고되는 즉시 모든 품목을 입력하는 것이 가장 좋다. 데이터 입력은 창고 직원이 창고의 어디에서건 데이터 입력을 할 수 있게 해주는 무선 주파 터미널을 가지고 있는 경우 훨씬 더 쉬워진다.

수령의 효율성을 개선시키고자 하는 궁극적인 목표는 수령 기능을 전혀 갖지 않는 것이다. 그렇게 함으로써, 기술 부서는 모든 공급자의 자질의 수준을 비율로 환산하고, 구매 담당자는 그들과 협조하여 즉각적인 사용을 위해 생산 현장에 직접적으로 재고 배송을 처리할 수 있을 것이다. 이것은 매우 낮은 재고 수준, 저스트 인 타임 배송, 그리고 창고 장소의 완전한 제거를 포함하는 방법이다. 이러한 모든 예전의 방법으로 수령 기능을 완벽하게 없애는 것은 거의 불가능하다. 보다 대중적으로, 많은 공급자들은 수령 기능을 생략하고, 더 적은 수령 직원들이 더 적은 양으로 유입되는 물건들을 처리하도록 하고 있다.

운송된 품목들은 일반적으로 수동으로 파렛트에 올려지고, 축소 포장되어 트럭에 실어진다. 운반 단계 전에 고객이 파렛트를 열게 된다면 운송에 관여하는 포장은 불필요하게 된다. 그렇다면 반환 가능한 바퀴가 있는 컨테이너와 같은 다시 사용 가능한 컨테이너 시스템이 더 효율적인지를 알아보기 위해 고객과의 접촉을 고려하도록 한다. 아마도 컨테이너와 관련된 상당한 양의 선불 비용이 있겠지만, 모든 다른 포장 자재를 제거하여 이것은 보다 비용 절감적인 선택이 될 것이다.

운송 기능은 도크 도어에서 끝나는 것이 아니다. 운송 매니저는 선적에 최소의 손상을 주고, 적시에 배송을 가능하게 하는 뛰어난 수행 능력을 가진 화물 업체들을 찾는 것에도 책임을 져야 한다. 이것은 가장 낮은 비용의 운송 업체를 활용하는데서 전환하여 어떤 운송 업체를 사용해야 하는지를 결정해주는 운송 업체 평가 시스템을 필요로 하게 될 것이다. 그렇지 않으면, 고객들은 손상된 물건 또는 요청한 일시에 도착하지 않은 물건을 교체해 달라고 성급한 요청을 하게 될 것이다. 이러한 막바지의 운송은 회사의 운송 스케줄과 화물비용에 엄청난 영향을 미치게 될 것이다.

4. 재고 보관

보관 장소를 완전히 거치지 않는 것으로 시작하여 구역형태의 창고 조직과 특별한 레킹 시스템의 사용까지 재고 보관을 개선시킬 수 있는 여러 가지의 방법들이 있다.

가장 좋은 재고 보관 옵션은 재고 보관을 아예 없애버리는 것이다. 이것은 회사가 공급자를 접촉하여 물건을 직접 고객에게 보내달라고 요청하는 배송자 직송 배송을 통해 가능하고, 이것에 의해 회사의 보관 과정을 완전히 건너뛸 수 있다. 이 방법은 대량 운송을 선호하여 재포장되어야 하는 소규모 선적 또는 배송에 대한 열정이 없는 공급자들과의 협조를 필요로 한다. 또한, 회사의 회계부서는 내부 운송부서가 청구서를 발행하는 일반적인 절차보다는, 공급자로부터 운송통보를 획득하여 그 시점에 고객에게 청구서를 발행하는 시스템을 갖추고 있어야 한다. 이 방법은 생산과정에서 회사가 운송되는 물건에 대한 추가적인 변화를 요구하지 않을 경우에 더 효율적이다. 이 방법에 대한 마지막 문제점은, 고객에 의한 다수의 주문은 다수의 공급자로부터의 배송을 요청하게 되어, 통합 배송을 바라는 고객에게 여러 번의 배송이 가게 되는 결과를 초래하게 된다는 것이다. 이러한 모든 이유로 배송자 직송에 대한 완전한 혜택을 얻는 것은 거의 불가능하다고 할 수 있다.

배송자 직송 시스템이 가능하지 않다면, 크로스 도킹 운송을 고려한다. 이 방법을 사용하면, 공급자의 배송은 하나의 도크 도어를 통해 창고로 들어와 고객으로의 배송을 위해 창고 전역에서 외부 트럭으로 즉시 옮겨진다. 이 방법은 형식적인 레킹 시스템에서의 현장보관을 전혀 필요로 하지 않고 빠른 재고의 회전을 가져다 준다. 그러나 창고의 기능은 단시간 내에 내부와 외부 배송을 일치 시키기 위해 매우 체계적으로 조직되어야 한다. 또한 외부 조건과 일치하는 배송 수량의 재포장과 공급자에게서 방금 도착한 물건에 다시 라벨을 붙이는 작업을 필요로 한다. 뿐만 아니라 채워지기를 기다리며 창고에 있는 대량의 트레일러를 지원하기 위한 엄청난 양의 도크 도어를 필요로 한다. 그럼에도 불구하고, 많은 회사들은 크로스 도킹 방법을 이용하여 상당한 성공을 이루었다.

창고에서 재고를 없애는 또 다른 방법은 생산현장에 있는 현장재고 보관소로 재고를 분배하는 것이다. 이 방법은 추적과 보충에 가장 많은 노동이 소요되는 재고 품목인 부속품과 고정쇠에 관여될 가능성이 크다. 이 품목들은 창고에 요청해야 할 필요가 없기 때문에, 이것은 생산 직원들이 매우 선호하는 방법이다. 현장 재고를 사용하는데 있어서 가장 큰 어려움은 이 재고는 형식적인 재고 추적시스템에 더 이상 포함되지 않기 때문에 이것을 언제 다시 주문되어야 하는지를 자동적으로 결정하는 컴퓨터화의 사용이 불가능 하다는 것이다. 대신 누군가가 수동적으로 현장재고 수준을 검토하고 공급자의 주문을 접수하는 작업에 위임되어야 한다. 물건을 보충해 주기 위해 회사로 방문하는 공급자에게 이 작업을 위임하는 것도 가능하다.

　재고 보관의 핵심요소는 보관 시스템의 복잡성을 줄여, 창고 내에서 품목을 찾는 것을 최대한 쉽게 하는 것이다. 가장 기초적 방법은 창고에 있는 모든 보관용기에 독자적인 보관용기 코드를 할당하고, 각 보관용기의 재고품목이 보관된 컴퓨터 시스템에 이것을 기록하는 것이다. 이 시스템을 보다 합리적으로 만드는 방법은 정기적으로 재고 보관 기록을 검토하고, 최대한 적은 수량으로 근접한 보관용기의 재고 품목을 통합하는 것이다. 이것은 창고 앞에 위치하여 가장 쉽게 접근할 수 있는 보관용기에 적절한 수량의 재고품을 보관하고, 접근이 더 어려운 장소에는 과잉 수량이 보관되도록 하는 것을 말한다. 보관용기를 추적하는 방법은 모든 재고 보관 조건에 있어서 가장 기본적이고 필수적인 방법이다. 보관용기를 추적하는 것은 업데이트로 인해 엄청난 직원들의 시간을 요구하기는 하지만, 이러한 작업 없이 창고를 운영하는 것은 불가능하다고 할 수 있다.

　이론적으로 올바른 재고의 보관 방법은 재고를 개방된 모든 보관용기에 보관하여, 모든 이용 가능한 보관용기의 사용을 최대화하는 것이다. 그러나 이것은 사용량이 매우 높은 품목이 창고의 후미진 구석에 보관되어 재고 출고 담당자들의 이동 시간을 연장하게 된다. 이러한 문제를 피하기 위해서는, 가장 많이 사용되는 재고에 창고 앞에 있는 고정된 재고 장소를 할당하고, 사용률이 낮은 품목은 창고 뒤쪽으로 보내야 한다. 사용량이 많은 품목에 대한 수요는 시간에 따라 감소하여 고정된 장소의 필요성을 줄이기 때문에 이 시스템을 사용할 경우에는 정기적으로 재고의 이용 수준을 반드시 검토해야 할 것이다. 예를 들어, 계절적 제품의 판매를 취급하는 회사는 판매가 새로운 계절로 바뀔 때마다 창고의 위치를 완전히 바꿔야 한다. 품목에 대한 수요는 일년 중 예측 가능한 시기에 쉽게 변할 수 있기 때문이다.

　선택된 재고를 특정 장소로 할당하는 것은 ABC 시스템으로 훨씬 더 형식적으로 체계화될 수 있다. 이 방법을 이용하면 가장 많이 사용되는 20%의 재고 품목은(A 품목) 창고에서 가장 접근하기 쉬운 곳에 보관되고, 그다음으로 많이 사용되는 30~40%의 품목들은(B 품목) 다음으로 접근하기 쉬운 곳에 보관되며, 모든 나머지 품목들은(C 품목) 창고에 뒤쪽에 보관된다. 이 방법은 A 구역에서 거의 모든 시간을 보내는 창고 직원들의 이동시간을 줄여주는 데 특히 유용하다. 또한 보관 선반 시스템을 변경하여, A 품목은 회전판과 같은 가장 쉽게 접근 가능한 보관시스템에 보관하고, 덜 사용되는 품목은 더 저렴한 대량 보관시스템에 보관하는 것도 가능하다.

고객이 완제품생산을 위해 재고를 회사에 보낼 경우, 그 부품은 일반적인 회사의 재고와 쉽게 섞이게 되어, 회사가 실제로 소유하고 있지 않는 품목에 대해 과잉 재고 평가가 발생한다. 이러한 일을 막기 위해 고객 소유의 재고에 대한 분리된 창고의 사용을 고려하도록 한다. 또한 제로 코스트가 할당된 이 재고에 다른 재고 품목 코드를 사용하여, 재고가 뜻하지 않게 과대 평가되는 것을 막도록 한다.

고객 재고 분리 개념을 채택한 일부 회사들은 누구의 소유가 되든지 특정 고객이 사용하게 될 모든 재고의 보관을 위해 창고의 많은 공간을 사전에 잡아두는 단계로 나아간다. 이 방법은 공간을 낭비하는 것처럼 보일 수도 있지만, 가장 중요한 고객의 사용을 목적으로 하는 재고에 대해 더 치밀한 관리를 할 수 있다는 장점을 가지고 있다. 이것은 회사의 전체사업의 엄청난 부분을 차지하는 매우 큰 고객들에게 매우 유용한 방법이라고 할 수 있다.

회사는 재고소요를 맞춰주기 위해 재고 보관시스템과 피킹 시스템의 형태를 변경해야만 한다. 예를 들어 재고가 부패 가능성이 있다면, 레킹 시스템은 한 쪽에는 운반을, 다른 한쪽에는 출고를 고려하여, 가장 오래된 품목들이 먼저 출고 되도록 해야 한다. 중력 플로우와 파렛트 플로우 선반은 이러한 상황에서 가장 효율적인 방법이다. 만약 대량의 품목이 파렛트에 보관되어 있을 경우, 이 품목들을 더블 딥(double deep) 선반, 푸쉬 백(push back) 선반 또는 스태킹 레인(stacking lane)에 보관함으로써 지나친 통로 공간을 피하는 것이 가능하다. 자주 출고되지 않는 작은 수량의 재고가 유리한 공간을 확보하고 있을 경우에는 통로 공간을 압축해주는 이동 가능한 선반 시스템의 사용을 고려해보는 것도 좋다. 사용 가능한 수직적 공간이 많고 재고들이 동일한 형태일 경우에는, 여러 층의 수동 파킹 시스템을 설치하도록 한다. 출고 담당자가 최대한 빨리 대량의 품목을 출고해야 할 경우, 중앙 피킹 스테이션으로 부품을 가져오는 회전판 시스템을 설치하는 것이 좋다. 이것은 고가의 보관방법이기 때문에 이것을 실행하기 전에는 비용 편익 분석을 행하는 것을 명심하도록 한다. 마지막으로, 수량이 제한되는 상황에서는, 보관 선반에서 내부 횡간 버팀대를 제거하여, 창고 직원이 양쪽 선반에 효율적으로 접근 할 수 있도록 한다. 이 옵션은 선반에 구조적인 상태가 위협을 받지 않을 만큼 가벼운 품목의 보관에만 가능한 상황이라고 하겠다.

컨테이너의 크기와 보관 패턴 또한 재고의 효율적인 보관을 방해할 수 있다. 예를 들어 보관 보관용기의 높이가 4 피트이고, 그 안에 보관된 케이스의 높이가 10 인치라면, 각 보관용기의 맨 위의 8 인치의 공간이 낭비되게 된다. 각 컨테이너의 내용물에 따라 12 인치(선반에 컨테이너를 4겹으로 보관하기 위해) 또는 8 인치로(6겹의 컨테이너를 보관하기 위해) 높이를 변경하는 것이 옳을 것이다. 또한 파렛트에 컨테이너를 쌓는 패턴은 가능한 파렛트의 용적과도 일치하여야 한다. 그렇지 않으면, 보관 공간의 체적이 완전하게 사용되지 않게 된다. 만약 쌓이는 패턴이 컨테이너가 파렛트의 가장자리에 걸쳐지는 결과를 가져오게 되면, 컨테이너들은 수송 중 손상을 입을 가능성이 커진다.

5. 재고 피킹

많은 수의 창고 직원을 수반하는 가장 많은 양의 활동 중 하나가 재고의 피킹다. 그 중요성을 감안하면, 보관되는 재고를 제거하고 고객 또는 생산 장소로 그것을 보내는 가장 비용 절감적인 방법에 도달하기 위해 가능한 모든 수단을 고려해야 한다. 본 단원은 몇 개의 가능한 피킹 방법에 대해 설명한다.

가장 비효율적인 피킹 방법은 피킹 담당자에게 하나의 주문을 전달하여 그 직원이 창고 전체를 돌아다니며 필요한 부품을 찾게 하는 것이다. 가장 기본적인 수준에서, 이러한 피킹 티켓은 각 재고가 배치된 재고의 위치를 포함하는 적어도 하나의 열을 제공하여 수색 시간을 줄일 수 있어야 한다. 위치의 정보를 가지고, 출고자는 단일 라인 주문의 집합을 가져오고, 재고 위치에 따라 그것을 수동으로 분류하여, 창고를 한 번 도는 동안 이 주문의 많은 양을 출고한다. 다수의 라인 티켓의 경우, 각 티켓을 재고 위치 별로 나누어, 출고자가 하나의 통로 이내에서 티켓에 있는 품목을 순서대로 출고할 수 있도록 한다.

만약 출고자가 창고를 한 번 도는 동안, 다수의 주문을 한번에 처리해야 하는 경우, 출고된 모든 품목을 분류하고 배송을 위해 이것을 각각 다른 보관용기에 분리시키기 위해 이동에 대해 추가적인 노동을 필요로 하게 된다. 이에 대한 더 좋은 방법은 출고자에게 다수의 보관용기 묶음 카트를 제공하여 현장에서 각각 다른 보관용기로 물건을 출고하여 각 이동시의 추가적인 주문의 분류 작업을 없애도록 하는 것이다. 출고자는 의도하지 않고 출고된 품목을 틀린 보관용기에 놓을 수도 있기 때문에 이 방법은 효율적이긴 하지만 일부 주문의 부정확한 결과를 발생시킬 수도 있다.

묶음 카트는 또한 휴대할 수 있는 크기의 물건에 매우 유용하다. 만약 회사가 출고자가 반드시 수동으로 실사해야 하는 작은 부품을 재고에 보관하고 있는 경우, 휴대 가능한 배터리 장착 측정기능 피킹 절차를 간소화하는 가장 좋은 방법이 될 것이다. 하지만, 이러한 장치는 매우 비싸기 때문에, 상당한 양의 피킹 시간이 작은 부품의 실사에 소비되고 있는 경우에만 이 장치를 사용하도록 한다.

주문 출고자들은 주문의 만기일 긴급성에 근거하여 피킹 순회를 한다. 그러나, 이러한 방식은 완전히 찬 하나의 트럭에 실을 수 있었던 것을 몇 개의 더 비싼 부분적인 트럭으로 나누어 실리는 배송을 발생시킨다. 이러한 문제는 동일한 장소로 운송되는 주문들을 한 번의 광범위한 순회에서 집계하는 방법을 사용하여 해결될 수 있다. 가장 큰 문제는 만기일에 여유가 있는 주문들이 더 긴급한 주문보다 먼저 출고된다는 것이다.

주문들을 한번의 광범위한 피킹 순회로 집결하는 것은 출고자의 시간에 있어서는 좋은 방법이지만, 출고자는 전체 창고에 대한 완벽한 지식을 가질 수 없게 되어, 가져온 품목들이 올바른지를 확인하는 데 추가적인 시간을 소비하는 비효율적인 순회를 하게 될 수도 있다. 이에 대한 대안으로 구역별 수거가 있는데, 이것은 출고자가 창고의 작은 부분을 위임 받는 것을 말한다. 구역의 출고자는 주로 특정 창고의 구역을 관리하는 책임을 지게 되므로, 그 내용에 대한 완벽한 지식을 갖고 있을 뿐만 아니라 최대의 피킹 능률을 가지고 구역 내의 품목들을 추적할 수 있다. 구역에서 구역으로 주문의 일부분들을 피킹하며 이동함으로써 피킹 절차의 전체적인 효율과 정확성이 실질적으로 개선될 가능성이 커진다. 그러나 이것은 주로 컴퓨터 장치와 구역에서 구역으로 주문으로 이동시키는 컨베이어 벨트의 사용을 필요로 한다.

재고의 처리가 어려운 환경에서 출고자가 수동으로 출고된 품목을 이동하는 것이 엄청난 양의 출고 거래의 실수를 가져오기 때문에 이 작업 이후에는 반드시 각 거래를 기록하는 것을 잊지 말아야 한다. 이 문제를 피하려면 다음 출고를 위해 어디로 가야하고, 각 보관용기에서 무엇을 제거할지를 음성으로 출고자에게 지시하는 컴퓨터 시스템이 장착된 헤드셋을 각 출고자가 착용하는 음성유도식 피킹의 사용을 고려하도록 한다. 출고자들은 음성으로 다시 컴퓨터와 의사소통을 하고, 이것은 컴퓨터에 의해 전자적 거래처리로 전환된다. 음성유도식 피킹은 현장의 지나친 소음이 없는 적은 양의 피킹 환경에 가장 적합하다고 할 수 있겠다.

많은 양의 피킹 거래가 있는 곳에서는, 발광유도식 피킹(pick-to-light) 시스템의 사용을 고려하도록 한다. 이 방법에서는 각 보관용기의 앞에 정보 표시가 부착되고, 이것은 각 재고 추적 시스템의 피킹 모듈로 다시 직접적으로 연결된다. 이 시스템이 출고를 요청하면, 라이트가 점등과 함께 출고되어야 하는 수량이 표시된다. 출고가 완료되면, 출고자는 작업의 완료를 알리기 위해 이 장치에 있는 버튼을 누르면 된다. 이 방법은 품목의 규모가 작고 수동적이고 비정기적인 경우가 일반적일 때 가장 효율적이다. 이것이 적은 비율의 거래 오류를 발생시키는 좋은 방법이기는 하지만, 장치의 설치비용이 비싸기 때문에 수거의 비율이 높을 경우에만 사용하는 것이 좋다.

여기에 언급된 몇 가지 피킹 방법은 한번에 행해지는 다수 주문의 더 효율적인 피킹을 수반하고 있지만, 이 방법들은 특정한 고객에 대한 신속한 수거를 가능하게 하지는 못한다. 고객이 특정 주문을 급하게 받아야만 하는 경우, 위와 같은 방법들은 주문을 충족시키는 좋은 방법이 될 수 없을 것이다. 대신 경험이 많은 출고자가 재고에서 긴급한 출고만을 실행하도록 한다. 이 방법은 피킹의 효율성을 엄청나게 줄이는 대신 고객 서비스를 향상시키는 것이므로, 효율성의 손실을 상쇄하기 위해 고객에게 피킹 수수료를 부과하는 것을 고려해야 할 것이다.

어떤 피킹 방법이 사용되든지 출고자와 운반 직원이 동시에 창고의 통로를 이동하고 있을 경우에 효율적인 피킹를 행하는 것을 매우 어렵다. 이것을 피하는 방법에는 두 가지가 있다. 첫째, gravity-feed flow-through 레킹을 설치하여 운반 직원이 부품을 선반의 한 쪽에 싣고, 출고자의 접근하는 다른 쪽에는 재고가 아래 쪽으로 굴러 내려 오게 하는 것이다. 둘째, 운반 직원이 출고자와 다른 교대조에서 일하도록 하는 것이다.

창고의 한 쪽에 집중되는 수량이 많은 품목을 출고하는 것이 훨씬 쉽다. 그러나, 사용 패턴은 시간에 따라 변화하므로 어떤 품목을 사용량이 많은 피킹 장소 안팎으로 이동시키느냐를 결정하기 위한 품목 사용량에 대한 검토를 정기적으로 계획해야만 할 것이다.

6. 재고에 영향을 미치는 생산 이슈들

지불 시스템, 설비보전, 그리고 공장 내의 장비의 구성과 같은 회사의 생산 시스템의 어떤 측면들은 생산운영에 필요한 재고 수량에 영향을 미친다. 본 단원에서 설명하는 바와 같이, 이러한 요인에 대한 신중한 관심은 요구되는 재고의 투자를 실질적으로 감소시킬 것이다.

회사의 생산 상여금 제도는 너무 많은 재고를 발생시키게 된다. 상여금 제도 대상 직원이 확장된 상여금 목표를 충족하기 위해 엄청난 양의 재고를 계속 만들어 내는 경우 이러한 현상이 발생한다. 이것은 직원에 의해 만들어지는 과잉 재고를 보관하기 위한 공간이 없는 경우에 문제가 될 수 있으므로, 충분한 재고가 생산되지 않고 정체되고 있는 경우에만 이러한 상여금 제도를 사용하는 것을 고려해 보도록 한다. 상여금 제도에 대한 더 큰 문제는 더 많은 생산량을 위해 업무의 질을 낮추는 직원들의 성향이다. 만약 이것이 문제가 될 경우, 질이 낮은 업무에 대해 상여금을 삭감하는 제도를 고려해 보도록 한다. 마지막으로, 생산을 근거로 하는 상여금 제도를 완전히 제거하고 이것을 필요한 품목만의 제조에 초점을 두는 저스트 인 타임 시스템으로 전환하는 것을 고려한다.

공장 내의 각각 다른 부분에서 일하는 교대조의 수에 있어서의 불균형은 재공품 재고의 수준을 증가시킬 수도 있다. 예를 들어, 어느 한 구역은 두 개의 교대조를 가지고 있고, 모든 다른 구역은 하나의 교대조가 있을 경우, 여러 일을 해야 하는 하나의 교대조를 가진 구역은 다음의 교대조가 도착하여 앞의 조가 쌓은 재고를 처리할 때까지, 8 시간 동안 완료된 재고를 쌓아야 한다. 그것이 정체되는 운영 상황이기 때문에 이 교대조가 추가의 업무를 하고 있더라도, 가능하면 빨리 재공품의 처리를 시작하고, 이 시설의 전체 재공품 수준을 낮추기 위해 다른 생산장소에 최소한의 직원을 배치하는 것은 가능한 일이다.

만약 공장이 적은 수량의 대용량 기계를 가지고 있다면, 이 공장은 상당한 양의 재공품을 요구할 것이다. 하나의 대용량 기계가 회사의 투자를 정당화하기 위해 항시 가동되어야 하고, 이것은 그 앞에 보관된 원자재와 이후에 재공재고를 발생시키게 되어 이러한 문제가 발생하게 된다. 뿐만 아니라, 크고 복잡한 기계는 쉽게 고장 나거나 더 많은 관리를 요구하므로, 생산 스케줄 담당자는 기계가 망가지는 사태에 대비해 완충재고를 쌓아두는 경향이 있다. 이러한 문제를 막으려면, 하나의 큰 기계를 여러 개의 작고 덜 복잡한 기계들로 교체하는 것을 고려한다. 이 방법은 더 짧은 기계의 고장 시간과 여러 기계 사이에서 작업을 바꿀 수 있는 융통성을 가져다준다.

생산 장소에서는 더 작은 기계를 사용하는 것이 좋고, 그러한 기계에 대해서도 더 작은 생산 운영을 계획하는 것이 좋다. 크고 복잡한 기계는 비정기적인 사용, 긴 장비 설치 시간, 설치 시간을 정당화하기 위해 수반되는 긴 생산 운영 등을 필요로 한다. 이것은 판매 될 때까지 보관되어야 하는 많은 양의 완제품을 발생시킨다. 이에 대한 좋은 방법은 새로운 생산 운영을 위해 쉽게 설치되는 작고 저렴한 장비를 사용함으로써, 하나의 단위만큼 작은 생산 운영의 가동을 비용 효율적이게 만들고, 이것이 결국 그다음 재고 수준을 현저한 정도로 낮추는 것이다. 작은 생산 운영은 또한 그다음 워크 스테이션의 운영에 유입되는 각 부품을 검사하고 충분한 시간을 주고, 상위 관리자에게 그들이 명세서에서 제외된 품목을 방금 생산하였는지에 대해 전달할 수 있다. 이 즉각적인 품질 검사는 생산 과정 동안에 폐기되는 재고가 거의 없어야한다는 신속한 피드백의 순환을 만들어 준다.

기계의 고장 시간은 재공품 재고가 쌓이는 주된 이유 중 하나이다. 기계가 일정 시간 동안 작동하지 않으면, 그 기계를 통해 처리되어야 하는 재공품이 수리가 끝날 때까지 정체되어 있거나 그것을 처리하기에는 충분하지 않는 용량을 가진 기계로 단시간 동안 옮겨지게 된다. 재고를 계획하는 직원은 상당한 기계의 고장시간을 예상하여 실제 필요한 것보다 많은 재고를 계획하고 있을 수도 있다. 이러한 문제를 해결하는 데는 몇 가지 방법이 있다. 첫째, 기계가 비생산 기간 동안 점검을 받을 수 있는 구체적인 기계 관리 계획을 만들고 이를 실행하도록 한다. 또한, 사전 예방의 관리 프로그램을 실행하여 기계가 고장 나는 일이 없도록 한다. 다음으로, 같은 제조업체로부터 가능한 많은 기계를 구매하여 관리 직원에게 효과적인 수리를 위한 각각 다른 기계들의 많은 지식을 요구하지 않도록 한다. 이것은 또한 공급자가 각각 다른 기계의 동일한 부품을 많이 사용할 경우, 더 적은 여분의 부품 재고를 필요로 하게 될 것이다. 마지막으로, 사소한 수리는 스스로 처리하도록 생산 직원들을 교육하도록 한다. 이러한 모든 단계는 기계의 고장 시간을 줄일 수 있을 것이다.

　외관상 똑같아 보이는 기계들도 설계서에 있는 부품을 생산하기 전에 각각 다른 수준의 정비를 필요로 한다. 왜냐하면 기계들의 다양한 수준의 소모 때문이다. 이러한 이유로, 생산 준비 직원은 새로운 생산 운영에 대한 장시간의 시험 운영에 원자재를 낭비하는 경향이 있다. 이러한 재고의 낭비를 막기 위해, 매번 동일한 기계에 대해서만 생산을 계획하고 그 부품들을 만들기 위한 똑같은 기계의 설정을 보관하는 것을 고려하도록 한다. 그리고 나면, 완벽한 부품을 만들기 위해 약간의 개조 또는 개조 없이 초기에 각 기계를 설치하는 것이 훨씬 더 쉬워질 것이다.

　생산 장소 내에 재공품 재고가 쌓이는 주된 원인은 통로의 존재 때문이다. 통로의 한 쪽에 있는 기계 관리자는 파렛트를 채우기 위한 충분한 작업을 완료해야 하고, 그 시점에서 지게차의 관리자는 통로를 거쳐 다음 워크 스테이션으로 방향을 바꾼다. 재고를 파렛트로 싣는 것은 통로를 거친 컨베이어 벨트를 사용하여 생략할 수 있으므로, 첫 번째 기계 관리자는 재고를 다음 기계로 직접 보낼 수가 있다. 이 방법은 현장 기술 직원에게 통로를 줄여 생산 구역을 축소시키는 기회를 주면서, 많은 양의 재고를 제거할 수 있다.

　재고의 가장 효율적인 사용은 생산 계획 직원이 내부 또는 재고의 예상 수량에 생산의 수준을 일치시킬 때 성취될 수 있다. 그러나, 고객이 가장 막판에 품목을 주문했을 경우, 이 주문은 계획의 절차를 벗어나게 되어, 일부 구역에 너무 많은 재고를 발생시키고, 급한 주문을 처리하기 위해 필요한 다른 품목을 불러들이는 익일 배송 비용의 발생을 초래하기도 한다. 또한, 원료 공급자는 생산 장소와 창고를 통해 주문들을 순회해야 하고, 이것은 그들에게 엄청난 방해가 될 것이다. 이러한 문제를 없애려면, 생산 계획 직원에 의해 설정된 최소 스케줄 시기 내에 있는 고객의 주문을 거부하는 것을 고려한다. 만약 매우 중요한 고객의 경우, 그리고 그 고객이 즉각적인 서비스를 요구한다면, 고객이 적어도 단기적인 서비스에 수요에 대해 계산하는 고액의 수수료를 부과하여 회사가 신속한 지원에 보상받을 수 있도록 한다.

7. 재고 거래

초기 수령의 기록, 품질검사, 운반, 피킹, 그리고 거래에 따른 고객 또는 작업현장으로의 배송과 같이 무수한 재고의 거래가 있다. 이 분야는 오류가 매우 많이 발생하는데, 특히 직원이 컴퓨터에 모든 기록을 수동으로 입력해야 하는 경우 더욱 그러하다. 본 단원은 재고의 거래 오류의 비율을 줄이는 방법에 대해 설명한다.

가장 간단한 개선 방법은 데이터를 밀리지 않게 입력하는 것이다. 일부의 거래가 즉시 입력되지 않으면, 현재의 재고 수량이 부정확해지고 이것은 구매와 생산 활동과 주기적 재고실사를 하는 데 지장을 주게 된다. 입력을 밀리지 않게 하려면, 경영진은 창고 매니저의 업무 평가에 있어서 그 중요성을 강조해야 할 것이다. 또한, 창고 직원들을 위한 추가적인 입력에 대한 교육과 한 명을 데이터 입력의 업무에 전담하는 것을 고려하도록 한다(이것은 또한 데이터 입력의 오류를 줄여준다).

또 다른 간단한 오류 수정 방법은 매일 현재 재고의 수량 보고서를 통해 마이너스의 재고 잔고를 찾아보는 것이다. 이러한 잔고를 찾게 되면, 이러한 마이너스 잔고의 원인이 된 근본적인 거래를 조사하여 문제를 수정해야 한다. 이것은 거래가 이루어진 날짜와 시간, 그리고 누가 입력을 했는지와 함께 컴퓨터 시스템상의 모든 재고의 거래에 접속할 수 있는 경우에 가장 좋은 방법이다. 이러한 추가적인 정보는 문제를 추적하는 데 매우 중요하다고 할 수 있다.

거래 문제를 발견하는 또 다른 방법은 재고의 주기적 재고실사를 실시하여 현재의 재고를 장부 재고 잔고와 계속해서 비교하는 것이다. 여기서 핵심 활동은 불일치를 찾아내는 것보다는 왜 그것이 발생했는지를 알아내는 것이다. 계속적인 주기적 재고실사는 끄떡도 하지 않는 거래를 계속적으로 강조하므로, 이 방법을 사용할 경우 오류의 수가 급격하게 감소하게 될 것이다.

재고 거래 오류의 주된 원인은 수동의 데이터 입력이다. 이 문제를 피하기 위한 방법 중 하나는 바코드를 사용하는 것이다. 이 방법 하에서, 물품이 반입 도크에 도착하자마자 바코드가 붙여지고 이것이 품목의 설명, 수량 및 실사 단위를 명기해준다. 바코드에 포함된 정보가 정확한 이상, 이 정보에 대한 모든 그 이후의 스캔 또한 정확할 것이다. 이 방법은 모든 재고 위치를 바코드화 하여 다음 단계로 나아갈 수 있다. 이런 방식으로, 재고 거래의 거의 모든 수동 입력을 없앨 수 있게 된다.

스캔된 정보가 창고 직원에 의해 옮겨진 휴대용 장치에 보관되고 그 직원의 업무가 교대될 때 이것이 중앙컴퓨터에 다운로드될 경우, 바코드 또한 문제의 원인이 될 수 있다. 이 방법 하에서, 정보는 8시간을 넘기 전에 업데이트되어야 한다. 훨씬 더 좋은 대안법은 무선 주파수 방식 스캐너를 창고 직원들에게 배포하여 스캔된 모든 거래가 즉시 무선 전송에 의해 중앙 컴퓨터 시스템에 연결된 수신기로 이동시키는 것이다. 무선 스캐닝 장치는 비싸긴 하지만, 재고 거래의 실시간 입력을 보장하는 훌륭한 방법이라고 할 수 있다.

만약 무선 시스템이 설치되면, 근본적인 창고 내의 시스템인 창고 관리 시스템으로의 전환을 고려해본다. 컴퓨터화된 시스템은 창고 직원에 의해 이동되는 무선 터미널에 지시를 내림으로써 가장 효율적인 방법으로 모든 창고의 기능을 운영한다. 이것은 사용 패턴에 근거하여 재고 품목을 어디로 운반해야 하는지, 가장 짧은 거리를 순회하며 출고자가 재고를 가지고 어디로 가야 하는지, 창고 선반으로의 운반 시간을 줄이기 위해 들어오는 트레일러들은 어디에 있어야 하는지 등을 알려준다. 창고 관리 시스템은 가격이 비싸기 때문에, 대량 창고 시스템의 경우에만 비용이 절감된다고 할 수 있다.

8. 재고 수량 관리

높은 수준의 고객 서비스를 유지하면서 재고 계획의 과정을 통해 재고의 수준을 감소시키기 위한 다양한 방법이 있다. 이러한 방법은 제품 설계, 판매 예상, 계획 기능의 관리, 유통 시스템, 그리고 쓸모없는 재고의 처리를 포함하여 회사 전역에 흩어져 있다. 본 단원은 재고의 감소를 가져다 주는 이러한 분야의 여러 가능성에 대해 다룬다.

계속되는 재고 증가의 주된 원인은 회사가 각 제품의 변동에 대한 일부 수량을 보관하게 만드는 다수의 제품 옵션을 사용하기 때문이다. 이 방법은 확실히 고객에게는 제품의 넓은 선택폭을 제공하지만, 다른 제품만큼 판매되지 않는 일부 제품의 구성에 의한 많은 쓸모없는 재고를 가져오는 경우가 거의 대부분이다. 그러므로 설계 과정의 일부는 제품 옵션의 수를 보다 허용 가능한 수준으로 낮춰 회사의 재고 투자를 줄이는 결과를 가져온다. 적은 재고 수준을 유지하면서 대량의 제품 구성을 보유하는 방법은 반제품 수준으로 재고를 만들어 고객이 주문을 접수한 후에 모든 옵션을 추가하는 것이다. 이 방법은 "추가" 옵션으로 제품을 만들어야 하는 제품 설계팀이 관련되어 있을 경우에만 가능하다.

각 제품에 대한 판매 수량을 계속 조사하고, 판매량이 최소 변경 수준 이하로 떨어진 품목을 삭제하여 재고 수준을 줄일 수도 있다. 이것은 보증에 대한 청구 또는 서비스 문제에서 오는 예상 교체부품을 포함하는 충분한 수량의 재고의 보유를 감안해야 하기 때문에 조금 복잡한 방법이다. 또한 이것이 다른 제품의 제조에서 더 이상 사용되지 않는 재고의 일부 구성품을 제거하는 가장 좋은 방법이 될 경우, 일부 제품은 정상적인 상황일 때 보다 오랫동안 계속적으로 판매가 될 수도 있다.

기술자들은 높은 내구성을 가진 구성 요소만을 사용하여 올바르게 작동하는 훌륭하게 제작된 제품을 선호한다. 하지만, 엄격한 내성을 가진 구성 요소는 생산 또는 조달이 어렵기 때문에 많은 양의 폐기물을 발생시킨다. 이 때문에 낮은 내구성의 부품을 필요로 하는 제품을 설계하기 위해 기술팀과 협조하여, 높은 비율의 원자재가 제조에 있어서 적절히 작용하도록 해야 한다.

고객이 주문을 했지만 해당 제품의 판매가 불가능한 경우, 고객은 회사가 물건을 다시 생산할 때까지 기다리지 않고 다른 회사로 발을 돌린다. 그러나 회사가 대체 제품의 목록을 갖고 있다면, 다른 제품의 일부를 고객에게 운송하여 완제품 재고를 줄이게 된다. 이것은 일반적으로 주문 입력 직원이 쉽게 접근할 수 있는 곳에 업데이트된 대체 제품의 목록 유지를 필요로 한다.

고위 임원들은 고객이 주문하고자 하는 모든 제품의 현 재고를 계속 유지하는 창고에 의해 반영되는 높은 수준의 고객 서비스를 요구한다. 하지만, 이것은 일부 품목이 고객에 의해 판매되지 않을 경우, 엄청난 양의 쓸모없는 재고를 발생시키는 높은 재고 투자를 필요로 하게 된다. 결과적으로, 고위 임원과 함께 증가하는 재고 투자에 대한 규정 비용이 포함된 논의와 함께 지시된 고객 서비스 수준에 대한 정기적인 검토를 실시해야 한다.

높은 수준의 고객 서비스는 각 완제품에 대한 많은 안전 재고를 요구하게 된다. 그런 제품의 수요가 계절적으로 높다면 어떻게 될까?

안전 재고 수준은 수요가 높은 기간에는 바닥이 날 것이고, 수요가 낮은 기간에는 과잉재고가 발생할 것이다. 이러한 문제를 막으려면 계절적 수요를 갖고 있는 재고 품목의 안전 재고 수준에 대한 시기적인 조정을 계획하도록 한다.

만약 재고에 대한 총 투자를 줄이라고 지시하는 경영진이 있는 경우, 생산 계획 직원은 검토해야 하는 수천 개의 부품들이 있는 경우 그러한 작업을 할 시간이 없다. 이에 대한 간단한 대안 방법은 높은 사용량을 가진 하위 부품의 재고 수준을 낮추는 것이다. 이러한 품목들의 회전율은 매우 빠르기 때문에, 행해지는 감소 조치는 단기간의 재고 감소로 비춰질 것이다. 반대로, 느리게 이동하는 재고에 취해지는 감소 조치의 경우, 전체 재고 투자에 식별할 수 있는 영향이 있을 때까지는 몇 달이 넘는 시간이 걸릴 것이다. 계획 담당자는 안전 재고, 로트 크기, 또는 재고 투자의 전체적 수준의 리드타임에서의 변화의 영향을 모델로 하는 내부 자재소요계획(MRP) 시스템을 사용하여 재고를 줄이는 시간을 절약할 수 있다.

회사는 다른 지역의 창고의 재고를 고객에게 유통할 수 있다. 그럴 경우, 예상되는 고객의 수요를 충족시키기 위해 각 지역에는 충분한 재고가 보관되어 있어야 한다. 이에 대한 대안은 더 작거나 또는 더 비싼 품목들의 보관을 중앙집권화하여 적은 수량을 모든 고객으로의 유통을 위해 한곳에 보관하는 것이다. 이 방법은 각 지역의 창고와 고객으로의 빠른 서비스라는 그들의 존재의 이유를 생략하는 것이므로, 고객에게 바로 서비스되는 익일 배송의 비용이 저렴하고 재고 품목들에만 집중할 것을 명심한다. 이 방법은 어떤 재고가 이런 방식으로 처리되어야 하는 지를 결정하기 위해 비용 편익 분석을 필요로 한다.

창고 네트워크는 각 지역의 고객의 집합으로 최대한 저렴한 방법으로 재고를 운송하기 위해 만들어졌다. 이 목적을 고려했을 때, 창고는 최대의 효과를 가지고 각 지역에 신중하게 배치되어야 한다. 하지만, 고객들은 시간에 따라 변하고, 구매 수량도 달라지기 때문에, 정기적으로 창고의 분석을 통해 창고 네트워크를 합리화해야 할 것이다. 회사가 새로운 곳으로 이전하는 데 필요한 상당한 비용을 투자하기 전에 창고의 위치는 확실히 비효율적이기 때문에, 위와 같은 일은 자주 일어나지는 않는다.

16 재고 이전 가격 책정

1. 개요

많은 조직들은 하나의 부서에서 다른 부서로 내부적으로 그들의 제품을 판매한다. 이것은 핵심 구성 요소의 공급을 잡아두기 위해 회사가 공급 체인의 핵심 부품의 통제를 선정하는 수직적으로 통합된 환경에서 특히 더 빈번히 발생한다. 각 부서는 그 부서의 제품들을 생산 과정에 포함하고 있는 하위 부서에 판매한다. 이렇게 되면, 경영진은 부서들 사이에서 구성품이 판매되는 가격을 결정해야만 한다. 이것은 이전 가격 결정이라고 알려져 있다. 각 부서의 매니저들은 개방 시장의 내부 부서 또는 외부 부서로의 판매를 결정지어야 하기 때문에 사용되는 이전 가격의 수준은 매우 중요하다. 만약 이전 가격이 너무 낮으면, 매니저들은 많은 양의 내부 이동으로 인해 회사 전체에 수익이 있을지라도 회사 외부로의 판매를 통해 상여금을 받게 된다. 이와 유사하게, 지나치게 높은 이전 가격은 일부 외부 판매가 더 높은 전체적 수익을 가져올 수 있는 경우에도, 지나치게 많은 내부 판매를 발생시킨다. 회사의 사업부의 운영에 미치는 막대한 영향 때문에, 가장 적절한 이전 가격을 선택하는 데는 큰 신중을 기해야 한다.

본 장은 매우 다양한 이전 가격 결정 방법과 그에 관련된 몇 가지의 특별한 문제들을 다루고 모든 이동 가격 결정 방법의 요약과 비교에 대한 결론을 내려준다.

2. 이전 가격 결정의 중요성

이전 가격의 수준은 다음과 같은 세 가지의 이동 또는 운영상 특징을 경험하는 회사들에 매우 중요하다.

- 높은 내부적 판매량. 각 부서가 연속적으로 다음 부서에 의해 만들어 지는 제품의 중요한 부분인 구성품을 생산하는 수직적으로 통합된 회사에서 가장 빈번하게 일어난다. 이 시나리오 상에서의 모든 부정확한 이전 가격은 조금 후에 언급하게 될 상당한 역기능의 원인이 된다.

- 특정 부품의 판매량. 회사 전체가 부서 내에서 많은 제품을 이전하지 않는다는 것이 각부서 내의 특정 부서 또는 제품라인이 선택된 제품에 대한 이전 가격의 정확성에 의존하지 않음을 의미하는 것은 아니다.

- 높은 조직의 분산 정도. 만약 조직의 부서들은 가능한 독립적으로 운영되어야 한다는 이론에 근거하고 있을 경우, 사용되는 이전 가격이 수익을 주는 수준에 미치지 않는 이상 각 부서들이 함께 협조할 이유는 없다.

이전 가격의 계산에 대한 근본적인 이론은 부서가 분산되어 있는 조직에게는 그다지 중요하지 않다. 왜냐하면 개별적인 부서들은 부과되는 가격에 관계없이 본사 직원에 의해 다른 부서에 제품을 생산하고 이전하도록 지시 받기 때문이다. 이것은 부서들 사이에서 제품을 거의 이전하지 않는 회사들의 경우도 마찬가지다. 왜냐하면 발생하는 이전이 대량일 경우, 이것은 일반적으로 고위 임원들에 의해 승인되고, 그 양이 적을 경우 별다른 영향을 미치지 않기 때문이다.

앞에 언급된 첫 번째 경우에 속하는 회사들은 사용되는 이전 가격에 영향을 받게 되는 핵심 요소들을 아는 것이 매우 중요하다. 그중 하나는 회사 수익성의 전체적 수준이고 또 다른 하나는 각 부서의 재무 성과를 확인하는 데 그것을 사용하는 것이다. 그리고 또 하나의 요소는 선택된 이전 가격 결정 방법을 쉽게 사용하는 것이다. 이 각각의 요소들은 다음의 단락에서 논의하도록 한다.

모든 회사의 주된 문제는 회사의 전체 수익성의 수준을 어떻게 최대화하냐는 것이다. 그렇게 하려면, 회사는 개별적인 사업부를 위해서가 아니라, 전체 조직에게 가능한 가장 높은 수준의 수익을 가져오는 이전 가격의 수준을 설정해야 한다. 예를 들어, 이전 가격이 그 비용과 같은 수준에서 결정되면, 구매부서가 원래 제품을 판매했던 부서가 경험한 수익의 부족보다 더 많은 높은 수익으로 그것을 외부에 팔 수 있다 하더라도 판매부서는 그 제품을 전혀 팔려고 하지 않을 것이다. 각 부서의 매니저는 조직의 나머지 부서의 재무 성과에 대한 통찰(또는 흥미)이 전혀 없기 때문에, 일반적으로 본인의 부서에게만 높은 수익을 가져다 주는 제품의 판매를 선택할 것이다. 수익을 창출하기 위해 판매부서만을 위한 방법을 찾음으로써, 내부적인 판매에 대한 보상이 있을 것이고, 이것은 전체적인 수익을 가져올 것이다. 판매부서가 판매할 수 없는 부산물을 만들었지만, 다른 부서가 그것을 제조하는 제품의 정보로 사용할 수 있을 경우가 이러한 해결책의 예이다. 판매부서는 부산물로써 얻을 수 있는 혜택이 전혀 없기 때문에 이것을 폐기해 버린다. 그러나, 부산물의 판매에 대한 작은 수익을 판매부서에 할당함으로써, 그것을 구매부서에 운송하는 수익을 얻을 수가 있다. 이러한 가격 전략은 모든 활동으로부터 회사가 가능한 많은 수익을 얻을 수 있도록 도와준다.

이러한 단계가 취해지지 않으면, [도표 16-1]에 나온 상황이 발생할 수 있다. 표에서 제재소는 외부 회사에게 톱밥을 1톤에 50달러의 가격으로 팔고 있다. 톱밥을 내부 부서로 파는 가격이 1톤에 20달러밖에 안되기 때문에, 이 회사는 외부 판매를 하고 있다. 톱밥을 외부로 판매하는 제재소 매니저의 행동은 제재소의 측면에서 보면 매우 이성적이다. 하지만, 톱밥을 사려는 내부 부서가 톱밥을 파티클 보드로 전환하고 그것을 회사의 총 수익에 대해 1톤에 60달러로 판매하면, 회사의 전체 수익은 1톤에 10달러로 감소한다. 이 문제는 전적으로 잘못된 이동 재고의 사용으로 인한 것이다.

[도표 16-1] 잘못된 이전 가격의 예

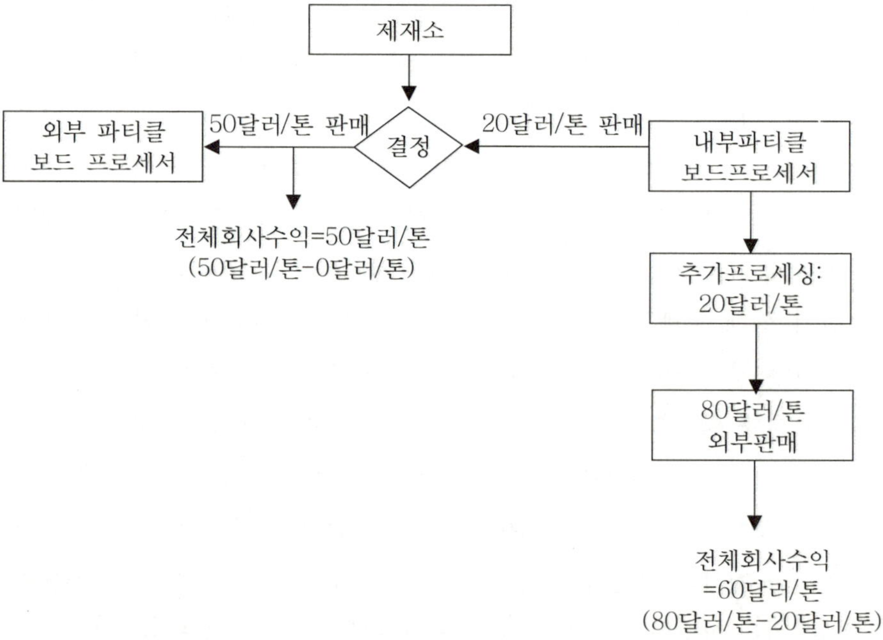

제재소
결정
50달러/톤 판매
20달러/톤 판매
외부 파티클 보드 프로세서
내부파티클 보드프로세서
전체회사수익=50달러/톤
(50달러/톤-0달러/톤)
추가프로세싱:
20달러/톤
80달러/톤 외부판매
전체회사수익
=60달러/톤
(80달러/톤-20달러/톤)

또 다른 요소는 사용되는 이전 가격을 통해 부서로 할당된 수익의 양이 수익성의 예상 수준과, 그 부서 그리고 그 관리팀의 업무 평가에 영향을 미치게 된다는 것이다. 만약 관리 팀이 성과 기준의 상여금을 통해 크게 보상을 받게 되면, 그러한 조치는 내부 이전으로 벌어들인 수익에 의해 크게 영향을 받게 되고, 특히 그러한 이전이 전체 부서의 많은 부분을 차지할 경우 더욱 그러하다. 이전 가격이 높게 책정되면, 이것은 필요 이상의 제품의 제조를 초래하여 판매부서가 수익을 가지고 팔릴 수도 있었던 다른 제품들을 더 이상 생산하지 못하는 너무 많은 생산 능력을 잡아두게 된다. 반대로, 지나치게 낮은 이전 가격은 판매부서가 큰 수익을 갖고 팔릴 수 있는 다른 제품을 가지고 있는 한, 생산을 전혀 필요로 하지 않게 된다. 이 두 번째 상황은 판매부서의 매니저들만이 다른 방법으로 사용될 수 없는 여분의 생산 능력이 있을 경우 낮은 가격의 품목을 생산하기에 적절하기 때문에, 이 두 번째 상황은 구매부서에게는 지연된 또는 소량의 배송만을 발생시킨다. 그러므로, 부적절한 이전 가격은 가격이 그들의 업무 평가에 어떤 영향을 미치는 지에 따라 부서의 매니저들에게 자극한다.

고려해야 하는 다른 요소는 사용되는 방법이 정기적이고 쉬운 계산을 하는 데 있어서 충분히 간소해야 한다는 것이다. 일부 이전 가격결정 방법은 훌륭한 해결법을 제시하기는 하지만, 증가하는 이용률은 공식을 능가할 정도로 난해한 회계의 사용을 요구한다. 이것은 가격 결정 방법이 계속적으로 재계산을 요구할 경우 특히 힘든 문제가 된다. 매일 사용할 수 있도록 간단하고 쉽게 이해할 수 있는 이전 가격 결정 방법이 선호되고 있다.

이전 가격 결정을 자주 사용하는 회사들은 전체 회사의 수익성, 부서의 업무 평가, 사용의 간단함, 그리고 (일부의 경우) 소득세의 절감을 목표로 하는 적절한 균형에 근거하여 가격을 결정해야 한다. 하나의 가격결정 방법을 사용하여 이 모든 목표를 성취하는 것은 일반적이지도 않고, 기대해서도 안 되는 것이다. 대신, 매니저들은 가장 중요한 목표 달성에 초점을 맞추고, 다른 목표를 충족하지 못했을 경우 발생하는 역효과를 최소화해야 한다. 이러한 과정은 각 내부 부서의 이전을 둘러싼 환경에 따라 다수의 가격결정 방법을 사용할 필요가 있을 수도 있다.

다음에 이어지는 단원들은 두 가지의 주요 그룹으로 나누어진다. 첫 번째 그룹은 시장 기준 가격의 방식으로 산출된 이전 가격과 직접적 또는 간접적으로 관련된 이전 가격을 포함하고 있다. 두 번째 그룹은 믿을 만한 시장가격의 사용이 불가능할 경우의 제품 원가를 근거로 하는 이전 가격에 대해 다룬다. 각 이전 가격결정 방법의 장점과 단점들이 본 단원에 언급되어 있으므로, 각자의 가격결정 필요에 가장 잘 결합되는 적절한 방법을 찾을 수 있을 것이다.

3. 시장 가격에 근거한 이전 가격 결정

가장 많이 사용되는 이전 가격결정 방법은 기존의 외부 시장 가격에 근거를 두고 있다. 이 방법 하에서, 판매부서는 이전 가격을 현행 시장 가격에 맞추어야 한다. 이렇게 함으로써 앞서 언급한 모든 목표를 성취할 수 있다. 첫째, 이것은 가능한 가장 높은 회사 전체의 수익을 달성할 수 있다. 판매부서는 부서의 모든 생산을 회사 외부에 판매하여 얻는 수익을 내부적으로도 그렇게 함으로써 얻을 수 있기 때문에 이러한 경우가 발생한다. 매우 낮은 가격으로 외부에 판매를 하거나 외부적 판매를 통해 더 좋은 거래를 획득할 수 있는 경우에 내부적인 판매를 하는 옳지 못한 행동을 초래하는 가격결정 방법을 사용할 이유는 없다. 둘째, 시장 가격의 사용은 내부적인 판매를 하던 외부적인 판매를 하든지 각 부서가 판매에 대한 수익을 얻을 수 있게 해준다. 셋째, 시장 가격은 획득하기가 매우 간단하다. 이것은 규정 가격표, 공시가격, 또는 거래가격을 통해 획득될 수 있고, 모든 판매에 직접적으로 적용될 수 있다. 복잡한 계산이 필요하지 않고, 부서들 간에 부과되는 정확한 가격에 대한 논쟁이 최소화될 수 있다. 넷째, 시장에 근거한 이전 가격은 구매와 판매부서 모두가 그들의 제품을 원하는 어느 현장에서든 사고 팔 수 있게 해준다. 예를 들어, 구매부서는 물품을 어디서 획득하느냐에 대해 무관심할 것이다. 그 자원이 다른 부서이든 아니든 그 물건을 같은 가격으로 구매할 수 있기 때문이다. 이것은 이전 가격에 의해 산출되어 시장 현황을 제대로 반영하지 못하는 잘못된 판매와 구매의 행동을 최소화 시켜줄 수 있다. 이러한 모든 이유로, 회사들은 가능하면 시장에 근거한 이전 가격을 사용하도록 권장된다.

안타깝게도, 많은 회사들은 그들이 원해서가 아니라 이용 가능한 시장 가격이 없기 때문에 이러한 형태의 가격 결정 방법을 사용하지 않고 있다. 이러한 현상은 이전되는 제품들이 시장에서 팔린 제품과 정확하게 일치하지 않기 때문에 발생한다. 예를 들어, 밀은 다른 회사가 판매한 밀과 정확히 일치하는 제품이지만, 식기세척기는 다른 곳에서 만들어진 식기세척기와 정확히 일치할 수 없을 것이다. 그들의 특징들은 너무나도 다르기 때문에 시장 가격이 제품에 적용될 수 없기 때문이다. 또한 많은 이전은 아직 완제품으로 전환되지 않은 중간 수준의 제품들에서 일어나기 때문에, 이 제품들에는 시장가격이 필요 없게 된다. 이러한 상황이 발생하는 경우, 이전 가격은 다음 단원에 언급되는 다른 수단에 의해 획득되어야 할 것이다.

시장 가격을 사용할 때 또 다른 문제점은 판매부서가 부서의 모든 생산을 외부로 판매하기 위해서는 확실한 대안이 있어야만 한다는 것이다. 제품에 대한 시장이 너무 작을 경우, 이것은 비효율적이다. 왜냐하면 한번에 제품의 엄청난 양을 시장에 판매하는 것은 가격을 하락시키기 때문이다. 이러한 상황이 발생하면, 판매부서는 제품을 내부적으로 판매했을 때 더 나은 가격을 얻을 수도 있다는 것을 알아야 한다. 이것은 잠재적인 구매자의 수가 작고 그들의 연간 구매 수요의 크기가 제한되어 있는 전문적인 제품에서 많이 발생한다.

시장 가격 결정의 또 다른 문제는 시장 가격이 다른 부서에 제품을 판매하는 비용의 어느 정도의 감소에 대해 정확하게 반영하지 못한다는 것이다. 판매부서는 판매 비용의 감소, 불량 대출 비용, 그리고 지불계정에 대한 투자의 감소 때문에 외부 판매보다는 내부 판매가 좀 더 수익성이 좋다는 것을 알게 될 것이다. 이러한 유효한 자극들 때문에, 판매부서는 외부적인 판매를 무시하고 생산의 최대량을 구매부서에 몰아붙일 것이고, 이것은 수요를 초과하는 구매자로의 운송을 초래할 것이다. 이 문제는 다음 단원에서 더 구체적으로 다루도록 하겠다.

마지막 문제는, 경영진이 판매부서가 그 생산을 회사 외부로 팔도록 지시하는 경우, 시장에 근거한 가격결정은 경영진의 목적에 저항하여 작용한다는 것이다. 이 문제는 구매부서가 판매부서로부터 충분한 부품을 획득할 수 없는 부족한 공급 상황에서 발생한다. 왜냐하면 판매부서는 부품을 외부에 판매하고, 또 외부 제조업체는 이 차이를 보충할 만큼의 충분한 수량을 생산하지 못하기 때문이다. 이러한 경우, 판매부서는 판매부서의 결과물을 필요로 하는 부서들을 희생시켜 수익을 최대화할 수 있다. 구매부서가 엄청나게 많은 가치를 제품에 부가해 판매부서보다 훨씬 높은 마진으로 그것을 외부에 판매할 경우 이 문제는 더욱 중요해진다. 이 문제는 회사의 본사 직원에게 부서의 결과물의 전부 또는 일부를 내부적으로 판매하라고 요구하도록 지시하게 할 수도 있다.

여기에 언급된 모든 이유로 대부분의 회사는 순수하게 시장에 근거한 가격 결정 시스템만을 사용하는 것이 불가능하다는 것을 알게 되었을 것이다. 이 방법이 사용되는 한정된 상황에서는 아직 이것이 최고의 방법이지만, 시장에 근거한 가격 결정으로 나타나는 문제들이 이와 관련된 이익을 능가할 경우, 다른 방법의 사용을 반드시 고려해야 한다. 다음 단원에서는 조정된 시장가격을 이전 가격결정 문제에 적용하는 경우들을 살펴보겠다.

4. 조정된 시장 가격에 근거한 이전 가격 결정

시장 가격 결정이 이전 가격을 유도하는 가장 좋은 방법이긴 하지만, 외부 시장 또는 내부 요인에 있어서 약간의 변화를 고려하는 작은 조정이 있어야 한다.

시장 가격이 구매되는 제품의 수량에 많이 의존하고 있는 경우, 많은 종류의 가격들이 있지만, 이들은 제품의 수량의 일정 범위 내에서만 유효할 것이다. 예를 들어, 개별 자동차 배터리는 60달러에 팔리지만, 트레일러 용으로 팔릴 경우에는 배터리의 가격이 45달러로 하락한다. 이전 가격을 결정할 때 부서는 어떤 가격을 사용해야 할까? 구매부서에 각각 다른 판매 수량을 반영하기 위해 매우 다양한 이전 가격을 사용할 경우, 시장 가격과 내부 단위 수량 사이의 합리적인 일치를 성취할 수 있을 것이다. 하지만, 이것은 추적해야 하는 많은 양의 이전 가격을 가져와, 부서 간에 많은 제품을 이전하는 것이 매우 어려워진다. 간단한 방법은 일년에 한 번 평균 운송 규모를 규정하여 그 양에 근거하여 이전 가격을 결정하고, 이것에 따라 부서가 많은 가격 대신에 하나의 이전 가격을 사용하도록 하는 것이다. 구매부서가 가격이 결정되었을 시기에 추정한 것보다 현저하게 다른 수량을 구매한 결과가 발생하면, 회사는 과거로 거슬러 올라가 연말에 이전 가격을 조정하거나, 아니면 가격은 그대로 놔두고, 대신 그 부서가 내년에 상호부서적인 이전 수량을 잘 계획하여 더 나은 업무를 하도록 할 수도 있다. 여러 계층을 가진 이전 가격 결정 공식은 조정과 계산이 어렵고, 부서 매니저들은 여러 방법 중 하나를 선택해야 할 경우에 어떤 방법을 사용하는 것이 바람직한지 논쟁하는 경우가 많기 때문에, 후자의 방법이 일반적으로 더 좋은 방법이라고 할 수 있다.

몇 개의 내부 요인들은 회사에게 시장에 근거한 이전 가격을 조정할 것을 요구한다. 그중 하나가 불량 대출이 완전히 없는 경우다. 회사가 외부적으로 판매를 할 경우, 징수되지 않는 지불계정을 위해 회사는 각 판매의 일부를 예비로 남겨둔다. 그러나 내부적인 판매의 경우에는, 다른 부서들이 그들의 청구서를 지불할 수 없다는 것을 믿을 만한 근거가 없게 된다. 따라서, 이 비용은 내부 고객에 부과되는 가격에서 삭제될 수 있다. 또 하나의 비용은 판매 직원에 대한 것이다. 판매 처리가 부서 사이에서 이미 끝났을 경우, 판매부서와 구매부서의 구매 담당자와 생산 계획자는 주문을 하는 데 있어서 판매부서의 판매 직원을 건너뛸 수도 있다. 따라서, 판매 직원의 비용은 내부 판매에는 포함될 필요가 없고, 이것은 결국 이전 가격을 감소시키게 된다. 이것은 제품의 선적이 회서의 내부 운송 수단에(외부 에 배송하는 제3의 운송업체를 사용하는 것보다 더 저렴하다는 가정하에) 의해 처리될 경우 화물 비용까지도 줄일 수 있다. 마지막으로, 부서들이 서로 신속하게 지불을 할 경우, 지불계정으로 판매부서의 투자를 지원하기 위해 필요한 비용이 줄어들 수 있다. 이러한 모든 요인은 구매부서에 부과되는 이전 가격의 상당한 감소를 가져온다.

이러한 요소를 고려하기 위해 외부의 판매 가격이 하향 조정될 경우, 그 차이가 너무 커서 부서들은 서로에 대한 판매를 많이 증가시킬 것이다. 조정된 가격이 너무 낮아서 내부 이전 가격이 회사에 최적의 수익을 가져다주지 않는 판매 거래의 왜곡을 만들지 않는 한, 이것이 전체 회사의 본사 경영진이 원하는 상황이라고 할 수 있다.

이 가격 결정 방법을 사용할 때 반드시 알아야 하는 주요 문제는 외부 판매 가격의 정확한 감소에 대해 부서들이 논쟁을 할 수도 있다는 것이다. 만약 적극적인 매니저들이 각 부서를 운영하고 있을 경우, 운영되는 판매부서가 외부 판매 가격의 모든 감소에 대해 저항하는 동안, 구매부서의 매니저는 더 많은 감소를 주장할 것이다. 이러한 싸움은 연장된 논쟁으로 치우쳐 각 부서의 관리팀이 사용할 수 있는 관리 시간에 심각한 영향을 미칠 것이다. 또한, 가격 조정에 대한 협상이 부서 서로간의 이익만을 지나치게 내세울 경우, "지는" 부서는 그 이후의 내부 거래를 행하기보다는 그 생산을 팔아버리거나 다른 곳에서 그것을 구매할 것이다. 본사 직원은 조정된 시장 가격 결정의 결과가 최적의 내부 이전 가격결정의 수준을 가져올 수 있도록 이러한 상황을 잘 감시하고 중재해야 할 것이다.

5. 협상 가격에 근거한 이전 가격 결정

시장에 근거한 가격 결정은 이전 가격을 조직하는 가장 좋은 방법으로 여겨진다. 하지만, 외부 시장 가격의 변동이 심한 경우 또는 부서들로 이전하는 수량의 변화가 심한 경우가 많아서 정확한 이전 가격을 결정하는 것은 매우 어렵다. 이러한 특별한 상황에서 많은 회사들은 협상된 이전 가격결정 방법을 사용한다.

이 방법 하에서, 구매와 판매부서의 매니저들은 제품의 변화하는 가격을 허용 가능한 협상가격의 가장 낮은 한도로, 시장 가격을 (만약 있다면) 가장 높은 한도로 이용하여 서로 이전 가격을 협상한다. 이 두 개의 한도 내에 포함되어 동의된 가격은 더 나은 협상 기술을 가진 부서에게 더 많은 수익을 주면서 각 부서의 일부 이익을 가져다 준다. 이 방법은 부서의 매니저들이 그들의 사업을 이미 결정된 가격에 의존하지 않고 더 독립적으로 할 수 있게 하는 장점이 있다. 또한 이것은 훌륭한 협상 기술을 가진 매니저들이 더 좋은 업무 평가를 받을 수 있게 해준다.

안타깝게도 몇 가지의 문제들이 대부분의 이전 가격결정 상황에서 이 방법을 부수적인 역할로 격하시킨다. 첫째, 협상된 가격이 어느 한 부서에만 치우치게 될 경우, 뒤처지는 부서는 개방 시장에서의 더 좋은 거래를 위해 외부 회사를 수색하게 되고 판매와 구매를 외부 방향으로 전환할 것이다. 이것은 차선적인 회사 전체의 수익을 가져온다. 또한, 협상의 절차는 매니저가 다른 관리 활동을 할 수 없을 만큼 매니저의 시간의 상당부분을 차지하게 된다. 이것은 가격이 계속적인 재협상을 필요로 할 경우 더욱 그러하다. 마지막으로, 협상된 가격에 대한 부서 사이의 논쟁이 너무 심각해져, 이 문제는 사장의 지시에 따라 회사 측면에서 해결되어야 하고, 또한 부서들 스스로 할 수 없는 가격 결정을 위해 경영진이 직접 나서야 할 것이다. 이러한 모든 이유로, 협상된 이전 가격은 일반적으로 특별한 또는 적은 수량의 가격 결정 상황으로 격하되는 방법이라고 할 수 있다.

6. 공헌 이익에 근거한 이전 가격 결정

제품에 대한 시장 가격이 전혀 없을 경우 회사는 어떻게 해야 할까? 외부 정보로부터 이전 가격을 결정할 수 있는 그 어떤 기준도 없을 경우, 회사는 대신 내부의 정부를 사용해야만 한다. 그중 하나의 방법이 제품의 공헌 이익에 근거하여 이전 가격을 결정하는 것이다.

이 공헌 이익 가격 결정 시스템 하에서, 회사는 제품이 외부적으로 판매된 이후에 획득한 총 공헌 이익을 결정하고, 이 이익을 부서의 총 제품 비용의 비율에 근거하여 다시 각 부서로 할당한다. 이 방법을 사용하는 데는 다음과 같은 합당한 이유가 있다.

- **비용 중심을 수익 중심으로 전환한다.** 이 수익 할당 방법이 없다면, 회사는 비용 중심의 사용을 요구하는 제품 비용에만(이후 단원에서 언급되듯이) 근거하는 이전 가격 결정에만 의지해야 한다. 내부 제품 판매에 수익을 할당하는 이 방법을 사용함으로써, 회사는 부서의 매니저들이 그들의 수익성에 더 신중한 주의를 기울이게 하여 회사의 전체적인 수익성에 도움을 줄 수 있다. 또한, 회사가 수익 중심적이 되면, 운영을 분산하기가 쉬워지는데, 이것은 부서의 비용을 감시하는 중앙 집권적 절차가 더 이상 필요하지 않기 때문이다. 부서들은 이제 스스로 이 업무를 해야 하는 위치에 있게 된다.

- **부서들이 서로 협조하도록 권장한다.** 제품이 판매되었을 때, 모든 공급 부서가 이익을 나누게 되면, 내부적으로 부과되는 이전 가격에 대해 서로 싸우기보다는, 판매의 수익을 달성하기 위해 더 열성적으로 협조하게 된다. 또한, 몇 개의 부서에 걸친 변화만이 가져올 수 있는 모든 수익의 개선은 이 가격 결정법하의 협조와 전체적인 합의를 받을 가능성이 훨씬 크다. 왜냐하면 이 변화는 모든 부서의 수익을 증가시키기 때문이다.

공헌 이익 방법을 시장 가격 방법 다음으로 가장 대중적인 방법으로 만들어 주는 몇 개의 강력한 논쟁들이 있다. 이러한 방법들의 유용한 특성에도 불구하고, 회사는 전체 수익의 수준을 차선으로 만드는 부서의 행위를 피하기 위해 다음과 같은 몇 가지 문제들을 경계해야만 한다.

- 증가하는 비용으로 할당된 수익을 증가시킨다. 공헌 이익이 총 제품 비용에 대한 부서의 상대적인 비율에 근거하여 할당 되면, 부서들이 그들의 비용의 전체적 비율을 증가시키면 더 많은 수익을 받을 수 있을 것이라는 것을 알게 되는 데는 얼마 걸리지 않는다. 이 문제는 상관없는 비용의 부과를 피하기 위해 계속적인 감시를 필요로 하는 실제 비용보다 신중하게 검토되어 일년에 한 번 동의되는 표준 비용에 근거하여 할당함으로써 피할 수 있다.

- 비용 감소는 반드시 공유한다. 어떤 부서가 비용을 감소하는 방법을 찾았다면, 분배되는 총 공헌 이익에서 그 부서가 차지하는 비율로 증가된 수익의 할당몫을 받게 될 것이다. 예를 들어, A 부서의 비용이 제품의 총 비용의 20%이고, B 부서의 할당몫은 80%라면, B 부서가 증가한 이익을 받을 만한 이유가 없다고 하더라도, A 부서가 획득한 1 달러 비용 감소의 80%는 B 부서에 할당되게 된다. 이 문제는 공헌 이익 할당법을 일년에 한 번 표준 비용을 기준을 두어 피할 수 있다. 이 방법은 각 부서가 그들의 표준 가격 수준 이하로 비용을 낮출 수 있게 해주고, 결과적인 모든 수익을 보유할 수 있도록 한다.

- 많은 부서 사이에서의 할당의 어려움. 일부 매우 수직적으로 통합된 회사들은 다양한 제품을 서로에게 판매하는 수많은 부서들을 가지고 있다. 이러한 경우, 단순하게 이전 수량으로 올바른 이익 할당을 결정하는 것은 매우 어렵다. 이것은 해야만 하는 작업이긴 하지만, 그 분배를 실사할 엄청나게 많은 회계 직원을 필요로 한다.

- 기업의 본사 직원의 관여를 요청한다. 공헌 이익 할당법은 누군가에 의해 실사되어야 하고, 그리고 모든 부서들은 할당을 본인들에게 유리한 쪽으로 왜곡하려는 동기를 가지고 있기 때문에, 이 할당

을 담당할 수 있는 유일한 입장은 본사 직원들이 된다. 이것은 회사의 간접비를 증가시키는 추가적인 재고 회계 담당자를 필요로 할 수도 있다.

- **논쟁을 야기한다.** 비용과 수익이 시스템에 의해 왜곡되면, 구매와 판매부서 사이에는 본사가 팀이 중재해야만 하는 어쩔 수 없는 논쟁이 발생한다. 이 문제는 수익성에 집중하는 회사의 주의를 떨어뜨리게 된다.

공헌 이익 방법은 완벽하지는 않지만, 회사에게 이전 가격을 결정할 수 있는 정당하게 이해할만하고 실행 가능한 방법을 제공해준다. 이 방법은 시장에 근거한 가격 결정 방법보다 더 많은 문제점을 가지고 있지만, 이전되는 제품에 대한 시장 가격의 사용이 불가능할 경우에는 이에 대한 대안 또는 우선적 방법으로 사용될 수 있다.

7. 한계 비용에 근거한 이전 가격 결정

기업보다는 수업에서 더 많이 지지되는 이전 가격 결정은 한계 비용을 근거로 하는 것이다. 이 방법론 하에서, 회사는 각 추가적인 단위의 비용의 증분적 증가가 이전 가격에 의해 정확하게 일치되는 시점까지 제품을 계속 판매해야 한다. 이렇게 하여, 부서는 계속 수익을 얻는 제품의 가능한 최대의 수량을 판매함으로써 최대 수익 량을 획득할 수 있다. 이 개념은 [도표 16-2]에 보여진다.

표에 나와있듯이, 회사가 제품을 생산하기 위해 지출하는 비용은 그것이 최적의 생산 수량에 도달하는 때, 주로 제조 설비가 그 총 용량 범위의 50%에서 80%를 생산할 경우에 점차적으로 하락한다.

[도표 16-2] 한계 비용 이전 가격의 유도

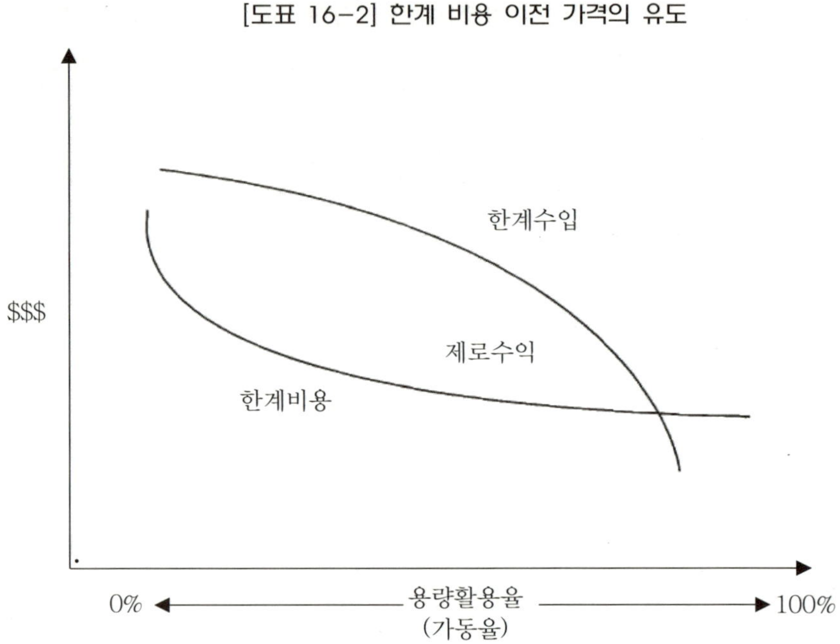

이 구역에서, 생산 직원은 초과근무를 할 필요도 없고, 관리 직원은 고장된 기계를 수리하기 위해 임시조로 일할 필요도 없다. 왜냐하면 정상적인 근무 시간에 작업을 끝마칠 수 있는 생산 스케줄에 대한 충분한 여유 시간이 있기 때문이다. 그러나 최적의 이 시점을 지나 생산 수량이 올라가고 회사가 그 최대 용량 수준 이상에 도달하여 진입하게 되면, 제품의 추가적인 각 품목을 만드는 것이 더 비싸지게 된다. 직원들은 초과근무를 하거나 수당을 주는 밤 교대조에서 근무해야 하고, 기계는 밤낮으로 관리를 필요로 하는 즉각적인 수리와 여분의 부품에 대한 급한(또는 비싼) 조달을 요구할 것이다. 이러한 이유로, 하나의 추가적인 생산 단위를 생산하기 위한 증가하는 비용은 생산 수량이 올라감에 따라 점차적으로 감소하지만, 그 후의 비용은 용량 사용이 높은 수준에 도달함에 따라 더 비싸진다.

추가적인 단위의 생산을 만드는 데 필요한 증가하는 비용보다 이전 가격이 더 높은 한, 부서는 더 많은 부품을 계속해서 생산해야 한다 (추가적인 단위를 구매하고자 하는 구매부서의 구매자가 있다는 가정 하에). 그러나 비용의 미미한 상승이 한 개 이상의 품목의 판매에 대한 수익이 발생하지 않는 시점으로 제품의 비용을 올리고 나면, 부서는 판매할 추가적인 제품이 없다. 이 방법은 이론적으로는 매우 훌륭하지만, 실제적으로 실행하는 것은 전혀 쉽지가 않다. 다음과 같은 문제들이 이전 가격 결정 방법을 어렵게 만든다.

- **한계 비용에 대한 정보의 부족.** 한계 비용에 대한 올바른 지식을 가지고 있는 몇 안 되는 회사들 거의 없기 때문에, 한계 비용이 이전 가격에 정확히 일치하는 시점을 결정할 수가 있다. 대부분의 회사들은 좁은 무리의 용량 사용(생산의 일관성을 선정하여) 내의 제조 설비를 운영하고 있고, 더 많은 용량이 사용될 경우, 어떤 추가적인 비용이 발생하는 지에 대해 전혀 모르고 있다. 대신, 비용 회계 직원은 한계 비용이 이전 가격과 일치되는 어딘가 내에 있는 다양한 생산 수량만을 규정할 수 있다. 이러한 정밀함의 부족 때문에, 부서는 어쩔 수 없이 매우 많은 추가의 단위를 자체적으로 생산하게 된다.

- **한계 가격에 대한 정보의 부족.** 생산 수량이 증가함에 따라, 구매자들이 사용할 수 있는 제품의 단위는 너무나 많아지게 되어, 그들은 제품에 대한 가격을 낮추려고 한다. 그렇다면, 제품 비용의 한계 증가가 가격의 한계 감소와 일치하는 점은 예상보다 훨씬 빨리 오게 된다. 수량이 증가함에 따라 가격이 어떻게 변하는지는 예상하기가 어렵기 때문에, 이것은 제품의 추가 생산이 어느 점에서 더 이상 수익을 발생시키지 않는 지에 대한 예상을 어렵게 만든다.

- **단계적 가격 결정의 영향.** 현실적으로 생산의 각 한계 단위가 추가 될 때의 작은 양에 의해 비용이 증가하지는 않는다. 대신, 비용은 생산의 일정 범위에서 안정을 유지하다가 갑작스럽게 상승을 하는 경향이 있다. 이러한 상승을 단계적 비용이라고 하고, 새로운 자산의 획득 또는 생산 수준이 절정 수준에 도달하자마자 필요한 추가적인 활동에 대한 수요에 의해 발생된다. 예를 들어, 생산 라인이 정체된 운영에서 띠톱을 추가하지 않고는 더 높은 수준의 생산을 할 수 없을 경우, 이 띠톱을 획득하는 비용이 단계적 비용이 된다. 이와 유사하게, 추가적인 생산을 주말 교대조로 옮기는 것은 더 높은 생산의 수준에서의 비용의 계속되는 증가를 반영하는 교대 수당의 지불을 요구하게 될 것이다. 이러한 단계적 비용의 크기나 시기를 추정하는 것은 어렵고, 생산 수량이 늘어남에 따라 한계 비용의 정확한 증가를 규정하는 것은 더 어려운 일이다.

- **동기의 문제.** 어떤 부서가 각 추가적 단위의 판매에서 오는 한계 비용이 그 한계 수익과 거의 일치하는 점에 접근할수록, 더 많은 제품을 대량 생산하려는 의욕은 감소하게 되는데, 이것은 이 점에 다가갈수록 수익의 반환이 제로에 가까워지기 때문이다. 판매부서의 매니저는 추가적인 판매에 대한 비용이 상승하고 수익이 감소하는 것을 보게 되어, 수익이 제로가 되는 점에 훨씬 못 미쳐서 생산을 중단하기를 원할 것이다. 이러한 갑작스런 중단은 단위당 수익의 크기를 줄이는 것에 근거하는 것이 아니라 증가하는 각 단위의 실제 비용에 관한 매니저의 불확실성 때문이다. 비용에 대한 정보는 정확하지 않고, 매니저들은 지나치게 경계를 하는 경향이 있다.

한계 비용의 개념은 이론상으로는 훌륭해 보이지만, 한계 비용을 계산하는 것과 이것이 한계 수익의 감소와 일치하는 것을 예측하는 것은 매우 어렵다. 또한, 수익이 감소하기 시작하면, 판매부서가 추가적인 제품을 생산해야 하는 동기가 없어진다. 이러한 모든 이유로 한계 비용을 이전 가격의 근거로 두는 방법을 실제로 적용하는 일은 거의 없다.

8. 원가 가산법에 근거한 이전 가격 결정

어떤 부서가 외부 시장으로부터 이전 가격을 유도할 수 없는 상황에서 제품에 대한 시장이 없거나 시장 규모가 너무 작을 경우에 원가 가산법은 합리적인 대안이 될 수 있을 것이다.

원가 가산법은 이 방법의 이름 그대로이다. 제품의 전체 비용을 축적하고, 그 비용에 표준 마진 비율을 더하면, 이것이 이전의 가격이 된다. 이것은 이해하고 계산하기가 쉽다는 장점이 있고, 비용 중심에서 수익 중심으로 전화되기 때문에, 부서 매니저의 업무를 평가하는데 매우 유용할 것이다.

안타깝게도, 원가 가산법은 다음과 같은 몇 개의 심각한 결함을 가지고 있다.

- 변덕스러운 마진. 제품의 총 비용에 추가되는 마진의 비율은 제품이 외부에 판매될 때 사용되는 실제 마진과는 관련이 없다. 몇몇 연속적인 부서들이 표준 마진을 그들의 제품에 추가한다면, 마지막 부서-완제품을 외부에 팔아야만 하는-에 의해 지급되는 가격은 너무 높아서 정작 그 부서에 마진의 여유가 없어, 제품을 판매할 동기가 생기지 않을 것이다(본 장의 "수익 성장의 영향"을 참고).
- 비용을 늘리려는 동기. 판매부서가 이전시키는 제품의 비용을 늘리면, 그것에 할당되는 마진은 훨씬 더 커지게 된다(마진은 달러 가격보다는 비용의 비율에 근거한다는 가정 하에). 이것은 제품을 외부로 판매하

는 부서에게는 주기에는 특히 위험한 동기가 된다. 왜냐하면, 그 부서는 예상 비용을 즉각적인 외부 판매를 목적으로 하는 제품으로부터 구매부서로 전환될 수 있는 비용으로 바꿔버릴 것이기 때문이다. 이런 상황에서, 구매부서의 비용은 증가하고(아마 향후에 그것을 합리적인 수익으로 판매하는 것을 방지하는), 판매부서에 의한 외부 판매의 비용 기준 또한 인위적으로 낮아져(비용이 내부 판매로 바뀌었기 때문에), 외부 고객으로의 가격을 제품의 가변적인 비용 아래의 점으로 낮추게 될 것이다. 짧게 말해, 원가 가산법에 의한 비용의 변화는 회사 전체의 수익의 감소를 가져올 수 있다.

이러한 문제들 때문에, 원가 가산 이전 가격 결정 방법은 대부분의 경우 권장되지 않는다. 그러나, 회사가 매우 작은 내부 이전을 가지고 있고, 내부 판매의 크기가 너무 작을 경우, 이 방법은 부정확한 비용 전환 활동을 초래하지는 않을 것이다. 이 방법의 쉬운 사용법을 고려했을 때, 이 방법은 다른 결점에도 불구하고 위와 같은 경우에는 적용 가능할 것이다.

9. 기회 비용에 근거한 이전 가격 결정

이전 가격의 매우 독특한 방법의 형태는 기회 비용을 기준으로 하는 것이다. 이 방법은 과거의 수익의 개념에서 발견되기 때문에, 이것은 시장 가격 또는 내부 비용에 근거를 두지 않고 있다. 만약 판매부서는 외부 시장에 A 부품을 판매하여 10,000달러의 수익을 올릴 수 있지만, 대신 B 부품을 회사의 구매부서에 판매하라고 요청되면, A 부품을 판매했을 때 얻을 수 있는 10,000달러의 수익을 잃게 된다. 따라서 A 부품 대신에 B 부품을 생산할 때의 기회비용은 10,000달러가 된다. 판매부서가 10,000달러의 과거 수익을 B 부품을 생산하기 위해 변동비에 추가하면, 어떤 제품을 판매하던지 간에 같은 수익을 얻을 수 있기 때문에 제품의 판매에 대해서는 무관심할 것이다. 그러므로, 기회 비용에 근거한 이전 가격결정은 다른 부서로 판매되는 변동비에 판매 제품을 만들기 위한 과거 수익의 기회 비용을 합한 것이 된다.

이 개념은 부서가 모든 가능한 생산 용량을 다 사용하는 상황에서 가장 적합하다. 그렇지 않으면, 동시에 모든 제품의 생산이 가능해지고, 판매하지 않는 특정 품목과 관련된 기회비용은 존재하지 않을 것이다. 같은 예를 사용하여, 초기에 10,000달러의 수익을 가진 부품 A에 대한 시장이 존재하지 않고, 더 이상의 수익이 발생하지 않는다면, 결과적으로 부품 B의 판매 가격에 기회비용을 추가할 필요가 없어진다. 회사가 개별 제품의 생산에 사용되는 생산 장비를 전문적으로 제조하는 경우 이와 동일한 원리가 적용된다. 이 경우에, 이 다른 일로 이 생산장비를 사용할 일이 없기 때문에, 기회비용을 제품의 가격에 추가할 이유가 없어진다.

이 방법의 문제점은 기회비용이 계산되는 제품의 판매를 위한 실질적인 외부 시장이 존재해야만 한다는 것이다. 그렇지 않으면, 부서가 그 부서의 제품을 외부 시장에 판매할 수 있는 실행 가능한 대안 방법이 없어진다. 그러므로 판매부서가 기회 비용으로 빈약한 외부시장에서의 현재 제품 가격을 선정한다 해도, 그 이후의 조사는 시장이 부서의 전체 생산을 흡수할 수 있는 방법이 없다는 것을 밝히게 되어 (또는 훨씬 더 낮은 가격으로), 기회 비용이 무효화될 것이다.

또 다른 문제는 기회비용은 상당히 변화가 심하다는 것이다. 예를 들어, 판매부서가 특정 제품의 판매에 대해 가능한 높은 기회비용을 보기를 원하면 판매부서는 이 기회비용을 다른 이전 가격에 추가할 수 있다. 따라서 다른 곳의 고정비를 할당하고 높은 단위 생산 수준과 가능한 높은 가격의 사용에 근거한 변동비를 보임으로써 비용 실사 시스템을 왜곡하여 결국 그 제품에 대한 높은 수익을 가져오게 할 수가 있다. 이러한 높은 수익은 다른 제품이 타 부서에 판매되었던 때의 지나간 기회 비용으로 사용되어, 타 부서들이 판매부서에 지불해야 하는 가격을 증가시키게 된다. 이 문제는 본사 직원의 면밀한 감시에 의해 통제될 수 있지만, 부서 매니저가 이용하려는 이러한 기회들은 계속해서 존재할 수밖에 없다.

이 방법은 또한 회계 직원이 지원하기가 매우 어렵다. 그들의 문제는 기회비용은 회계 시스템의 어디에도 존재하지 않는다는 것이다. 이것은 실제로 일어나지 않기 때문에 발생하는 비용이 될 수가 없고, 따라서 일반 원장에 나타나지 않는다. 기존의 회계 시스템에 바로 배치할 수 있는 "명확한" 번호 없이는, 회계 담당자는 그들이 "이상한" 번호를 가지고 업무를 하고 있다는 느낌을 받게 된다. 이런 이해에 대한 문제는 회계 담당자들의 경우에서 끝나지 않는다. 부서 매니저들은 이전 가격이 제품의 변동비와 전혀 생산되지 않은 다른 제품에 대한 마진의 합에 근거하고 있다는 것을 이해하는 데 어려움을 겪는다. 따라서 이 개념에 대한 회사 전체의 지원을 얻는 것은 매우 어렵다고 할 수 있다.

또 하나의 문제는 판매부서에서 만들어지는 제품들이 독자적이기 때문에, 구매부서가 공급을 위한 다른 자원을 가질 수 없을 때 발생한다. 이러한 경우, 구매부서의 매니저들은 본사 직원에게 판매부서가 독점을 하고 있다는 이유로 판매부서가 자기들에게 제품을 낮은 가격으로 팔게 해달라고 요청할 것이고, 결국 원하는 가격을 부과하여, 그 가격이 강압적으로 통제되도록 할 것이다.

이러한 문제에도 불구하고 이것은 이전 가격결정에 있어서는 매우 훌륭한 방법이다. 이것은 부서의 매니저들이 [도표 16-3]에 제시된 것처럼, 비형식적으로 동일한 수익을 가져오는 수준에서 그들의 모든 제품의 가격을 설정하여 다양한 종류의 대안 방법 중 하나를 선택할 수 있게

해준다. 이 예에서 보면, 10amp 모터의 수익 마진은 10달러이고, 이것은
제품에 대해 부서가 얻은 최고의 수익이다. 이것은 같은 수익 마진을
다른 두 개의 제품에 추가하였고, 모든 경우에도 동일한 수익을 가져오기
때문에, 어느 제품이 팔리는가는 상관이 없다. 이제 판매부서에 의해
부과되는 가격을 거부할지 받아들일지는 구매부서에 달려있다. 가격이
너무 높다면 모터를 다른 곳에서 조달하고, 그렇지 않을 경우 판매부서에
서 그것을 구매할 것이다. 이렇게 되면 판매부서는 운영상 높은 수익을
올리게 될 뿐만 아니라 이 가격은 구매부서가 다른 곳으로부터 모터를
구매했을 경우의 가격과 동일하거나 더 낮아지게 된다. 이상적인 상황에
서, 이 방법은 회사 전체에 최고의 수익성을 가져다 준다.

[도표 16-3] 이전 가격 결정에 대한 기회 비용의 영향

	10 amp 모터	25 amp 모터	25 amp 모터
변동비	$24.00	$27.00	$31.00
수익 마진	10.00	10.00	10.00
가격	34.00	37.00	41.00

　안타깝게도, 여기서 중요한 것은 "이상적인 상황에서"이다. 실제로
앞서 언급한 문제점들이 매우 많이 발생한다. 예를 들어, 제품에 대한
외부 시장이 너무 작을 경우, 판매부서는 기회비용이 잘못 되었다는
것을 알게 되어, 결과적으로 판매부서는 제품에 대한 높은 기회 비용
을 책정해 놓을 경우, 높은 현재 가격 때문에 다른 부서에 대한 판매
부서의 모든 판매가 없어지는 일이 발생할 것이다. 판매부서가 모든
생산을 외부 판매로 전환하게 되면, 그 생산을 다 팔지 못하게 되거
나, 다 판다고 해도 더 낮은 가격으로 팔아야 할 것이다. 기회 비용에
근거한 이전 가격결정이 가지고 있는 이렇게 다양한 문제점들을 고려
해 봤을 때, 이 방법은 실제에서는 잘 사용되지는 않지만, 특정 상황

에서는 좋은 대안이 되기도 한다.

이전 가격 결정의 각각 다른 형태에 대한 단원은 여기서 마무리 된다. 이제 이전 가격을 결정하는 표준 비용, 고정비, 그리고 실제 비용과 외부 시장에 제품을 판매하는 부서들의 판매 활동의 수익 성과의 영향을 포함하는 이전 가격에 관련된 부수적인 문제들에 대해 알아 보겠다.

10. 이전 가격 결정 유도에 사용되는 비용의 형태들

어떤 형태의 비용에 근거하여 이전 가격을 결정할 때는 가격 개발에 사용되는 비용의 형태에 대해 신중히 고려해야 한다. 잘못 판단된 비용은 개발되는 가격 구조에 크고 심각한 영향을 끼칠 수 있다. 본 단원에서는 이전 가격을 결정하는 실제 비용, 표준 비용, 그리고 고정비의 사용에 대해 다룬다.

실제 비용이 이전 가격의 근거로 사용될 경우, 회사는 그 회사의 가격이 가격에 금방 반영되지 않는 비용에서의 갑작스런 변동에 대한 불확실성을 피해주는 가장 최신의 비용을 반영한다는 것을 알게 된다. 만약 그러한 변화가 매우 크다면, 회사는 최고의 수익을 가져다 주지 않는 가격점에서 제품을 내부적으로 판매하면 된다. 그럼에도 다음과 같은 문제들은 대부분의 회사들이 이전가격을 유도하기 위해 실제 비용을 사용하는 것을 막고 있다.

• **수량에 근거한 비용 변동.** 실제 비용이 어느 정도까지 변화하면, 이전 가격도 계속 조정되어야 하고, 이것은 구매부서를 혼란스럽게 만든다. 왜냐하면, 그들은 가격을 예측할 수가 없기 때문이다. 이것은 가격이 수량의 변화에 따라 현저하게 변동할 때 더욱 문제가 된다. 예를 들어, 구매부서가 10,000개의 수량을 구매할 경우, 구매부서가 부과하는 가격은 그 수량을 반영하게 된다. 그러나, 훨씬

더 작은 수량의 주문을 하게 되면, 훨씬 더 작은 운송품목으로 확장되는 기계 설치 비용과 같은 그 단위의 생산에 관련된 고정비는 비용을 급격하게 증가시켜 부과되는 가격을 높이게 될 것이다.

• **비효율적인 이전**. 이전 가격의 근거로 실제 비용을 사용하면, 판매부서는 비용을 증가시켜 그 비용을 구매부서로 전환시키면 되기 때문에, 운영의 효율성을 개선하고자 하는 동기를 더 이상 갖지 않을 것이다. 모든 대량 판매가 외부적일 경우, 판매부서는 그 판매의 작은 부분만이 추가적인 비용에 부과된다는 것을 알기 때문에, 이런 상황에서는 위와 같은 문제가 좀 덜 심각해진다. 하지만, 대부분의 판매가 내부적인 상황에서 부서들은 그들의 모든 비효율성을 다른 곳으로 전환할 것이다.

• **비용의 전환**. 실제 비용이 사용되면, 판매부서는 구매부서에 부과하는 비용을 더 부과하여 남아있는 비용을 더 낮아 보이게 하면 부서 매니저의 업무 등급을 향상시킬 수 있음을 재빨리 깨닫게 된다. 이렇게 비용을 전환함으로써, 구매부서의 비용은 실제보다 더 심각해 진다. 이 문제는 비교적 공정한 본사 직원이 비용을 계속적으로 감시하여 해결될 수는 있지만, 감시의 과정은 많은 노동을 소비시키게 된다. 또한, 어떤 비용의 증가가 정당한지에 대한 부서들의 논쟁이 끊이지 않을 것이다.

요약하면, 이전 재고의 근거로 실제비용을 사용하는 것은 일반적으로 그리 좋은 방법은 아니다. 특히 이 방법의 사용은 판매부서가 추가적인 비용을 구매부서에 전환시킬 수 있게 하여, 내부 효율성을 개선하려는 의욕을 상실시키기 때문이다.

더 좋은 방법은 이전 가격의 근거로 표준 비용을 사용하는 것이다. 이것은 연중에 발생하는 현저하고 영구적인 비용 변화를 허용하는 변동과 그 변동의 타당성을 규정하기 위해 면밀히 감사되어야 하는 정당성과 함께 연초에 모든 당사자들이 이전 가격에 사용될 표준 비용에 대해 동의하여 실시된다. 이 방법을 사용하여, 구매부서는 불균형적으로 발생하는 가격차이에 대한 걱정 없이 판매부서로부터 들어오는 구성품의 비용을 쉽게 계획할 수 있다. 그러는 동안, 판매부서는 실제 비용을 사용할 때처럼 비용을 구매부서로 이전하는 동기가 더 이상 없기 때문에, 이제 개선된 효율성을 통해 판매부서의 비용을 줄이는 데만 주력할 수 있게 된다. 만약 일년의 이전 가격이 책정된 표준 비용 수준 이하로 가격이 내려가게 되면, 부서 매니저의 업무와 회사 전체의 성과를 반영하는 개선된 재무 결과를 보고할 수 있다. 또한 표준 비용은 일년 내내 고정되어 있기 때문에, 본사 직원이 비용을 계속해서 감시할 필요도 없어진다. 대신, 본사 직원은 표준 비용의 연간 설정에만 주의를 기울이면 된다. 이것이 면밀한 비용 검토를 피하기 위해 판매부서가 비용을 조작할 수 있는 유일한 시기가 된다. 표준 비용이 합리적인 수준에서 결정되는 한, 이 방법은 실제 비용에 근거한 이전 가격 결정의 사용보다 훨씬 더 우수한 방법이다.

또 다른 문제는 이전 가격을 결정할 때 고정비를 변동비에 부가하는 것이다. 이것을 총 원가계산이라고 한다. 판매부서가 총 원가계산을 사용하면, 구매부서는 지불된 가격보다 낮은 가격으로 구매 품목을 팔 수 없다는 것을 알게 된다. 그러나 이것은 회사 전체적으로 봤을 때 올바른 판매의 전략이 될 수 없다. [도표 16-4]에 나와 있듯이, 일련의 부서들은 그들의 제품을 마케팅 부서에 판매하고, 마케팅 부서는 다른 부서들을 대신하여 모든 제품을 외부에 판매한다. 마케팅 부서는 정액으로 판매부서에서 제품을 구입한다. 지불하는 가격의 어느 정도의 비율이 고정비에 근거하고, 어느 정도가 변동비에 근거하는지 마케팅 부서는 알 수가 없다. 단지 마케팅 부서의 측면에서 가정했을 때, 제품에 대해 지불한 금액의 100%가 변동비이고, 지불한 금액보다 낮은 가격으로 제품을 팔 수 없다는 것은 알고 있다. 표에서 보여지듯이, 실제에서는 지불한 이전 가격의 51%가 변동비로 구성되어 있다. 마케팅 부서가 이 정보에 대해 알고 있었다면, 82.39 달러의 변동비만큼 저렴하게 제품을 판매했을 것이다. 결국 이 가격이 고정비를 포함하지 않는다 하여도, 마케팅 부서는 저렴한 가격의 판매에서 오는 일부 추가적인 마진을 얻을 수 있는 기회를 가진 선택된 가격결정 방법을 받아들였을 것이다.

외부 판매를 하는 부서가 이전 가격에 포함된 고정비와 변동비를 알 수 있는 가장 좋은 방법은 그것을 모두 항목화 하는 것이다. 판매부서가 내부적으로 구입한 모든 제품의 누적된 변동비에 대해 전부 알고 있다면, 훨씬 더 나은 가격 결정을 할 수 있다. 이전 가격을 구성품으로 나누는 이러한 분리는 어렵지 않고, 다수의 부서를 통해 이전된 모든 제품의 반복된 기준을 바탕으로 만들어진다.

고정비의 가격 결정을 다루는 또 다른 방법은 고정비에 책정된 예산을 각 보고 시기에 구매부서에 부과하는 것이다. 그렇게 함으로써, 각각 다른 수준으로 부과하는 고정비의 양을 결정하기 위한 각 시기의 실사를 운영할 필요가 없게 된다. 또한, 부과되는 책정 예산은 구매부서가 사용하는 판매부서의 능력을 반영하고, 구매부서가 다른 잠재적 판매에 대해 판매부서의 제품 판매에 있어서의 우선권을 정당화할 수 있는 합리적인 방법이 되기도 한다. 구매부서는 능력에 대한 지불을 했으므로, 생산에 대한 첫 번째 권리를 갖게 된다.

또 다른 방법은 구매부서에 고정비가 전혀 부과될 필요가 없다는 것이다. 그 이유는 외부 고객에게 부과되는 최종 가격은 내부 비용이 아닌 시장 비율에 근거하므로, 그것이 최종 가격에 영향을 미치지 않는다면 그에 대한 고려를 할 필요가 없다. 또 다른 이유는 고정비는

[도표 16-4] 판매부서의 총 원가계산의 영향

	Division 1	Division 2	Division 3	Marketing Division	누적비용	총 비율
이전된 비용	$ -	$ 41.58	$ 100.31	$171.98		
부서변동비	$ 13.58	$ 41.02	$ 27.79	$ -	$ 82.39	51%
부서고정비	$ 22.58	$ 10.05	$ 34.53	$ 12.71	$ 79.87	49%
총 부서비용	$ 36.16	$ 51.07	$ 62.32	$ 12.71	$162.26	100%
부서비용에 대한 마진	$ 5.42	$ 7.66	$ 9.35	$ 1.91		
부서비용에 근거한 가격	$ 41.58	$ 58.73	$ 71.67	$ 14.62		
부서가격+ 이전된 가격	$ 41.58	$ 100.31	$ 171.98	$ 186.60		

일반적으로 일반비용 또는 관리비용과 같이 거의 고정비를 포함하고 있지 않은 구매부서에 부과되기 때문에, 고정비가 정확하게 결정되지 않으면, 그것을 부과할 필요가 없다. 또한, 부서의 고정비는 생산되는 품목 수량에 밀접하게 관련되지 않기 때문에(아니면, 그것을 변동비가 된다), 고정비를 판매된 각 생산단위에 할당하는 것은 불가능하다. 요약하면, 실사의 어려움과 외부 판매에 대한 궁극적인 가격 설정과의 무관함 때문에, 이 관점은 제품에 고정비를 할당하는 것에 대한 의문을 제기한다.

이전 가격에 고정비를 전혀 포함시키지 않는 것은 구매부서가 지불하는 가격을 낮추고 그 수익을 불균형적으로 높게 보이게 하는데, 그 이유는 이 비용이 제품을 공급한 상위 부서에 흡수되기 때문이다. 그러나 제품을 외부적으로 판매하는 부서의 수익은 제품에 포함된 비용의 비율로 상위 부서에 다시 할당되므로 이 부서들에 수익을 줄 수 있는 방법이 된다.

이전 가격의 유도에 있어서는 실제 비용보다 표준 비용의 사용이 보다 나은 선택인 것은 명백하다. 하지만, 고정비의 사용에 대한 찬반 입장은 아직 명백하지가 않다. 회사는 회사전체의 각 품목에 대한 시장 가격을 기준으로 하면, 이 문제를 쉽게 막을 수 있지만, 많은 제품에 대한 외부 시장이 없기 때문에, 매니저들은 고정비에 대한 문제를 피하기 위해 이 방법을 사용할 수 없다. 저자가 선호하는 방법은 각 시기에 표준 일괄 고정비를 구매부서에 할당하는 것이다. 이 방법은 단위당 고정비를 결정하는 방법의 문제를 막아주고, 구매부서가 지불하는 고정비와 관련된 판매부서의 생산 능력을 보존할 권리를 제공한다.

11. 수익 증강의 영향

회사가 제품을 통과시키는 많은 부서를 가지고 있을 경우, 제품 판매 체인의 각 연속적인 부서는 최종적으로 외부판매를 하는 시기에 수익을 내기에는 너무 비싼 제품을 체인의 마지막 부서가 결국 구매하게 될 경우 매우 큰 수익 마진에 대한 추적을 할 수 있다. 이 문제는 수익 증강이라고 알려져 있고, [도표 16-5]에 나와있다. 표를 보면, 첫 번째 세 부서는 설정된 수익 마진을 각각의 가치가 더해지는 제품에 부가한다. 따라서 가격은 제품의 체인을 통해 나아감에 따라 증가한다. 제품이 부서 4에 도달하면, 가격은 너무 높아서 제품의 판매에서 25센트를 잃게 된다. 회사 전체는 부서를 통한 제조를 거치면서 6.35달러(순 판매 손실) 수익을 얻었지만, 손실이 있는 부서는 제품을 판매할 동기를 잃게 된다. 판매 시에 발생한 손실을 빼고, 각 부서의 제품에 추가된 모든 증분 마진에서 을 집계하면 6.35달러라는 수치에 도달하게 된다.

수익 증강의 문제는 회사가 제품에 추가할 각 연속적인 부서에 대한 수익 마진을 더 이상 유효하지 않거나 특별한 판매 가격의 경우에는 감소하는 최종 시장 가격을 근거로 하여 설정하였을 경우 가장 빈번히 발생한다.

이러한 상황에서 체인에 있는 마지막 부서는 몇 가지의 대안을 가질 수 있다. 그중 하나는 구성품을 다른 곳에서 구입하는 것이다. 이 옵션은 공급 부서가 모드 생산을 다른 곳에 판매함으로써 그들의 표준 수익 이윤을 벌어들일 경우에 가장 좋다. 하지만, 회사 전체가 부서 4에 구성품을 공급하기 위해 여분의 생산 능력을 사용하지 않을 경우에는 더 불리해진다. 또 다른 옵션은 부서가 유사한 수익 수준을 얻을 수 있는 다른 판매를 위한 제품을 가지고 있는 경우에 가능한 방법으로, 제품을 아예 판매하지 않는 것이다. 하지만, 그렇지 않을 경우, 부서는 이러한 판매를 진행하여 수익성을 최대화하지는 못할 것이다. 다른 방법은 실제 시장 비율을 반영하기 위해 마진이 줄어들어야 하는지를 알아보기 위해 본사 직원이 이전 과정을 거쳐 부가된 마진을 검토하도록 하는 것이다. 이 방법은 회사내의 정상적인 이전 가격 구조를 방해하고, 또한 마지막 제품 가격이 계속 변동할 경우, 경영진의 중재를 필요로 할지도 모른다. 부서 4에 대한 가장 좋은 대안은 최종 판매가 위아래로 변동함에 따라 특별 이전 가격점에 대해 하위 부서들과 협상을 하는 것이다. 이 방법은 본사 직원들의 감시를 피하게 해주고, 회사의 전체적인 수익을 가져오는 최종 가격의 급작스러운 하락에 대해 판매부서가 재빨리 반응할 수 있도록 해준다.

[도표 16-5] 수익 증강 시나리오

	Division 1	Division 2	Division 3	Marketing Division
이전 비용	$ -	$ 3.15	$ 8.15	$ 15.75
	$ 2.40	$ 4.00	$ 5.50	$ 6.50
증분 마진	$ 0.75	$ 1.00	$ 2.10	$ 2.75
판매 가격	$ 3.15	$ 8.15	$15.75	$ 25.00
			외부 판매 가격	$ 22.00
			부서4의 수익	$ (0.25)

회사가 제품을 판매해야 하는 가장 낮은 가격을 결정할 때의 유용한 방법은 이전 가격을 두 개의 요소로 나누는 것이다. (1) 누적된 변동비 그리고 (2) 각 이전에서 제품에 부가된 누적된 마진. 이렇게 함으로써, 판매부서는 제품의 판매에서 전체적 손실을 발생시키지 않고 판매 가격을 그 아래로 낮출 수 없는 시점을 반영하는 누적된 변동비의 크기를 알 수 있다. 이러한 보고서가 없으면, 판매부서는 부서로 이전된 비용의 얼마만큼이 내부적으로 부가된 마진인지를 알 수 가 없다.

12. 이전 가격 결정 방법의 비교

이전의 단원에서, 7개의 이전 가격 결정 방법과 각각의 장단점이 설명되었다. 다양한 범위의 방법은 회사의 특정한 환경에 꼭 맞는 방법을 선택해야 할 경우 매우 혼란을 줄 것이다. 따라서 [도표 16-6]에 나와있는 요약표가 도움이 될 것이다. 이 표는 각 이전 가격 결정 방법을 앞에 나온 순서대로 왼쪽에 밑으로 열거하고 있다. 맨 위 칸을 가로질러, 이전 가격 결정 방법의 세 가지 기준인 수익 증대, 업무평가 및 사용의 용이성과, 각 방법에 따르는 문제점을 나열해 놓았다.

이 목록에서 이전 가격 결정 방법을 선택할 경우, 점차적으로 몇 개의 방법들을 삭제해 나가서 결국 몇 개중에 하나를 고를 수 있도록 하는 예/아니오 방식의 연속적인 목록을 따라가는 것이 도움이 될 것이다. 그 방법은 다음과 같다.

1. 판매부서의 제품에 대한 외부 시장이 존재하는가?
- 없다면, 시장에 근거한 가격 결정 방법은 다 버려버리고 대신 비용에 근거한 방법들을 고려한다.
- 있다면, 시작 가격 결정, 조정된 시장 가격 결정, 또는 협상된 가격 결정이 권장된다.

2. 회사는 중앙중심적인가?
- 아니라면, 본사의 감시를 요구하는 비용 할당 방법은 피하도록 한다.
- 그렇다면, 공헌 이익 또는 기회 비용 방법이 권장된다.

3. 이전 품목들이 판매부서의 판매의 많은 비율을 반영하는가?
- 아니라면, 그냥 제품을 이전하고 모든 수익이 외부적으로 완제품을 원가로 판매하는 부서에 축적되도록 하는 것이 가장 좋다. 이것은 원가로 판매한 모든 부서가 그들의 제품에 대한 외부시장이 없다는 것을 의미한다. 부서들은 단위당 비용의 감소와 연결된 경영진의 업무 평가와 함께 비용의 중심점으로 취급되어야 한다.
- 그렇다면, 한계 비용 또는 원가 가산법이 권장된다.

본 장에 언급된 모든 이전 가격 결정 방법은 회사는 회사의 모든 부서들을 비용의 중심점으로 취급한다는 가정에 근거한다. 그러나 결정 방법의 마지막 항목에 언급된 것처럼, 이전된 제품에 마진을 부가

하는 것이 가능하지 않은 환경이 있을 수도 있다. 일반적으로 회사 외부로 판매할 수 없는 제품의 제조와 관련되어 있고, 외부 회사의 부서인 오직 하나의 구매자를 가지고 있는 경우에는 원가로 제품을 이전하는 것이 가장 좋은 방법이다. 그렇지 않으면, 회사는 정당화될 수 없는 수익의 중심지를 만들어야 할 것이다. 왜냐하면 수익 수준이 합리적인 외부 시장 가격과의 비교를 통해 증명을 할 방법이 없기 때문이다.

회사가 허용하는 비용 중심지의 숫자는 최소를 유지해야 하는데, 그 이유는 다음과 같다. 첫째, 비용 중심지의 매니저들은 제품의 마지막 가격에 관여하지 않기 때문에, 회사 전체가 합리적인 수익 마진으로 외부 시장에 제품을 판매하기 위해 필요한 수준으로 비용을 줄이는 것에 충분한 노력을 기울이지 않을 것이다. 예를 들어, 비용 중심지의 매니저는 비용의 5%의 감소가 일년에 추구해야 할 목적으로 충분하다고 생각하는 반면, 최종 제품을 판매해야 하는 마케팅 부서는 경쟁력 유지를 가격의 20%의 감소를 요구하는 시장 가격의 하락을 직면하게 된다. 따라서, 비용 중심지의 매니저의 행동은 회사의 전체적인 수요와는 밀접하게 관련될 수 없다. 두 번째 문제는, 비용 중심지는 가능한 가장 낮은 수준의 단위당 비용을 유지하기 위해 유도되기 때문에, 생산을 단위당 비용이 증가하는 수준까지 올리려는 구매부서의 모든 수요에 대해 저항하려고 할 것이다. 이것은 생산 시설이 이론적인 생산 능력 수준의 60%에서 70%를 초과하였을 때, 초과근무와 유지보수 비용에 더 많은 부과를 필요로 하는 상황에 일반적으로 많이 발생한다. 판매부서의 이러한 행위는 비용에 있어서 마진의 증가가 각 추가적 단위를 생산하여 얻어지는 수익을 초과하지 않는 이상, 전제 회사의 수익을 최대화하지 못한다.

요약하면, 시장에 근거한 이전 가격 결정 방법은 다른 모든 방법보다 선호된다. 왜냐하면, 이것은 회사의 전체적인 수익성, 업무 실사, 그리고 사용에 대한 용이성 등에 가장 잘 부합하는 방법이기 때문이다. 다른 비용에 근거한 방법들은 시장에 근거한 가격 결정 방법이 가능하지 않을 경우 2차적인 방법으로 사용될 수 있다.

[도표 16-6] 이전 가격 결정 방법 비교

이전 가격 결정 방법의 형태	수익 증대	업무 평가	사용의 용이성	문제점
시장 가격 결정	회사 전체의 가장 높은 수준의 수익을 창출한다.	모든 부서에 대해 비용 중심지를 창출한다.	적용 간단	시장가격이 항상 이용 가능하지 않다. 외부시장에게는 충분히 크지 않다. 작은 내부 판매 비용을 반영하지 않는다. 판매부서는 외부 판매가 아닌 내부판매를 거부하는 경향이 있다.
조정된 시장 가격 결정	회사 전체의 가장 높은 수준의 수익을 창출한다.	모든 부서에 대해 비용 중심지를 창출한다.	시장 가격의 감소를 결정하는 협상이 필요.	감소의 크기에 대한 논쟁의 가능성이 있다. 본사의 중재가 필요.
협상된 가격	시장을 근거로 한 가격 결정보다 낮은 결과를 발생시키고, 특히 협상된 가격이 시장에서 실질적으로 변동할 경우 더욱 그러하다.	부서의 성과보다는 매니저의 협상 기술을 더 반영한다.	이해하기 쉽지만, 협상에 대한 실질적인 준비가 필요.	외부적으로 사고 팔 경우 부서에 대한 수익이 발생한다 협상은 시간이 너무 많이 걸린다. 많은 본사의 중개가 필요하다.
공헌 이익	비용 중심지 사이에 최종 수익을 할당한다. 부서들은 큰 수익을 얻기 위해 서로 협력한다.	비용 중심지 업무가 유일한 대안인 수익에 근거한 실사 기준을 허용한다.	많은 부서가 관여할 경우 실사하기 어려움.	부서는 비용을 증가시켜 수익마진의 몫을 늘릴 수 있다. 하나의 부서에 의한 비용절감은 모

				든 부서들에 의해 나눠져야 한다. 본사의 관여가 필요.
한계비용	각 부서와 전체에 대한 최대 수익 수준.	수익성에 근거하여 부서를 실사할 수 있다.	한계 비용이 수익과 일치하는 점을 실사하기가 매우 어려움.	비용과 가격의 실사에 어려움이 있다. 한계비용이 한계가격과 같기 때문에 생산에 대한 의욕 상실.
원가 가산법	수익 증강 문제를 발생시켜 부서의 외부 판매에 대한 의욕이 상실된다.	어떤 비용이 발생하든지 수익을 달성하기 때문에 업무평가에는 적합하지 않다.	수익 추가액을 구하기가 매우 용이.	할당된 마진은 시장에서 나온 수익마진과 일치하지 않는다. 비용을 줄이려는 의욕 상실.
기회 비용	최대 수익을 얻기 위해 좋은 방법.	부서 매니저가 회사 전반의 목적을 달성하게 한다.	실사가 어렵고, 수용이 힘들다.	바로 적용하기에는 너무 난해한 실사. 기회비용을 결정하기 위한 외부 시장이 필요 기회비용을 조작될 수 있다.